乒乓球基础教学与训练教程

张　浩◎主编

中国商业出版社

图书在版编目(CIP)数据

乒乓球基础教学与训练教程 / 张浩主编. -- 北京 ：中国商业出版社, 2024. 6. -- ISBN 978-7-5208-2961-8

Ⅰ. G846.2

中国国家版本馆 CIP 数据核字第 2024QV9726 号

责任编辑:吴　倩

中国商业出版社出版发行

(www.zgsycb.com 100053　北京广安门内报国寺 1 号)

总编室:010-63180647　编辑室:010-83128926

发行部:010-83120835/8286

新华书店经销

北京七彩京通数码快印有限公司印刷

*

710 毫米×1000 毫米　16 开　13.5 印张　241 千字

2024 年 6 月第 1 版　2024 年 6 月第 1 次印刷

定价:50.00 元

*　*　*　*

(如有印装质量问题可更换)

前 言

为贯彻落实习近平总书记“体育是提高人民健康水平的重要途径，是满足人民群众对美好生活向往、促进人的全面发展的重要手段”这一指示精神，更好地适应我国乒乓球事业发展和大中小学乒乓球公共体育课教学需要，培养德智体美劳全面发展的社会主义建设者和接班人，努力建设体育强国，编写了《乒乓球基础教学与训练教程》一书。

本书是根据我国学生体质健康测试标准要求而编写的教学用书，主要面向在校广大青少年学生，也可作为乒乓球教练员、球馆管理人员以及乒乓球爱好者的学习参考用书。编写本书的主要目的是为乒乓球练习提供理论基础和练习方法。书中根据乒乓球项目特点以及对专项技术、专项素质、专项知识的需求，系统设计了各章节的学习内容，并加入了乒乓国球精神与文化，让学生了解其内涵并激发他们的爱国热情，达到教书育人、立德树人效果，在此基础上突出了实践方法和手段的运用，培养学生终身体育锻炼的习惯和意识，让他们在深入浅出的知识理论基础上，根据书中的方法和手段进行科学的技术学习与身体锻炼。

本教程共分为九章。第一章为乒乓球运动概述，详细阐述了乒乓球运动的起源、发展、特点等，使读者能够系统了解乒乓球发展历程；第二章为新时代乒乓球运动的价值，系统阐述了乒乓球运动的社会价值、政治价值、经济价值、文化价值等；第三章到第九章分别介绍了乒乓球运动的基本技术、专项体能训练方法，乒乓球课堂教学理论与方法，乒乓球竞赛的组织与裁判法，乒乓球各级组织机构及作用，国球文化在学校体育中的传播，乒乓球产业的现状及发展趋势，具有较强的实践指导作用。本书内容丰富、资料翔实、图文并茂、简单实用。

本书在编写时参考了最新学科前沿进展相关资料，并汲取了近年国内外同类书籍的精华，在此表示衷心感谢。本书编者积极配合，共同努力，使得编写工作顺利完成。在此，特别感谢张弘超、张振颖、曹猛、宋晓婉老师的指导，感谢谢景怡、刘媛、王子涵、张洳明、张洳豪给予的大力支持和帮助。

由于时间仓促、编者水平有限，书中难免存在不足之处，恳请广大师生和读者提出宝贵意见，以便今后进一步修订。

目 录

第一章　乒乓球运动概述

本章导读：

“乒乓”在19世纪前通常被用作形容物体碰撞声音的词组，悦耳的响声冲击着人类的迷走神经，继而产生肾上腺素狂飙，带来多巴胺分泌的喜悦。19世纪末，在西欧大陆外的岛屿上重新将“乒乓”一词赋予新的诠释，乒乓球这项运动就此诞生。本章将介绍乒乓球运动的起源、发展、特点及其在我国的发展历程，以更好地为读者梳理有关乒乓球运动的相关知识。

第一节　乒乓球运动的起源

有关乒乓球运动的起源在学术上众说纷纭，通常有“室内游戏演变学说”和“相近球类演变学说”两种诠释。

一、室内游戏演变学说

用“室内游戏演变学说”诠释乒乓球运动起源的学者李荣芝认为，“乒乓球”这一名称的由来是对乒乓球运动起源进行深度探究的起点。两百年来，乒乓球运动在国际上有两种称谓。我们熟知的“Ping Pong”与“Table Tennis”就是英语中根据运动场域的不同对乒乓球的不同称谓。在英国及大部分欧洲国家，经历了从“桌球”到“乒乓球”再到“桌球”的变化，而在美国及部分国家却一直使用“乒乓球”这一称谓。我国从乒乓球运动传入之初到现今从未修改“乒乓球”的称呼。在日本及一些国家，一直称之为“桌球”。看似指的是同一项运动，可是不同国家因文化、观念及乒乓球初始传入地点的大相径庭，导致了对乒乓球运动的认识存在巨大的差异。

目前学界对乒乓球运动的诞生地溯源指向1880年英国一家体育器材商店海报。在此之后，乒乓球运动或确切地讲“桌球游戏”在英国皇室等社会上层精英中发展为象征时尚与潮流的贵族运动，《泰晤士报》《每日邮报》等当时的诸多媒体将这项运动作为爆款卖点，并将其比赛信息刊登于头版头条。1898年第一个乒乓球器材制造公司在英国建立，并首次将这一球类运动命名为乒乓球。

虽然大部分证据指向英国作为乒乓球运动的起源地，但北美大陆的学者更坚信乒乓球运动起源于美国的马萨诸塞州。首先，以“桌上网球”命名的游戏在1884年的美国上线并受到热烈追捧。其次，美国确切提供了历史上最早的乒乓球运动成书 *Ping-Pong* ：*The Game*，*Its Tactics*，*and Laws*（Cornelius Schaad，1930）这一强力凭证，不仅将1930年以前的乒乓球历史进行完整叙述，并且将这一广为接受的大众娱乐游戏进行了系统性的技术讲解，初步建立了乒乓球运动的规则，使得娱乐性“桌球”进一步演化为乒乓球体育项目。

综上所述，由于信息收集的多源性与信息年代的断裂性，关于乒乓球起源地在学术上形成百家争鸣的局面。乒乓球究竟何时何地出现在体育史中至今也没有一个明确的答案。虽然现代有关信息不断披露，但却很难从众多资料和报道中得到明朗的论断。2012年来自美国科研团队的最新结论指出，乒乓球运动起源于美国时，英国仍将其作为游戏。但这一结论并不会使起源地争论就此罢休。

二、相近球类演变学说

这一学说比较新颖，为乒乓球运动的追根溯源提供了新的思路和重要论据，使得乒乓球运动的历史发展具有合理性。这一学说的代表学者张利认为，不该以哪一国家或哪一地区作为探讨乒乓球运动起源的历史归属问题，而应以乒乓球可能诞生的客观因素作为出发点进行分析和探讨。其中，相近球类运动更适合作为乒乓球运动诞生的土壤。韩春答与秋子等学者通过史料搜集与逻辑论证，认为网球在竞赛规则与竞赛形式上与乒乓球运动初始规则极为相似，并可从语言中找到两者关联的端倪。这一论断是目前学界基于乒乓球运动发展的关联性和逻辑性而达成的共识。

区别于网球演变的定调，李荣芝则认为，乒乓球运动由古代无网羽毛球演变而来。相比于网球和羽毛球，乒乓球运动是持拍类运动项目的后辈无可厚非，这一点可以从后面乒乓球器材演变的章节中得以证明。

综上所述，要论证乒乓球运动的具体起源地点、起源事件是一个较为漫长的过程。

第二节　乒乓球运动的发展

在乒乓球运动的发展过程中，乒乓球器材的变化影响了比赛规则的制定，进而影响了运动技术的发展。反过来也可以说乒乓球技术是为适应乒乓球器材和比赛规则而产生的。三者你中有我，我中有你，既相互影响又相互作用。

一、乒乓球器材、乒乓球运动规则和乒乓球技术的发展

乒乓球拍经历了穿弦拍（仿网球拍）、羊皮纸贴成的长柄椭圆形空心拍、木板拍、胶皮拍、海绵胶皮拍和底板加纤维材料的海绵胶皮拍的多次变迁。有关比赛规则也不断地修改。乒乓球器材的不断改革促使乒乓球技、战术不断创新。为了使乒乓球比赛更加公平、公正，同时又更加精彩、好看，国际乒联在不同时期对乒乓球比赛规则进行了多次重大修改。乒乓球运动的发展历程不仅仅是乒乓球运动技术的创新过程，同时也是乒乓球器材创新和比赛规则不断改革的过程。

史料记载的第一次球拍材质改革发生在1900年前后，用羊皮纸贴成的球拍改为木板球拍。因为羊皮纸贴成的球拍不仅造价高，而且耐久性差，而木板拍耐用、造价低、控球能力强，既满足了人们游戏娱乐的需求，又节省了开支，推动了乒乓球运动的普及发展。当时的打法主要是推挡球，偶逢机会才扣杀或巧吊。人们也有意制造旋转来创新打法，但终因木板球拍表面摩擦力太小，无法产生较强的旋转球而作罢。

1902年，在英国举行的一次乒乓球比赛中，运动员古德改革创新了胶皮颗粒球拍，一举摘取桂冠。这是球拍的第二次改革，为日后乒乓球运动在器材、技术及规则方面的发展奠定了基础，欧洲乒乓球也至此开启了长达数十年的技术统治。1926—1951年的18届世乒赛共产生了117个冠军，其中109个冠军被欧洲选手夺得。胶皮颗粒球拍的改革创新增加了拍与球之间的摩擦力，使球的旋转强度提高了，胶皮颗粒球拍也孕育了削球技术，使乒乓球运动进入了一个崭新时代——旋转阶段。

虽然削球技术奠定了乒乓球旋转的重要地位，但是削球打法在比赛中过多的消极防守，严重阻碍了比赛的竞技性和观赏性，以至于在1936年第10届世乒赛上出现了“一分球打2小时、一局球打8小时、一次团体赛打3天”的“马拉松”式的比赛。为了抑制这种“蘑菇球”现象，国际乒联1937年决定对乒乓球比赛器材和规则进行修改。一是改革比赛器材。乒乓球台宽度由146.4cm增加到152.5cm，网高由16.77cm降低到15.25cm，乒乓球由软球改为硬球。器材改革为进攻型打法拓展了道路。二是限制比赛时间：1场3局2胜制的比赛不得超过1小时；1场5局3胜制的比赛不得超过1小时45分钟，如超时则领先方获胜；在比分相同的情况下，如果延长5分钟比赛后比分仍相同，则判双方各无所得，淘汰赛则判双方均被淘汰。从此结束了比赛无时限的历史。1961年第26届世乒赛

后，修改比赛时间规则为：1 局比赛进行到 15 分钟仍未结束，该局剩余部分及此后各局均实行轮换发球法。同时规定：如果发球方发出的球和以后的 12 次击球均被对方合法还击，则判发球方失 1 分。比赛规则的改革抑制了消极防守型打法的泛滥。

1951 年，奥地利人用泡沫橡胶作为拍面覆盖物，改革创新了海绵球拍，使击出的球既转又快，并在当年的第 18 届世乒赛上使用了这种球拍，只因战绩平平而没有引起人们的关注。1952 年第 19 届世乒赛上，日本选手佐藤博治使用厚达 8mm 的海绵球拍，运用远台长抽以攻为主的战术打法一举夺得了男单冠军，日本队同时还获得了男双、女双、女团等项冠军。海绵球拍使乒乓球运动进入了快速进攻时代，也打破了欧洲削球选手的霸主地位，因此一场围绕海绵球拍合法性的争论也由此展开。欧洲有些乒坛人士呼吁禁止使用海绵球拍，而赞成方人士则认为：在拍面覆盖海绵与覆盖胶皮的器材改革方法是相同的，而且最先使用这种球拍的奥地利选手并未遭到非议。幸亏当时的国际乒联主席蒙塔古先生支持使用海绵球拍，才使乒乓球运动史上的这一重大器材改革幸免于难。直到 1959 年第 25 届国际乒联代表大会以 72 票对 19 票通过了乒乓球拍的规定：球拍的大小、形状和重量不限，底板平整、坚硬；颗粒胶连同黏合剂其厚度不得超过 2mm；海绵胶连同黏合剂其厚度不得超过 4mm。长达 6 年之久的球拍之争终于平息。

1959 年我国乒坛名将张燮林无意间发明了长胶胶皮。在 1963 年第 27 届世乒赛男团决赛时，手握长胶的直拍削球手张燮林作为秘密武器出场，他的对手是日本队乒坛名将三木，双方交手，张燮林便利用长胶球拍的奇特性能，用加转动作削出不转球，又用不加转的动作削出加转球，偶尔有机会猛扣一板，柔中有刚，三木被打得晕头转向，结果张燮林以 21∶9、21∶8 的悬殊比分获胜，成为中国队获得男团冠军的大功臣，从此张燮林便有了“魔术师”的称号。随后中国队又利用长胶发明了两面不同性能的倒板打法（当时规则对胶皮的颜色没有限制），利用两面胶皮的不同性能以加转与不转扰乱对方获取胜利。我国的削球手林慧卿、郑敏之就使用这种打法取得了优异成绩，这个时代也被称为“怪球”时代，使用者也绝大多数是中国选手。

1998 年 8 月中旬，中国乒协收到了国际乒联发来第一张球拍覆盖物批准表，国际乒联器材委员会在此表中给“长胶”下了正式的定义：颗粒粒高与直径之比大于 0.9。另外，（1）颗粒粒高和直径之比大于 1.1，如不作改进，只能使用到 1999 年的 7 月 1 日；（2）物理指标在允许误差范围之内，如不作改进只能使用到 2000 年 10 月 1 日。

19 世纪末乒乓球运动发展至今，随着球拍器材的不断革新，底板中增加了有利于速度和力量发挥的碳纤维、玻璃纤维、压缩纤维等纤维材料，胶皮的摩擦力不断增强，海绵的弹性也越来越大，加上快速胶水的使用，都为力量、速度、旋转更大程度的发挥提供了条件，为进攻打法的选手更好地发挥技术水平提供了有力保证，弧圈球技术逐渐成为乒乓球的主流打法。随着进攻技术的不断发展进步，运动员的发力动作越来越合理，使得击球速度越来越快、力量越来越大、旋转越来越强，回合越来越少，观赏性却大大降低。各项技术越来越严谨、越来越复杂，可打法却越来越单一了。现在世界高水平选手的球拍90%都使用反胶，打法也基本上是以快攻结合弧圈球为主。尤其欧洲选手是清一色的横拍全方位进攻打法，这样世界比赛也就没有了百花齐放、百家争鸣的场面。

为了乒乓球运动有更好的发展空间，在第 39 届国际乒联代表大会上对运动员发球又做出了严格规定；球离手后向上垂直抛起的高度不能低于 16cm。

乒乓球旋转与速度的发展，虽然给乒乓球运动带来了兴旺与繁荣，但是，这样极端的发展，导致了比赛回合越来越少，观赏性大大降低，迫使乒乓球运动只有采取措施适当抑制速度和旋转，增加比赛回合，才能继续保持和提高比赛的观赏性。为此，国际乒联从 2000 年至 2002 年的 3 年中，陆续出台了三项重大改革：（1）从 2000 年 10 月 1 日始，改 38mm、2.5g 的球为 40mm、2.7g 的大球。改打大球后，由于体积和重量增加，球的弹性降低 4.7mm、旋转降低 13%、速度降低 4%，接球率约提高 30%，从而增多比赛回合，提高了比赛观赏性。（2）从 2001 年 9 月 1 日始，改打 11 分制：局数由 3 局 2 胜或 5 局 3 胜，增加到 7 局 4 胜或 9 局 5 胜；分数由每局 21 分减少到 11 分；发球由 5 个一轮减少到 2 个一轮。这是乒乓球运动有史以来力度最大的赛制改革，比大球带来的影响更大。11 分制不仅使比赛节奏加快，强对抗增多，变数加大，还会导致技术层面诸多方面的变革。例如，沉默了多年的削球选手在第 47 届世乒赛上取得了意外的成绩，世界排名第 61 位的韩国削球选手朱世赫获得亚军，世界排名第 43 位的奥地利选手陈卫星进入前 8 名。（3）从 2002 年 9 月 1 日始，实行无遮挡发球。无遮挡发球规则的实施，使发球抢攻受到制约，而增加了接发球的攻击力。国际乒联推行三项改革的目的是“扩大冠军覆盖面，增加比赛悬念，缩小强弱差距，调动各国运动员争夺金牌的积极性；推动世界乒乓球运动的发展，增加乒乓球运动人口；削弱技术难度、增加运动回合、提高观赏性，吸引赞助商的投入和社会的支持。”从乒乓球运动的发展历程看，改革是必然的、合理的，虽然目前对我国运动员造成不利影响，但是，只要我们能顺应潮流接受挑战，与世界各国运动员在同一起跑线上继续改革创新，必将推动乒乓球运动向更新的高度发展。

进入 20 世纪以来，乒乓球在器材方面主要涉及小球换大球、禁用赛璐珞材质的乒乓球、禁用有机胶水等方面的改革。2006 年，在不来梅世乒赛期间，国际乒联宣布 2008 年

9 月 1 日起，全面禁止使用含挥发性的有机黏合剂。因有机胶水含有有毒的化学物质，在挥发过程中会对运动员身体健康产生影响，因此改用无毒无害的水溶性胶水。同时，无机胶水相较于有机胶水黏度较弱，与海绵发生化学反应膨胀后会增大弹性。2011 年 5 月，由于赛璐珞材质的高热易燃的特性，为避免其安全隐患，国际乒联在伦敦奥运会后决议全面禁用赛璐珞乒乓球，同时宣布于 2014 年 7 月起启用新塑料球。新塑料球除材质上与赛璐珞不同外，球体直径也将继续增加，乒乓球直径不能小于 40mm，即新塑料球的直径为 40~40.6mm。比赛器材的改革，促进了乒乓球运动的发展，保护了运动员身体健康，增加了比赛观赏性，顺应了乒乓球运动的发展趋势。

20 年来乒乓球运动的技术变化主要表现在国际乒联 2001 年 4 月通过了无遮挡发球提案，宣布于 2002 年 9 月 1 日起开始实施，此改革很大程度降低了发球技术的威胁程度，对运动员的训练和比赛产生了较大的影响。无遮挡发球是指运动员在发球时，在以球拍为顶点，与球台两侧网柱所形成的三角区域内必须无遮挡物。与隐蔽式发球不同的是，运动员在发球时不能用身体部位或衣物对球进行遮挡，阻碍对方球员视线。在隔网对抗性项目中，发球技术优秀的运动员可以凭借此技术在比赛中轻松制敌，从而取得比赛的胜利。无遮挡发球规则的推出很大程度降低了接发球的难度，能够看清对方发球时的技术动作，以此判断球的方向和旋转，更有效地应对来球，避免出现因发球技术差距较大而过早结束比赛的情况发生。

乒乓球运动员的技术特点可以分为六大类型：（1）快攻打法；（2）弧圈打法；（3）弧圈结合快攻打法；（4）快攻结合弧圈打法；（5）以削为主的削球打法；（6）削球和进攻结合的削球打法。国际乒坛上主要有五种打法：（1）直拍左推右攻，例如中国台湾的蒋澎龙、韩国的柳承敏、中国的杨影；（2）直拍横打弧圈结合快攻，例如中国的马琳、王皓、李静、许昕；（3）横拍弧圈结合快攻，例如中国的孔令辉、王楠、王励勤；（4）横拍快攻结合弧圈，例如中国的邓亚萍、张怡宁；（5）削攻结合，例如韩国的朱世赫、金景娥、中国的丁松。

总之，在世界乒乓球运动的发展过程中，每次大的技术革命，都离不开运动器材的改革和比赛规则的演变。改革是必然的，是为了乒乓球运动更好的发展。在更大范围内得到推广和普及，取得国际社会的广泛支持，把这项运动推向新的高度。

二、乒乓球运动的重大历史事件梳理

（一）第一次世界级乒乓球赛事

英国伦敦，雾之都，全球最大的金融中心，世界级四大城市之一，1926 年 12 月 6 日，第1届世界乒乓球锦标赛在这里揭幕。经过角逐，最终，实力雄厚的匈牙利队夺得男团、男单、男双、女单和混双全部冠军。

（二）第一次在比赛中设立七个项目和第一次在比赛中使用11分制

1934年，第8届世乒赛在时尚之都法国巴黎举办。国际乒联在这里为乒乓球增设了女团比赛，至此，世乒赛项目增为七个，也正是现在的“七座圣杯”：男团“斯韦思林杯”、女团“马塞尔·考比伦杯”、男单“圣·勃莱德杯”、女单“吉·盖斯特杯”、男双“伊朗杯”、女双“波普杯”和男女混双“兹·赫杜塞克杯”，完善了尚在雏形中的乒乓世界。2003年，同样是在这座城市，带给了乒乓球新的激情：11分制在世乒赛中第一次使用，让比赛的精彩程度有了一个质的飞跃，也让选手们在技战术上，有了一个新的考量。

（三）亚洲的男单首冠与海绵球拍的第一次出现

印度人喜欢玩板球，印度承办的世乒赛则为乒乓球带来了海绵拍。1952年，在孟买的第19届世乒赛赛场上，日本选手佐藤博治首次亮出了7毫米厚的海绵拍，用凌厉无比的正手长抽突破了欧洲削球的强固防守，获得了亚洲人的第一个乒乓球男单冠军。

（四）乒乓球首次被列为奥运会正式比赛项目

当这枚小小银球出现在1988年汉城奥运会的赛场上时，乒乓球也终于进入了奥运的竞技场。这个里程碑式的飞越，奠定了乒乓球这个项目，在世界体育运动中举足轻重的地位。

（五）首次球体体积改革

2000年悉尼奥运会之后，已有百年历史的38mm乒乓球成为过去，取而代之的是40mm的大球，这标志着乒乓球进入一个新的发展阶段，而日本大阪成为这个时代的揭幕者和见证人。

（六）第一次采用奥运会团体赛制

中国北京，首善之区，千年的文化底蕴造就了这座城市大气的性格，以豁达包容的姿态迎接八方来客。自中国成为乒乓大国以来，北京也与乒乓球运动结下了不解之缘。这一次，奥运乒乓球比赛首次引入团体赛制，多项规则的第一次实行对中国队也是一次考验。

结果是，有人欢喜，有人洒泪，无数的喜怒哀乐留在了这片辽阔的土地上，引得无数人每每经过鸟巢、水立方都会回想起 2008 年那个火热的夏天。

（七）运动员健康发展的首次提出与器材的标准细化

在 2009 年之前，为使乒乓球海绵更加柔软细腻、富有弹性，各国乒乓球运动员通常采用灌胶的粘贴方法，以获得理想的竞技成绩。但有机胶水的时效很短，并且具有易燃、易爆、有毒等缺点。而每次训练与比赛前后，运动员都需要与其“打交道”，传统有机胶水的长期使用会影响运动员的身体健康。至此，更环保、更健康、更绿色的无机胶水登上历史舞台。但器材的突然改变，导致多数运动员的运动成绩发生质变，这是因为使用无机胶水的球拍弹性只有有机胶水的 60%，因此，球速变慢，旋转变弱。一层薄如蝉翼的胶水看起来并不起眼，但正如历史上乒乓球器材的数次变革所带来的影响一样，无机胶水的出现带来了以下五个影响：（1）欧洲球员与亚洲球员的差距进一步缩小；（2）力量型选手比技巧型选手更具优势；（3）直板选手相较于横板选手处于更加不利的地位；（4）女选手比男选手受到的影响更大；（5）怪拍打法再受重创，削球打法缓慢恢复，“百花齐放”的世界乒坛再难重现。

第三节　乒乓球运动的特点

乒乓球运动的特点是球小、速度快（平均 0.2s 完成一个来回）、变化多、趣味性强，项目所需设备比较简单、投资少，不受年龄、性别和身体条件的限制，很容易被大众所接受。乒乓球运动是上下肢配合的一项全身运动，经常参加这项运动可提高灵敏性和协调性，增强体质，并能培养个人的意志、品质；其负荷量可自我控制，对练双方球台相隔又恰好避免了身体接触；只要按照自身体质训练，强度适当，运动外伤的可能性几乎为零，而且具有广泛的适应性和较高的锻炼价值，容易被人接受。

一、乒乓球运动对竞技能力的个性化要求

竞技能力即指运动员的参赛能力，是运动员能否在运动竞赛中取得优异成绩的关键因素。它由具有不同表现形式和不同作用的体能、技能以及心理能力所构成，并综合地表现于专项竞技的过程之中。乒乓球运动的魅力在于它充分地体现了运动员的个性，同一种打

法，一人一种风格。例如，同是直板快攻打法，刘国梁、马琳运用起来各有千秋。刘国梁直拍正胶打法，以速度、旋转、技巧为主，突出了“快”；马琳的直拍反胶发球则多变，加强了正手主动进攻的能力。王皓的直板横打是他赢得比赛，战胜对手的法宝；而同是横板弧圈打法，瓦尔德内尔、施拉格则各有所长。瓦尔德内尔以速度、旋转、技巧为主；施拉格以反手突出为主要特点。如果没有特长技术，在比赛中就难以制胜。

乒乓球运动不单单对技术有个性化的要求，其对运动员的体能、战术能力、心理能力、运动智能的要求也与其他体育竞技类项目有着鲜明的不同。

体能是技能的前提，技能是体能的表现。运动员取得好的成绩离不开扎实的体能训练。人们习惯将乒乓球定义为纯粹的技术性运动，限制了乒乓球运动的快速发展。这种定位与乒乓球运动的实际情况并不相符，技术不是发展乒乓球运动的唯一条件。在实践中我们发现，提高运动员的体能水平可以为其实施技战术提供坚实的身体基础。没有良好的体能，就难以运用复杂的技战术，可能造成心有余而力不足的情况。现代乒乓球“抢、争、狠”快速进攻的技术特点，对运动员的体能要求不断提升，而国际乒联改革比赛赛制，对运动员的体能提出了更高要求。因此，乒乓球运动员技战术的发挥需要良好的体能作基础，为获得比赛胜利创造条件。乒乓球运动员体能训练内容具有丰富性、多样性和个性化的特点。因此，体能训练在日常训练中占比要日益增加，以达到技术的施展要求，从而获得竞技能力的提高。

乒乓球战术在比赛中占据至关重要的地位。战术的变化，体现在乒乓球的变化上，具有多变的战术意识，就会在比赛中占有主动，从而取得比赛的胜利。乒乓球的运动战术特征有发球抢攻有效性、接发球抢攻积极性、相持对抗的稳健性、战术套路多变性和技、战术相互依存性。

从高水平乒乓球运动员赛时竞技表现空间中五种竞技能力对运动成绩影响所占的比例来看，得分顺序依次为心理状态、竞赛环境、精神状态。说明乒乓球运动员在参加比赛时，心理的影响较大，竞赛环境也有一定的影响，因此，乒乓球运动中运动员心理能力是一项起决定作用的重要因素。而赛时行为空间理论也同样认为在训练与比赛的时空转换过程中，运动员的心理能力会受到训练和比赛时外界环境的影响。

乒乓球运动智能结构主要由运动感知因子、运动思维因子、运动注意因子、运动表象因子、运动记忆因子构成。目前对于乒乓球运动员的运动智能研究较少，宏观地研究运动智能结构还不能科学地反映出乒乓球运动员的专项运动结构特征。

二、乒乓球运动中机体代谢特点

乒乓球运动对于不同运动水平人群来说，其代谢模式不同。因此，充分认识乒乓球运动中机体代谢方式的变化和能量消耗的转换，对于体育爱好者来说是极其重要的。乒乓球运动员在训练的过程中，大多采用多球练习方法，其练习的负荷大小与运动员的技术水平有直接的关系，技术水平高的运动员在练习时，击球的频率相对较高，力量相对较大，能量代谢处于较高水平，水平低者则反之。王艳等对业余水平的中小学生乒乓球运动中能量消耗的研究发现，当固定发球频率为 60 次/min 时，中小学生反手推挡时，心率范围在 120~132b/min，而在进行左推右攻的练习时，心率范围在 153~164b/min，这两种练习方式的梅脱值分布在 2.18~5.36METs 内，属于中等强度范围。同时，Sperlich B 等在对德国国家队青少年乒乓球运动员进行训练和比赛中的心肺功能和代谢测试后，发现在训练和比赛中的平均心率和能量代谢的 METs（梅脱值）均值处于中等强度范围。Shuchuan Shieh 等为了比较优秀乒乓球运动员和业余乒乓球运动员能量代谢指数的差异，对 30 名业余乒乓球运动员和 30 名优秀乒乓球运动员在训练和比赛中的能量代谢情况进行了研究，结果发现，在进行同样发球频率（强度）的训练时，优秀乒乓球运动员的代谢当量为8.51±1.0 METs，而业余运动运动员的代谢当量为 9.57±1.0METs，而在具有刺激性的比赛中，优秀运动员的代谢当量为 10.5±1.0METs，而业余运动员在比赛中的代谢当量为 10.1±1.0METs。这些结果说明不同训练水平的乒乓球运动员在相同负荷的运动训练和比赛中能量代谢消耗不同，训练水平高的运动员在训练中会出现能量节省化，而训练水平低的运动员则在训练中消耗能量较多。

另外，乒乓球运动训练的内容也是决定运动负荷及能量消耗的另一重要因素。这其中以击球过程中结合步伐训练的负荷量最大，能量消耗也最大。向雄伟（2008）采用多球单练的形式结合正手两大角、推侧扑和正反手前后步伐进行极限负荷训练后发现，平均心率超过 160bpm，训练结束后即刻的血乳酸浓度达到 8.6mmol/L，超过了通常所接受的 4mmol/L 的乳酸阈值，说明这三种结合步伐训练形式的运动强度都是大强度的无氧训练。随后，欢玉章等在对黑龙江省队运动员进行研究中发现，结合步伐进行攻球训练时，男子的平均最高心率达到 143.8±14.3bpm（167.1±14.0bpm），女子的平均最高心率达到了 134.4 ±16.1bpm（159.1±14.9bpm）。这些都说明了不同的运动训练内容，能量代谢也不一样，而结合步伐进行多球训练时，能量代谢则可能以无氧供能系统为主要的供能系统，能量消耗也高于单一乒乓球技术的训练。

对于乒乓球运动中究竟是有氧供能系统发挥主要作用，还是无氧供能系统发挥主要作用，目前说法不统一。Zagatto AM 等认为在乒乓球训练和比赛中有氧代谢系统是主要的供能系统，而磷酸原系统则是在击球中最重要的供能系统；而 Miran Kondri 等则认为，在乒乓球运动中，无氧的磷酸原供能系统是比赛中的主要供能系统，而良好的有氧耐力系统则能帮助运动员快速恢复，这两个供能系统同等重要。

总之，乒乓球运动中因不同运动员的技术水平、不同的运动训练内容或比赛，能量代谢特点各不相同。良好的无氧供能系统，尤其是良好的磷酸原供能系统是比赛中起决定性作用的供能系统，良好的有氧供能系统则有助于乒乓球运动员快速恢复在训练和比赛中所消耗的能量，在乒乓球运动员的训练和比赛中两大供能系统的训练都不能忽视。在乒乓球运动员的无氧和有氧供能能力的评定方法中，国外研究中所使用的这些供能系统的评定方法，具有更接近乒乓球训练或比赛中实际供能的特点，在以后的研究中可参考这些评定方法对运动员的供能系统、供能能力进行更客观的评定，也可作为乒乓球运动员的选材参选指标之一。在乒乓球运动中各供能系统的评定方法中，虽然已经使用发球机进行正手攻球递增负荷测试，但都只使用了正手攻球作为评定方法中的技术，而在实际的训练和比赛中，其他的乒乓球技术以及结合步伐进行的乒乓球训练和比赛才是真实的情况。因此，在以后的各供能系统的评定与评价中，应该考虑不同乒乓球组合技术的评定。另外，也可以结合更多的生理指标和生化指标进行各供能系统的评定与评价。

三、乒乓球运动的健身价值

全民健身与大众身体健康密切相关，同时还能提高社会文化水平。随着全民健身计划的深入开展，人们对健康的渴求也越来越强烈，越来越重视身体的健康状况。通过运动提高身体素质已经成为全民的共识，乒乓球运动因其动作简单，容易操作，且对人的身体素质要求较低，成为全民健身的项目之一。

从生理学角度讲，乒乓球运动有明显的强身健体作用。首先，经研究证明，如有效利用乒乓球运动中负荷量较大但可以承受的技术练习，可使某些与骨代谢有关的激素或物质发生变化，影响某些局部调节因子，使骨质得以增加，骨骼更为坚固、健康。

其次，经常参加乒乓球运动，可以使心血管系统的结构和机能得到改善，心肌变得发达有力，心容量加大，脉搏输出量增多，心搏徐缓和血压降低，提高心脏工作效率，有利于身体的新陈代谢，提高整个身体机能水平。作为血液循环发动机的心脏，在练习过程中要为肌肉输送大量的血液，从而使心脏的功能得到提高。同时，乒乓球运动能增强呼吸肌的力量和耐久力，进而提高呼吸系统的功能；由于增强了呼吸肌的力量，扩大了胸廓的活动范围，使充满气体的肺泡增多，因而肺活量增大，肺活量增大反映进了肺储备能力的增强。

最后，由于乒乓球在空中飞行速度比较快，正手攻球只需 0.15s 就可到达对方台面，在这短暂的时间内，要求运动员对高速运动的来球方向、落点、旋转、力量等因素进行全面观察并进行判断，及时采取对策，调整击球方向与拍面角度，进行合理还击。因此，经常从事乒乓球运动，可大大提高神经系统的反应速度。加上乒乓球运动是竞技项目，对抗激烈，比分更改速度快，练习者情绪状态非常复杂，经常经受这些变幻莫测、胜负难料的激烈竞争的刺激锻炼，同时还要在比赛中对对方战术意图进行揣摩，这些都使练习者的心理素质得到了很好的锻炼和提高。

再从促进机体生产和生活效用角度来谈乒乓球运动的健身价值。首先，乒乓球运动是具有较高安全性的健身项目。乒乓球只有几克重量，并且里面是空心的，运动中被乒乓球砸到后让人受伤的危险性非常小；运动强度可根据自己身体承受能力自行调节，不会造成运动伤害；乒乓球运动设施简单，普及程度高，适应性广，对运动基础要求不高，不受年龄的限制，从幼童到高龄老人都可以参与。其次，乒乓球运动是一个全身协调的锻炼，需要手、脚、眼的配合。乒乓球运动注重的是技巧性，在锻炼过程中，能够帮助人们提高身体的协调能力、灵活性，能够促进身体的血液循环，加快新陈代谢，提高身体素质，降低生活中简单身体伤害所带来的危险，提高身体的耐受力，缓解快节奏亚健康所带来的身体伤害。对于学生来说，不仅能够帮助学生舒缓学习压力，调节心情，建立良好的生活方式，还有助于学生智力的发育，塑造良好健康外向的性格，同时还能够缓解腰椎酸痛，提高腿部力量，预防近视发生。

第四节　我国乒乓球运动的发展历程

从第一个世界冠军，到第一次体育外交，再到大满贯、全满贯运动员的井喷式出现，乒乓球运动已经成为我国的“国球”。这些耀眼成绩和辉煌成就是怎么取得的？人们都有探究中国乒乓球运动发展史的冲动。

一、新中国的重要外交名片

美国《时代周刊》曾于 1971 年用醒目的巨大标题报道中国乒乓球队的发展——*Chi-*

na：*A whole new game*。这是我国第一次因为傲人的体育成绩而受到国际关注。乒乓球作为新中国体育外交最重要的名片，受到了党和国家的高度重视。我国在 1952 年成立了中华全国体育总会乒乓球部，也就是中国乒乓球队的前身，同年举行了新中国第一届全国乒乓球锦标赛，并于 1953 年加入国际乒乓球联合会（以下简称“国际乒联”），开始进军世界乒坛。1953—1954 年两届世乒赛，中国乒乓球队成绩进步神速，距离世界冠军仅一步之遥，开始引起世界关注，国家体育运动委员会（现国家体育总局）也把勇夺世界冠军的希望寄托于乒乓球项目。1958 年我国断绝与国际奥委会关系后，唯有国际乒乓球联合会照常与我国保持联系，此后中国乒乓球队单枪匹马活跃在国际赛场，力图打破对中国体育的国际封锁。1959 年第 25 届世乒赛，容国团闯入决赛并最终夺冠。容国团的夺冠向全世界庄严宣告中国人也可以拿世界冠军，摘掉了几十年来压在中国人民头上的耻辱。1961 年北京成功承办第 26 届世乒赛，中国乒乓球队在比赛中获得 3 项冠军，在接下来的两届世乒赛中也斩获 7 枚金牌，对当时的中国社会产生了不可估量的影响，人们将乒乓球冠军荣誉与爱国主义相结合，积极参加多样化的群众乒乓球运动，掀起了一股乒乓球运动热潮。1959—1965 年，乒乓健儿获得多个世界冠军，在国内引起了极大的社会反响，“全民乒乓”遍地开花，极大地振奋了民族精神，激发了中华民族自力更生建设新中国的信心与勇气，展示了新中国独立自主、奋发图强的国家形象，有力地维护了中华民族尊严。

在中国奥委会断绝与国际奥委会的关系后，我国尝试在奥运会之外另起炉灶，通过新兴运动会的力量推动国际交往，但影响力及效果与奥运会相去甚远，最终不可持续。20 世纪 70 年代初，因“珍宝岛”事件等，中苏关系全面恶化，而遭受苏联严重威胁且经济实力日益衰减的美国试图改变对华战略。此时我国虽然仍被排斥于联合国之外，但中美关系已有微妙变化，双方都曾相互试探，不过没有获得实质性结果。

1971 年，在日本乒乓球协会的盛情邀请及周恩来总理的亲自过问下，已缺席两届世乒赛的中国队克服重重困难，决定临时组队参加第 31 届日本名古屋世乒赛。在比赛期间，美国乒乓球运动员格伦·科恩错搭上了中国乒乓球队的汽车，格伦·科恩与我国乒乓球运动员庄则栋在车上进行了友好交谈，并且主动提及希望到中国访问，中美两国运动员交往的消息迅速传遍世界。1971 年 4 月 7 日凌晨，毛泽东主席做出震惊世界的决定，邀请美国乒乓球队访华；4 月 14 日，美国总统尼克松宣布取消已存在 20 年的中美贸易禁令。“乒乓外交”翻开了中美关系史上的新篇章，消融了中美两国之间 20 多年的寒冰，“小球推动大球”成为我国乃至世界外交史上的一段佳话，加速了中国同其他国家的正常化建交进程。1971 年 9 月 24 日，中国乒乓球教练庄家富等人受邀前往加拿大交流，开启了新中国的第一次北美之旅。之后，资本主义国家纷纷与我国建立了外交关系。1970—1979 年，我国基本完成了同西方国家的建交历程，总计有 71 个国家同我国确定了正式外交关系，其中包括 27 个欧美国家。

二、新时期的体育交流开放

20 世纪 70 年代末至 90 年代初，世界格局发生重大变化，旧格局随着美苏两极争霸中苏联的解体而自然消亡，但新格局尚未形成。我国审时度势，在 1978 年召开中共十一届三中全会后开始实行经济体制改革，强调以经济建设为主，实行全面改革开放。改革开放使中国从一个落后、封闭的国家过渡到具有重要国际影响力及巨大潜在成长性的现代化经济强国。在中国改革开放 30 周年的全国政协十一届一次会议委员座谈会上，时任国家体育总局副局长崔大林说："没有改革开放，就没有中国体育的今天。"从 1978 年到 2008 年北京奥运会，我国运动员所获世界冠军及创造的世界纪录占中华人民共和国成立以来总数的 85%，改革开放带来的强大国力推动中国体育快速崛起于世界之巅。中国乒乓球在此期间以舍我其谁的担当精神，顺应时代发展，不断开拓创新，以傲人的运动成绩始终站在世界乒坛最高峰，在国际体坛独树一帜，为中国体育冲向世界做出了表率与示范，同时以国家荣誉至上的团队协作精神与国球文化，让世界领略奥林匹克的东方印记，有力地展示了中国改革开放的成就及富国强民的国家形象。

1978 年底，体育界以邓小平同志提出的"一国两制"伟大构想作为依据，创造性地提出了恢复我国在国际奥委会合法席位的同时，中国台湾可在经批准后改名、改旗、改歌参加奥林匹克运动，这就是所谓的"三改方案"。1979 年 11 月 25 日，国际奥委会决定中国大陆与中国台湾分别可以使用各自奥委会名称，但"中国台北奥林匹克委员会"需要在得到批准的前提下使用相应的旗、歌和会徽，此做法被称为"奥运模式"，为国际体育界解决类似问题提供了一个参照模式。1980 年，为快速提高运动技术能力及水平，国家体育运动委员会机构设置进行了部分调整，设立了球类司、运动司等单位，重点改革体育管理体制、竞赛体制、科学训练体制等。1982 年再度调整，乒乓球划归至训练竞赛二司管辖范围。1984 年，国家体育运动委员会提出的"奥运战略"要求竞技体育优先发展，中国乒乓球运动受益于这种战略目标和系统化的选材与训练体系，开始走向全面辉煌，自 1981 年在前南斯拉夫诺维萨德第 36 届世界乒乓球锦标赛包揽全部金牌后，在 1985 年至 1989 年第 3 届世乒赛中又连续夺得 15 项世界冠军。中国乒乓球"征服世界"的同时，也引领着中国体育全面登上世界的舞台，乒乓球文化开始成为中国体育文化的标志与象征。1990

年前后，乒乓球事业体制改革被提上议程，乒乓球运动必须积极走社会化、产业化的发展道路，通过深化改革增强队伍的生机与活力。1992 年 6 月 23 日召开的红山口会议，从管理及信心方面入手，从技战术创新上重点突破，加快了优秀后备人才的培养。

随着改革开放的不断深入和市场经济的快速发展，人们的思想也充分解放，视野不仅仅局限在国内，一些中国乒乓球队的运动员或教练员走出国门去海外打球或执教，形成了所谓的“海外兵团”，他们高额的酬劳及福利待遇在一定程度上影响了我国乒乓球队的稳定及运动成绩的提高；他们也是“海外使者”“文化使者”，散布在世界各个角落的“海外兵团”宣传了我国社会转型后在各方面取得的巨大成绩，传播了中国文化、国球文化及思想，展示了中国的大国形象，提高了国际认同以及人民的民族认同和文化自信。

20 世纪 90 年代初，党中央适时提出“三个代表”重要思想，强调要加强政治建设和政治体制改革，调整对内经济战略和对外经济政策，各行各业都要“坚持与时俱进”。反映到国家体育事业上，明确要强化国家体育总局的宏观调控与主导地位，国家依然是体育的主体。因此，中国乒乓球运动的改革思路及方向紧跟社会主义市场经济体制改革的步伐，形成国家主体管控和社会协办并存的体育运动管理体制。1992 年，为响应全国体委主任座谈会发布的《关于深化体育体制改革的决定》，决定将部分项目向职业化过渡（于文谦等，2010）。1993 年，我国第一个乒乓球俱乐部在北京成立；1994 年，我国体育项目向职业化、市场化迈进，中国乒乓球运动管理中心在北京成立（何强，2008），并提出了在乒乓球队中实行“双轨制”的发展构想；1995 年 12 月，首届全国乒乓球俱乐部赛在广东顺德区容奇镇顺利举行；1996 年，12 家全国各地的乒乓球俱乐部相继成立，同年颁布了《中国乒乓球协会俱乐部章程》；1998 年，全国俱乐部赛更名为“中国乒乓球俱乐部甲级联赛”，并且引入主客场制度；1999 年，联赛更名为“中国乒乓球俱乐部超级联赛”（以下简称“乒超联赛”），且在苏州、本溪、哈尔滨、南京、郑州和北京 6 个城市同时举行。乒超联赛的举办标志着中国乒乓球运动进入职业化、市场化阶段，在一定程度上遏制了前一阶段不少乒乓球高手相继出国所导致的人才流失现象，同时吸引了国外优秀运动员来我国参赛交流，为有效提高乒乓球运动水平提供了世界级别的舞台，刺激了乒乓球技战术创新与发展。但中国乒乓球改革也引发部分弊端，如国内乒乓球运动人群比例下降，一家独大面临“逐出奥运”的风险等。为扩大乒乓球的全球传播范围，提高全球乒乓球运动水平，“养狼计划”启动实施，开始帮助其他协会及国家培养乒乓人才，众多世界知名乒乓球运动员的“中国制造”让全世界认识到中国与世界同行的担当与作为。

21 世纪后，中国乒乓球运动发展更是突飞猛进，在世界范围内已难觅敌手，乒乓球国际赛事的奖项被我国运动员大包大揽，为国家和人民争得了巨大荣誉。随着我国乒乓球事业步入一个新阶段，作为综合国力及“软实力”的代表，关系国际声誉的乒乓球文化传播开始提上议程。中国乒乓球水平已经长期处于世界领先位置，完全能够引领世界乒乓球发展的潮流。然而在国际乒坛，虽然我国乒乓球硬实力绝对强势，但在软实力方面还未很好地挖掘及发挥，也缺乏高素质的国际组织人员以及应有的话语权，中国乒乓球的软、硬实力的失衡，也曾导致对未来乒乓球可持续发展的迷茫。2008 年北京成功举办夏季奥运会，人们的观念更加开放，经济持续稳定发展，我国群众体育锻炼热情也迎来了历史性高潮。在这一历史时期内，乒乓球运动的锻炼价值被充分认识与挖掘，乒乓球所引起的全民乒乓热潮对惠全民、促健康、筑强国以及构建社会主义和谐社会起到了不可忽视的促进作用，开创了全民健身新局面。

在《奥运争光计划》的激励下，中国乒乓球队在国际赛场创造了一个又一个的辉煌，与此同时，通过各种法律、法规保障和激励措施，群众乒乓球赛事在全国风起云涌、遍地开花，有力地凸显了乒乓球项目的价值及优势，最大范围地调动了社会乒乓球组织的积极性，促进了竞技乒乓球和大众乒乓球协调平衡发展，多方位展示了中国日益增强的综合实力，向世界展示了中国多元发展的体育大国新形象。

随着中国特色社会主义进入新时代，我国在处理国际事务中的影响力及话语权越来越重。2012 年党的十八大报告正式提出“人类命运共同体”理念，倡导全世界和平发展、共同发展。习近平总书记在党的十九大报告再次重申“要构建人类命运共同体，坚持和平发展道路”。乒乓球作为中国影响较大、参与较广、优势明显的体育运动项目，在新时代以“放眼世界、回馈社会”的精神，以“中国乒乓，世界共享”的理念，开创了中国体育发展的新模式，已经成为我国“元首外交”新亮点，发挥着传播中国文化、展示大国形象的重要作用。

三、新时代的任务与展望

体育强则国家强，国运兴则体育兴。自党的十八大胜利召开后，中国体育砥砺奋进，破浪前行，坚持走中国特色体育强国之路，走体育改革创新发展之路，重点聚焦体育产业开拓，使体育产业成为我国重要的新兴朝阳产业及市场经济转型升级的重要力量。体育产业的爆发式增长也带动了我国群众体育的跨越式进步，群众体育走上快车发展道路。2015 年 3 月，中国足球再次吹响我国体育体制改革的冲锋号，代表着中国体育改革真正进入深水区，协会实体化和社会团体改革的逐步落实与推进，为新时代中国体育事业的再一次腾飞注入了蓬勃生机。竞技体育开始转变思路，在赛事、赛制上取得新突破，释放了自身的多元化功能，并与群众体育、体育产业不断融合，激发了群众体育的热情，为加快实现全民健康与完成体育强国建设目标奠定了坚实的基础。

中国乒乓球队深入贯彻落实党的十九大和十九届三中全会精神，深化体育管理体制改革，转换思想及观念，加强乒乓球体制创新力度；注重爱国主义及集体主义精神的宣传与弘扬，转变发展方式，大力推进“双轨制”运行机制的完善与成熟；坚定决心与信心，坚持竞技体育与群众体育、乒乓球事业发展与乒乓球产业协调发展的战略方针，完善乒乓球社会体育组织的健全以及公众服务体系，统筹规划全民健身活动；积极推进乒乓球社会公益活动，大力开展“乒乓走世界”“国球进校园、进企业、进社区”等活动，回报国家与社会，通过这些行动取得了良好的社会效益，走出了一条中国特色乒乓球发展之路。与此同时，中国乒乓球调整对外战略，突出重点，加大乒乓球市场开发力度，切实贯彻乒乓球国际推广计划，重视援外与海外基地、培训中心建设，加强与国际乒联及其他国家或地区乒乓球协会的联系与多领域合作，践行体育强国战略建设。

2017 年中国乒乓球协会（以下简称“中国乒协”）创新体制机制，锐意改革，出台了一系列政策措施，包括减少管理层级，实行“扁平化”管理，废除以往的总教练、主教练岗位，重视队伍的综合管理效益，分别设立男、女两个教练组，全面负责运动训练及队伍的管理，同时对中国乒协的组织架构及成员进行了再分配调整。2018 年 12 月，为进一步落实国家体育总局有关协会实体化改革的要求，确保 2020 年“奥运战略”的顺利进行，按“专业人做专业事”的改革思路，中国乒协第九届全国代表大会完成了换届选举，产生了新的乒协领导班子及成员，首次成立运动员委员会，打通运动员和教练员的自主双向选择机制，使乒乓球朝向职业化、产业化、国际化不断迈进。2019 年 4 月，中国乒乓球运动管理体制改革再出重磅，确定中国乒协为中国乒乓球运动管理最高领导机构，全权负责、决策和统筹中国乒乓球运动的组织管理工作，原国家体育总局乒乓球羽毛球运动管理中心彻底退出管理结构，其与中国乒协“一套班子、两套牌子”的体制至此终结。中国乒协相应设置了 6 个内设机构，分别部署了相应负责人并明确了具体工作。中国乒协的真正实体化，将推进我国乒乓球各项工作在新时代、新背景、新发展中有力进行，也将奏响中国乒乓球运动的新旋律，谱写中国体育事业改革发展新篇章。

习近平总书记在党的十九大报告中强调，推进国际传播能力建设，讲好中国故事，展现真实、立体、全面的中国，提高国家文化软实力。乒乓球以其辉煌的战绩、优良的竞技传统及其强大的群众基础，充分体现了社会主义特征，已成为我国国家认同及集体记忆的重要象征与符号。2017 年德国杜塞尔多夫世乒赛期间，国际乒联主席维克特对中国球迷数量增长的“井喷”现象给予肯定，同时多次在不同场合就中国乒乓球教练在世界各地传授乒乓“真功夫”表达敬意与鼓励，认为未来对标国际足球、网球发展，做大做强世界乒乓球运动，就必须与中国合作。

在科学判断新时代中国外交面临的国际形势的基础上，乒乓球文化的内涵与外延不断发展，为共建“一带一路”国家和地区的乒乓球项目发展提供了针对性的软硬件支持和帮助，助力了我国体育外交事业的蓬勃发展，为“一带一路”倡议的落实贡献力量。2014 年，中国乒乓球学院卢森堡分院在欧洲成立；同年 9 月，中国乒乓球以突尼斯为起点走进非洲，这是一次中国乒协推广计划与国际乒联“筑梦计划”相结合的公益活动，受到当地群众和媒体的高度关注。2015 年 8 月，中国乒乓球走进拉美，来自 16 个国家和地区的 30 名乒乓球爱好者齐聚波多黎各，相互交流了乒乓球技战术，波多黎各乒协主席伊万・桑多斯也表达了与中国进行深入交流合作的愿望。这项拉美筑梦行动作为体育文化传播的平台，促进了“一带一路”国家和地区的乒乓球发展，中国乒乓球文化也在这个过程中传播至更加广泛的区域。

在国内，以“一带一路”为主题的系列“小球推动大球”活动也在如火如荼地进行。2016 年 9 月 9 日，由中国乒协组织的首届“一带一路”国际乒乓球邀请赛在新疆乌鲁木齐体育中心举行，吸引了 20 多个国家的加入。2017 年 8 月，四川成都首届“一带一路”国际乒乓球公开赛吸引了包括美国、瓦努阿图等多个国家与地区的乒乓球爱好者参加，瓦努阿图甚至派出奥运参赛队伍，而塞尔维亚以国家队班底出战。随着“一带一路”乒乓球国际赛事的影响不断扩大，其举办地也扩展至我国敦煌、西安等城市，仅 2017 年就有 18 个国家与地区的 712 名运动员参加了该赛事，在 2018 年通过创新赛制和细化组别吸引了东盟 10 国的 111 名运动员参与，一些欧洲和非洲国家（如德国、瑞典、埃及、克罗地亚等）的运动员及乒乓球爱好者也纷纷加入成都、西安和鞍山等站的赛事交流中。由此，乒乓球领域不断拓展，品牌效应逐步形成。与此同时，活动内容与形式也不断得到充实与丰富，成都国际乒乓球公开赛首创“比赛+论坛”的结合形式，邀请到来自 9 个国家的 33 名专家以及 200 余名不同领域的研究者出席论坛，探讨“人类命运共同体”“体育产业”“健康中国”“大健康”等热门话题，赛后还发行了《“一带一路”乒乓球公开赛成都倡议》的研究成果，依托乒乓球的深厚底蕴及优势，有力地促进了我国与“一带一路”沿线城市体育文化事业的发展及交流，也从一定程度上提升了城市形象。2016—2019 年，中国乒协及各省市乒乓球“一带一路”赛事规模不断扩大，内容不断深化，赛事服务对象逐步从专业运动员扩展至乒乓球业余爱好者，引起了各方的强烈反响。

复习思考题

1. 网球运动、羽毛球运动的起源与乒乓球运动起源有哪些异同点？

2. 乒乓球运动有什么特点？

3. 乒乓球运动在我国经历了几个阶段？结合自身看法，谈谈每个阶段你了解的历史事件。

第二章　新时代乒乓球运动的价值

本章导读：

乒乓球起源于英国，世界各国均开展乒乓球运动，它在亚洲发展较好，尤其是在中国，将其发扬光大，被誉为“国球”。乒乓球运动具有灵活性、普适性、健身性等特点，可以在各个年龄阶层开展活动，具有较好的群众基础。乒乓球所蕴含的社会、政治、经济、文化、教育、健身、娱乐价值也成为群众体育最佳运动项目之一。

第一节　乒乓球运动的社会价值

在我国体育事业中乒乓球运动占据很大的比重，并且我国的乒乓球运动成绩在国际上长期位居榜首，这些因素使乒乓球这项体育运动在我国产生了巨大的社会影响和社会价值。在我国，乒乓球运动普及程度高，不管是在各个学校还是社区，都会看到人们拿起球拍打球的场景。乒乓球运动在提高全民身体素质和健康水平的同时，也推进了中国特色社会主义社会的建设。

一、乒乓球运动具有稳定社会的价值

（一）乒乓球竞赛规则对稳定社会功能的影响

乒乓球竞赛规则不只是为了保证比赛的公平性，也是“立德树人”在体育道德层面的具体体现。无论运动员是遵守还是违反规则，都蕴含着正确且积极的内涵，他们默认自己要遵守乒乓球竞赛规则，从而被动地通过乒乓球的各项规则来约束自己生活中的各种行为；通过学练乒乓球可以使自己站在对方的角度考虑问题，全面地分析和观察对方的思维和心情，及时调整和规范自己的行为方式，养成良好的行为习惯；同时在社会活动中能使自己遵守社会规范，减少或避免不良社会行为。因此，乒乓球运动具有稳定社会的功能和作用。

（二）乒乓球礼仪对稳定社会功能的影响

“礼”即尊重，尊重他人、尊重自己，反映一个人的道德水平；“仪”是表现形式，礼仪就是一个人内在道德水平的外在表现。乒乓球礼仪（例如，主动跟球友握手致意；友谊第一，比赛第二）有助于社会文明行为规范的形成，也有利于个人与他人友好相处，从而促进社会稳定和谐发展。在与其他同伴通过乒乓球运动进行沟通交流时，乒乓礼仪（尊重、谦虚等）可以促进双方友谊的发展，形成稳固的人际关系并且能够纠正个人不文明的交往行为（例如，擦边球，利用手汗打湿乒乓球使对手无法发出旋转球等）；乒乓球礼仪的谦让行为可以有效地提高道德修养，进而迁移到日常生活中，由此减少某些不道德行为的发生（如碰瓷、道德绑架等），使会良好风尚的形成，进而促进人们生活更加和谐。在群体生活中，要充分发挥好社会体育指导员的重要作用，通过讲解乒乓球运动礼仪，规范人们开展乒乓球运动时的行为，养成尊重、谦让、文明的习惯，促进社会生活和谐稳定。

二、乒乓球运动对参与者的心理压力和社会交际的影响

（一）乒乓球运动对参与者心理压力的影响

乒乓球运动的强度和量灵活多变，可以适应各个年龄阶段的参与者。乒乓球运动能起到精神调节的作用，针对不同人群、不同年龄阶段，具有不同的特点。对于未成年（学生群体）参与者来说，通过乒乓球运动可以缓解学业压力，起到劳逸结合、促进沟通交流的作用。研究表明，通过乒乓球运动可以开发学练者的大脑智力，提高学习能力，进而提高其学习成绩。通过乒乓球运动的艰苦训练，有利于对学生进行挫折教育，可以提高学生在日常学习生活中遇到各种困难时的心理承受能力。对于职场青年参与者来说，快节奏、高强度的工作量，会造成较大的工作压力，生活节奏加快，经济压力、家庭压力等增大，容易形成压抑的心理状态。通过与家人、同事以及朋友之间进行适度的乒乓球运动，就可以有效地缓解和释放工作、生活等方面的压力，放慢生活节奏，促进家庭和睦，加强同事之间的交流，最终产生和谐的社会风气。对于退休老年参与者来说，随着身体机能和社会参与度的降低，会形成一种孤独感、无助感。如果通过和亲人、朋友进行适度的乒乓球运动，不仅能强身健体，加强老年人和亲人、朋友的沟通交流，还能预防老年疾病，缓解家庭医疗开支的压力。退休老年群体的乒乓球运动，让他们在生活中找到了一种精神依托，使参与者老有所乐、老有所为，促进家庭、社会的和谐发展。

（二）乒乓球运动对参与者社会交际的影响

乒乓球运动是交际体育的一种，也是人际交往中最有效的手段之一，它以隔网对抗的运动方式减去了肢体上的接触，从而减少更多的矛盾和冲突，各个年龄阶段的群体均可以通过乒乓球运动扩大人际交往范围，促进社会和谐稳定发展。参与者可以通过乒乓球运动增加与同伴之间的情感交流，乒乓球运动的礼仪，将互帮互助、促学赶帮的风气迁移到日常生活当中。参与者可以通过乒乓球运动认识和结交不同职业、不同年龄段的朋友，以球会友，扩大自己的交际圈，促进和谐社会文明建设；通过开展职工乒乓球运动或比赛，不仅可以有效地提升企业文化形象，增强同事的团队凝聚力，而且能有效地促进职工更加高效地开展工作，进而促进职场生活和谐有序发展；参与者可以通过乒乓球运动形成稳定、平和的心态，练习乒乓球对维持各个群体参与者稳定平和的心态具有重要的现实指导意义。

第二节　乒乓球运动的政治价值

体育的政治价值是以体育活动、体育赛事为切入点，对外用来表明国家政治立场，提升国家威望，振奋民族精神，对内则有利于营造安定祥和的社会环境。在我国竞技体育发展的历史中，乒乓球项目在很长时间内一直是体育领域标志性的存在，“乒乓情结”曾经牢系国人心扉。乒乓球运动在 20 世纪六七十年代曾带来巨大的衍生效应，如“国球”的产生、“乒乓外交”的成功。

一、“乒乓外交”打破政治壁垒

20 世纪 70 年代，“乒乓外交”成为中国乃至世界最具影响力的事件。1971 年“乒乓外交”的成功使中美关系获得突破性进展，从此打开了中美二十多年冰冻的政治僵局。伴随着中国在联合国合法席位的确立，国内外各项事业复苏的苗头开始萌发。“乒乓外交”同时激发了其他体育项目的对外交流，在此之前，已与外界大门隔绝 5 年之久。随之，篮球队、足球队、排球队、田径队等与其他国家也开始了交流及互访，主要国家为朝鲜及部分非洲国家。

2021 年世界乒乓球锦标赛恰逢“乒乓外交”50 周年。特殊的时间，特殊的地点，赋予了这场体育赛事特殊的意义。两对中美跨国配对的混双球员亮相。他们是林高远（中国）和张安（美国）、卡纳克（美国）和王曼昱（中国），这两对组合参加休斯敦世乒赛。中国乒协联合美国乒协向国际乒联提出混双中美跨国配对的建议，让这几位原本就是朋友的运动员并肩上场，两个国家的球迷共同为他们欢呼和呐喊，延续中美“乒乓外交”，续写新时期“乒乓外交”新篇章，以小小乒乓球作为载体，释放出中美两国人民的友谊。

二、提高政治素养在民众日常生活中的体现

每个人政治素养的形成离不开潜移默化的影响，在国乒队中加强党性建设有利于提高运动员和教练员的政治素养。共产党员的先进性能够促使更多的运动员加入党组织，献身于终身体育事业当中。加强在职或退役的运动员和教练员的党性建设，有利于乒乓球政治价值的延续与发展。一旦政治素养形成，就可充分带动各年龄阶段的人群参与到乒乓球运动中，从而促进各种体育价值的实现，最终完成对周围人政治素养的熏陶。例如，“红色精神”的传承：中国乒乓球队共同重温入党誓词，到敬老院慰问革命军人，听取老红军们讲述战斗故事等；弘扬革命先烈精神：组织乒乓球爱好者参观革命博物馆，烈士英雄纪念碑，或者前往革命根据地开展爱国主义教育活动等。

三、乒乓球运动对竞技体育发展的启示

（一）人才引进政策奠定良好的基础

在中国乒乓球队初建时期，注重招揽英才是球队创造辉煌的开端，香港“三英”的加入就是中国乒乓球队开放人才引进政策的结果。在中国乒乓球队组建之前，姜永宁、傅其芳就已在世界乒坛证明了自己的实力，国家体委给予他们的待遇要优于香港。1957 年，容国团击败曾 2 次获得世锦赛单打冠军的荻村伊智朗，引起轰动。在其表达为国效力的意愿后，国家体委对患有肺病的容国团特意照顾，为他的训练创造了良好的环境，为其在第 25 届世乒赛上夺得冠军铺下坚实的道路。傅其芳进入国家乒乓球队之后迅速成为中国第一代乒乓球教练，其所具备的技战术素养惠及一个时代的乒乓球运动员。在“三英”引进方面，国家体委所采取的举措在当时的社会环境下，无疑是非常前沿的。如此开放包容的人才引进政策在当时的体育界极为罕见，这为其他竞技项目的发展起到了示范作用。

（二）中国乒乓球队在体育竞争情报获取方面走在了其他队伍前列

在中国举办第 26 届世界乒乓球锦标赛之前，日本研发出的弧圈球技术已震惊世界。

当时恰逢日本队要途经中国香港与香港乒乓球队打热身赛，为了做到知己知彼，国家体委特派庄家富去香港做“卧底”。在与香港关系紧张且香港队员熟悉庄家富的不利条件下，其身着便衣、乔装打扮进入香港，通过现场观摩及拍照，为球队带回较为翔实的情报。荣高棠召集男子乒乓球团队连夜开会，根据庄家富在现场看球的感悟及团队对弧圈球技术的剖析，制定了“以短球控制弧圈球”的战术。训练实施阶段，胡炳权等队员模拟弧圈球技术，为主力队员当陪练。这为中国男子乒乓球队在第 26 届世乒赛取得良好成绩创造了条件。庄家富在《国家乒乓球队世界冠军教练忆往事》中回忆此事时，认识到了“调查研究”的重要性。其中的“调查研究”就是指体育竞争情报信息的获取。教练员敏锐的体育情报意识和及时捕捉到有利于己的比赛信息的能力至关重要，进而制定针对性的技战术，为比赛争胜创造必要的条件。

（三）爱国主义在提高乒乓球竞技水平中的体现

爱国之情虽然是乒乓球政治价值的体现，但也是每个中国人的心之所向。加强乒乓球参与者的爱国主义教育可以激发其爱国热情和民族自豪感，使他们逐步成为一名热爱集体、热爱祖国的好公民。发挥乒乓球运动明星的榜样作用，利用优秀国乒队员的事迹去激励学练者，体会国乒队员克服伤病、冲破障碍、超越自我、为国争光的民族自豪感和爱国热情，由此激发乒乓球学练者顽强拼搏的精神和爱国主义情怀。

第三节　乒乓球运动的经济价值

随着社会经济的高质量发展，体育本身蕴含的巨大经济功能和经济价值被越来越多的人发现。改革开放以来，特别是自 2014 年国务院印发《关于加快发展体育产业促进体育消费的若干意见》（国发〔2014〕46 号）颁布以后，我国的体育产业进入了飞速发展期，也被誉为我国的“朝阳产业”。乒乓球运动是体育运动的一部分，其经济价值越来越受到重视。

一、乒乓球运动经济价值的体现

体育经济功能主要体现在三个方面：一是成为国民经济发展的新的增长点；二是优化产业结构；三是增加就业岗位促进就业。乒乓球运动的经济价值通过竞技比赛自身的影响力和乒乓球大众体育的开展来实现，以此促进居民终身体育消费观念的形成。因此，探讨乒乓球的经济价值离不开三点：乒乓球俱乐部的教学与培训；面向大众收费或低收费的乒乓球健身休闲娱乐活动；乒乓球器材设备及其装备的生产与销售。

（一）体育消费在乒乓球运动经济价值中的体现

对一项体育运动的热爱可以伴随并影响人的一生，从未成年开始学练乒乓球，到成年后的热爱和坚持，再到老年时期的娱乐休闲，乒乓球运动就会自然而然地伴随人的一生，这也就形成了乒乓球运动的终身体育消费理念。当然，乒乓球运动的体育消费需要各个年龄阶段持续的消费来支撑，他们对乒乓球的消费也会影响身边的人，进而形成乒乓球运动的终身体育消费理念。学生时代是培养体育兴趣的黄金时期，此时开展乒乓球教学对乒乓球终身体育消费将起到关键作用。学生时期处于大脑发育的黄金期，学习能力较强，记忆力最好，对于乒乓球这种低负荷的运动项目很容易学习到基本的技术并获得较快的提高。青年人通过观看乒乓球赛事获得对乒乓球运动的高度认同感，从而再次升华对乒乓球运动的热爱，为之后的老年时期坚持乒乓球运动奠定了牢固的基础。人们在老年时期，通过乒乓球运动进行健身娱乐休闲，达到终身体育锻炼的目的。总而言之，无论是乒乓球的教育培训，还是对乒乓球装备的生产与消费，都是促进体育产业发展的重要途径。另外，乒乓球的终身体育消费也能够促使人们加大对其他体育运动项目的消费，形成正向迁移，为整体扩大体育消费市场，促进体育产业全面有序地发展奠定基础。

（二）体育供给在乒乓球运动经济价值中的体现

乒乓球运动的终身体育消费不仅需要增加参与者的体育消费观念，还需要在供给方面提供足够的物质支撑。乒乓球运动的供给主要有以下几个方面：一是乒乓产业的研发供给。人们对体育运动的需求逐年攀升，为满足人们的精神和消费需求，就必须加大科技研发力度；二是加大对乒乓球运动的学术理论研究和科研支持，在宏观上把控乒乓产业的发展方向；三是颁布乒乓球运动相关的体育法规政策，来扶持、监督并激活乒乓球产业市场。

1. 乒乓球的体育产业研发

随着社会经济的高质量发展，人们对物质和精神上的要求越来越高，为实现乒乓球运动的产业化发展，就需要紧跟时代步伐，投入大量人力、物力和财力，对乒乓球设备与产品进行包装设计优化、设备材料创新以及设备功能升级等多方面的研发。

2. 乒乓球学术研究和科技支撑

乒乓球运动的体育供给要想站在时代的最前沿，就需要人们既能够体会到乒乓球运动的魅力，又能够感受到现代科学技术的神奇。例如，目前的 AI 技术，将乒乓球运动移入 AI 人工智能中，人们能够真切地看到乒乓球运动，也能清晰地看到运动员精准的动作轨迹。所以，乒乓球相关产品的研发与学术研究要相辅相成，二者不可分割，需要共同承担起乒乓球运动产业研发的重担。

3. 乒乓球项目的体育政策扶持

目前，与乒乓球产业相关的市场主体主要是乒乓球用品制造业和相关的教育培训机构。针对乒乓球产业的政策扶持，能促进市场主体进入市场大环境，好的政策能够优化产业环境，促使市场主体稳定快速发展。政府的政策扶持也体现在体育设施的建设上，研究表明逐年增加的体育设施主要集中在一线城市，而在其他地区，相关的体育设施增加得并不多。因此，国家政府主管部门还需要颁布增加体育设施的政策，该政策落地实施的最终结果就是能够增加人们参与乒乓球运动的总时长，最终目的是促进乒乓球产业快速有序地发展。

4. 乒乓球运动教育培训

乒乓球运动以其较大的普适性，决定着它有一定的大众体育消费基础，能产生较高的经济效益。众所周知，大部分的体育运动项目都是从娃娃抓起，有的家长也会将孩子送到培训学校学习乒乓球。因此，乒乓球教育培训也是乒乓球产业一项重要的组成部分。在某项调查中，少年儿童时期养成的运动习惯会一直持续到大学阶段，因此，通过乒乓球的教育培训和学校体育教育的熏陶，发挥乒乓球教育培训产业的引导作用，实现乒乓球运动在终身体育锻炼中的经济价值。

二、乒乓球运动经济价值的开发

乒乓球运动经济价值的开发，既要考虑不同群体、不同组织、不同乒乓球产业、不同新技术的应用，又要考虑学校乒乓球、竞技乒乓球和大众乒乓球等多种层面，以市场为导向进行全面系统的策划，确保开发的深度和广度。

（一）提高乒乓球运动的宣传力度，促进体育消费

目前，随着社会财富的增长，我国社会消费水平在不断提高，人们的消费意识和购买能力也不断增强，加上人们对自身健康的关注程度越来越高，为运动健康的投资会越来越

多，这也为乒乓球经济价值的开发带来了机遇。因此，我们要加大对乒乓球运动的宣传力度。

1. 发挥政府部门的引领作用

政府相关部门要积极组织举办乒乓球活动，并高度参与，发挥带头和引领作用。社会上的乒乓球协会或俱乐部要高度响应，主动配合，并积极争取政府对乒乓球事业的大力扶持，以此推动乒乓球文化的传播。

2. 加大宣传力度

社会上众多的乒乓球俱乐部、乒乓球协会等相关机构要充分发挥其辐射力和号召力，利用各种媒体对自身和赛事进行宣传，塑造形象，打造品牌，提高知名度和影响力，吸引更多的民众加入乒乓球运动中，以提高乒乓球项目的社会参与度。

3. 重视校园乒乓球运动的推广工作

在大中小学校，多途径、全覆盖开展乒乓球运动的宣传推广普及工作。发挥学生会的功能，开展与乒乓球相关的活动比赛；通过校际乒乓球比赛促进校间合作来扩大宣传；邀请乒乓球世界冠军运动员来学校做宣传推广工作。总之，高度重视校园这一平台，从小培养兴趣爱好，引导积极参与，专业指导训练，培育未来市场。

（二）针对各个年龄阶段，均衡和优化乒乓球产业发展结构

乒乓球运动的经济价值在青少年和青年阶段表现得最为突出，其次是中老年和少儿阶段，因此，通过加大乒乓球文化的社会宣传力度，不断提高乒乓球在各个年龄阶段的体育消费水平，为乒乓球产业的发展奠定坚实的基础。

1. 发挥法律的宏观调控与市场杠杆的调节作用

乒乓球协会作为乒乓球运动项目的主管部门，要平衡和处理好法律与市场的关系，实现乒乓球产业的健康有序发展。

2. 做好顶层设计，整体规划

国家有关部门要从宏观上对乒乓球产业进行顶层设计，总体调控，在具体的实践操作中，制定规范、严格的市场规则，加大对乒乓球运动产品的市场监管，确保其合理运营，高质量发展。

3. 加强引导乒乓球运动产品市场主体行为

对假冒伪劣产品及其违规宣传者进行严厉打击，依据法律法规加强对相应品牌知识产权的保护，规范乒乓球产品和服务方式方法，切实维护乒乓球运动产品的市场秩序。

（三）创新乒乓球赛事的娱乐形式

乒乓球联赛属于竞赛表演行业，它是乒乓球运动产业的核心环节。目前，我国乒乓球竞赛属于政府垄断产业，市场化运作水平不高，投资者通过电视转播和广告费等方面的获益较少，这些均不利于乒乓球经济的开发，所以我们要创新乒乓球竞技比赛形式。

1. 丰富乒乓球比赛内容

借鉴 NBA 球星、观众互动模式，活跃现场气氛，提高观众共情力。

2. 优化乒乓球竞赛机制

统筹结合政府、乒乓球协会、市场、社会等方面资源，优化赛事机制，努力打造乒乓球领域具有全球影响力的高端品牌赛事。

3. 充分发挥“互联网+乒乓球”作用

利用互联网资源，通过互联网等新兴媒体对乒乓球赛事进行广泛宣传。

4. 人工智能与乒乓球产业结合

利用“人工智能”（Artificial Intelligence）开发乒乓球产业，具有良好的发展前景和深远的现实指导意义。例如，利用人工智能的自然语言处理功能和智能影像分析技术，对我国优秀乒乓球运动员比赛时肌电电位变化情况进行分析，创建与动作相适应的三维动画，为婴幼儿、少年儿童制作动画节目；利用人工智能影像分析技术，建立一套技战术动作强化训练方法，为学校体育课乒乓球教学训练或乒乓球俱乐部培训提供技战术指导，以提高乒乓球教学训练质量，同时也为乒乓球产业开发呈现出良好的发展前景。

5. 大力发展乒乓球俱乐部产业

乒乓球俱乐部的经营性质主要还是以营利为主，经营形式的单一化使乒乓球俱乐部市场占有率极低，这也就失去了乒乓球大众体育宣传的意义。所以，大力发展乒乓球俱乐部产业，创新经营模式，可以大大提高乒乓球俱乐部市场占有率，以促进乒乓球经济价值的开发。①开设休息室：在乒乓球俱乐部中开设与乒乓球知识有关的休息室，放置乒乓球相关杂志、图书影像等资料，张贴或悬挂优秀乒乓球运动员宣传海报或照片，提高和完善俱乐部功能。②增加开放日：将服务理念加入乒乓球俱乐部经营中，定期举行开放日，使热爱乒乓球的不同群体均可进入俱乐部观摩、体验学习。③利用 App 软件优化俱乐部运营模式：可以借鉴受众群体最多的“抖音”“快手”等 App 以辅助俱乐部日常工作宣传运营工作。④提高管理者素质水平：接纳具有体育管理专业能力的人员，或者选派现有管理者到高等院校深造，也可参加各种类型的体育管理培训班，全面系统地学习管理专业知识与技能。

第四节 乒乓球运动的文化价值

如今，乒乓球运动的意义已不再局限于体育和游戏的范畴，而是被越来越多地融入社会文化之中。乒乓球运动中蕴含着人与工具（运动员与球拍）、群体与个体（团体与单打）、交往与沟通、竞争与协作（双打项目）、控制与反控制、应变与创新等诸多社会文化的内涵，并充分表现着现代人超越自我、张扬个性和对身心全面发展的追求。也正是因为它自身所具有的这些社会文化意义，才使它得以迅速发展。在电视等新闻媒体的广泛传播下，乒乓球运动正以其独特而丰富多彩的无穷魅力，吸引着越来越多不同年龄层次、不同文化程度、不同身体素质的现代人广泛参与，成为一种积极健康的社会文化活动。乒乓球运动的文化价值主要体现在它的传承、教育和社会导向这三个方面。

一、丰富了中华民族精神

中华民族精神是在民族历史发展过程中逐步形成并不断发展、丰富和完善的。“乒乓精神”的社会文化价值恰恰在于其传承了中华民族精神。中华民族精神可以分为两大类型。一是中华民族主体精神，这就是十六大报告提出来的以爱国主义为核心，以团结统一、爱好和平、勤劳勇敢、自强不息为主要内容的“五种民族精神”；二是既包括以上“五种主体精神”之外又蕴含求真务实、博大宽容、艰苦奋斗、尚仁重义等主要内容的基本民族精神。中国乒乓球队的“胸怀祖国、放眼世界、为国争光的精神；同心同德、团结战斗的集体主义精神；发愤图强、自力更生、艰苦奋斗的实干精神”，正是继承了中华民族主体精神中的“爱国主义、团结统一、自强不息的精神”和“求真务实”的基本民族精神。而中国乒乓球队的“不屈不挠、勤学苦练、不断钻研、不断创新的精神；胜不骄、败不馁的革命乐观主义和革命英雄主义精神”，进一步丰富了民族精神。每当中国乒乓球队遇到挫折时，是“乐观主义精神”使他们没有失去为国争光的崇高信念；“不屈不挠、勤学苦练”的精神，鞭策着他们发奋苦练，使五星红旗重新飘扬在世界赛场；“不断钻研、不断创新的精神”使中国乒乓球队在世界乒坛上的发明与创新数量最多，质量最优，推动了世界乒乓球运动的快速发展。中国乒乓球队传承和丰富了中华民族精神，为我国运动队伍，乃至各行各业树立了榜样。

二、弘扬了爱国主义精神

“乒乓精神”的教育价值在于弘扬中华民族精神中的爱国主义精神。体育不仅可以强身健体，而且可以塑造人的品格，培养人的精神。一个民族一旦形成民族精神，就会深深地渗透到该民族的文化生活中，融合于该民族成员的心理意识里，成为该民族团结与前进的动力，能够起到净化民族心理、振奋民族士气的作用。“乒乓精神”的教育价值在于进一步弘扬了中华民族的基本精神，“这些重要精神的意义已经超出了体育界，值得全社会思考和学习”。爱国主义是乒乓精神的主线，为国争光是乒乓健儿入队的第一堂课，训练场上悬挂的五星红旗和“胸怀祖国、放眼世界”“祖国荣誉高于一切”的标语，是乒乓健儿前进的指向标。同心同德、团结战斗的集体主义精神，教育人们学习谦让、互帮互学、团结合作，使队伍产生了凝聚力，焕发强大的战斗力。因此，有外国选手说：“我们与中国运动员对阵，总感到面对的不是一个人，而是强劲的一群人”。“人生能有几回搏”“一切从零开始、不断前进”、胜不骄、败不馁、不屈不挠的精神，培育了人们顽强的意志品质和积极向上的性格。“乒乓精神”已引起社会广泛关注，对社会文化产生了积极的影响。

三、指导了人们积极的思想行为

社会精神的发展对社会的发展与进步具有重要影响。乒乓精神的社会价值还在于它具有“社会导向的功能，指导人们思想、行为的方向”。

首先，中国乒乓球队成为我国各项目运动员学习的榜样。国家体育总局为此发出通知，号召全国体育界广泛深入开展学习活动，把中国乒乓球队的经验和中华体育精神，在全国体育界发扬光大。中国体育报曾以《体育界掀起学习中国乒乓球队热潮》为标题，报道全国各个体育局学习中国乒乓球队成功的经验。天津市体育局局长韩振铎认为：“体育界再次倡导学习中国乒乓球队经验，意义绝不仅仅是一个乒乓球项目的发展，它事关体育队伍今后的建设方向。”

其次，“乒乓精神”对培养青少年成长为“有理想、有道德、有文化、有纪律”的社会主义新人起到了积极的作用。为国争光的远大志向，树立了他们的价值观；集体主义人生观的教育，使他们能够敬业乐群、公而忘私、甘愿奉献，正确处理好国家、集体与个人三者之间的利益关系；人生道路是曲折的，难免遇到一些困难和挫折，乒乓精神中的发愤图强、艰苦奋斗、不屈不挠、败不气馁的优良精神，可以指导青少年克服困难和挫折。

第五节 乒乓球运动的教育价值

进入21世纪后，“健康第一”“终身体育”已经成为学校体育改革与发展的目标，当前体育教育价值缺失的现象严重，怎样达到这个目标成为当前学校体育改革的首要问题。研究和发掘中国乒乓球运动的教育价值，对促进学校体育改革和体育教育价值理论的完善起着十分重要的作用。中国乒乓球运动发端于经济困难的岁月，发展于经济转轨的阶段，辉煌于改革开放全面建设小康的新时期。这恰恰与人类的教育价值追求必须经过三个大的发展阶段——注重知识、发展智能、尊重生命高度吻合。随着教育课程改革的不断推进，如何丰富和弘扬中国乒乓球运动精神，深入挖掘中国乒乓球运动的人本教育价值，更好地服务于青少年的健康成长，对广大体育科研工作者将是一大挑战，也有着积极的现实意义。

一、乒乓球运动教育价值的体现

（一）乒乓球文化传播在教育价值中的体现

我国乒乓球运动历史悠久，乒乓球文化内容丰富。通过对乒乓文化传播，可以提升人们的爱国主义情怀、增强健身意识、扩大供给需求。

1. 指导社会规范在教育价值中的体现

除了通过乒乓规则和乒乓礼仪能够规范人们的行为方式之外，乒乓球运动还可以帮助未成年人和青年人形成正确的世界观、人生观、价值观，达到促进其社会化的目的。

（1）世界观：是人们对待事物的一种看法，正确的世界观要求人们在看待事物时要用辩证的思维，要从认识事物本身为出发点的一种宏观判断、理解和认知。在乒乓球比赛中，我们用什么样的世界观对待比赛，也就决定我们以什么样的比赛手段或方法进行比赛，其比赛结果是不一样的。对待比赛是消极的，那么我们会以消极的比赛技巧或方法应对比赛，比赛中总想着投机取巧，那么就有可能会出现使用兴奋剂等违禁药物的情况等。这样就会有损于乒乓球运动的公平性，违背体育道德，就是一种消极的、畸形的世界观。反之，我们用积极向上的态度和心态去面对比赛，那么就有助于形成正确的世界观。

（2）人生观：指以怎样的认知和判断来认识自己的一生。人生观决定了人在社会实践活动中的方向性问题，也决定了人们在人生中以怎样的价值取向和怎样的生活态度尽心实践。乒乓球运动具有独特的发球技术、较强的学科理论知识、极具个性的击打战术以及击球过程中繁杂的击球技术等特点，会使练习者在面对复杂的情况下保持冷静的头脑和顽强的意志品质，这都有助于促进和形成正确的人生观。练习者在形成动作记忆的过程中，需要顽强的意志力去保持动作动力定型。长期的训练导致肌肉酸胀和心理上煎熬是其他运动项目不可比拟的，在这个阶段经过坚持不懈的努力，才能厚积薄发。

（3）价值观：指人判别是非，对事物的认知、了解、评价的一种思维取向。乒乓球比赛的公平公正性有利于练习者通过公平的比赛来培养自己的公平意识和提升自己明辨是非等方面的能力，这就是人的价值观。所以说，乒乓球运动员或爱好者在长期的训练和比赛中，能够形成良好的价值观念。

2. 民族自豪感和爱国主义教育在教育价值中的体现

我国男女乒乓球队在世界范围长期独领风骚，每当中国乒乓球运动员登上最高颁奖台奏响国歌时，这不仅展现了运动员的爱国情怀，也不断地激发和影响着广大民众的民族自豪感。在终身体育视野下，乒乓球运动的民族自豪感和爱国主义教育主要体现在以下几个方面。

（1）乒乓球明星对各年龄阶段人群的民族自豪感和爱国主义精神的感染。

（2）体育教师在体育课中对学生进行民族自豪感和爱国主义教育。

（3）乒乓球社会团体或协会对各个年龄阶段成员进行民族自豪感和爱国主义教育。

（4）政府主管部门通过编制、创作和拍摄乒乓球影视剧进行民族自豪感和爱国主义教育宣传。

（二）乒乓球运动教育价值的开发

1. 加强少年儿童群体乒乓球的启蒙教育

国乒队队员集中在青年及以下的年龄，少年儿童阶段的运动员为后备人才力量，青少年阶段是国乒队创造佳绩的年龄阶段，所以，加强少年儿童的乒乓球启蒙教育有利于其竞技素质（生理学特征、心理特征和后天的身体发育）向必备的专项心理素质方向发展，以促进国乒队伍的梯队式发展。从学校体育发展角度出发，如果婴幼儿阶段开始进行乒乓球启蒙教育，引导学生进入校园后发展自己的体育兴趣、爱好和特长，或能以体育特长生的身份保送至职业联赛，为国争光，这也是学校体育发展的最大限度。

2. 针对中小学生，增设乒乓球礼仪培训课程

体育课堂是一个“小社会”。在课堂上，学生可以有很多机会培养自己的人际交往能力，所以交际礼仪必不可少。在乒乓球学练过程中，学练者要遵守乒乓礼仪，提高自身素质，所以礼仪培训十分重要。在乒乓球培训机构、学校、社区活动中，开设乒乓球礼仪培训，以提高学生运动员心理素质水平为中心，着重发展乒乓礼仪、竞技心理、谦让行为等。在日常的训练和竞赛中，运动员或乒乓球运动爱好者因为自己的技术高超而轻视自己的对手，甚至出现侮辱对手的现象，在这种违背体育精神的情况下发生球迷暴乱或运动员打架事件，就是道德修养和交际礼仪培训不够引起的。因此，我们要在注重心理素质训练的基础上，注重加强乒乓球礼仪修习，强化思想道德品质教育和意志品质的磨炼，不断完善其人格，避免此类事件的出现，防止乒乓球运动异化现象的发生。

3. 倡导和运用“1+X”和“导生制”教学模式

在学校体育教学中，积极探寻乒乓球教学的“1+X”教学模式，如“1”为体育思政课，“X”是乒乓球专项基础课、专项技术课和体育礼仪（乒乓球竞赛礼仪）三类课程。“导生制”教学模式，是指教师在上课之前，选择几个乒乓球技术较突出的学生进行课前辅导传授相关知识，即做“导生”。每个“导生”指导3~5名学生，负责他们的练习、教学检查和测验考试，教师的任务变成了巡回指导。乒乓球课堂一般人数较多，积极采用“导生制”教学模式，必要时可以采取轮换制，让每一个学生都做一次“导生”，这样可以发挥每个学生的主观能动性、主体性，使他们能够真正参与课堂、融入课堂。

4. 通过各类乒乓球竞赛，加强心理素质培养

心理素质和运动技能的发展是相辅相成、相互促进的。目前，国内的许多运动项目的培训大都以培养学员的运动技能为主，却忽视了学员心理素质的培养。但是，学员的心理素质与运动技能的关系正如大学教育与职业教育一样，只有先改变自身的办学思想，使之转化为自身的动力，才能进行专业技能的培养。针对性模拟训练是提高运动员心理素质的有效方法，提前对多种突发事件的预判训练，能够使运动员的心理素质和比赛调控能力大大提高。利用对手模拟训练来形成有效的应对策略；利用裁判误判错判模拟来提高比赛中运动员的心理调节能力；利用观众反应模拟来培养运动员的临危不乱的能力；在日常训练中，也可以加入关键局、关键分的训练，提高运动员抗压能力。其实心理素质低是对自身技术没有信心的表现，所以，要多进行自我鼓气、自我暗示的心理训练，努力做到不放弃，不泄气。

5. 针对不同学段教育，提高乒乓球学练课时

国家颁布众多政策，倡导提高体育课程的地位，增加学生的体育课学时，如学生在校“每天锻炼一小时”和“开齐开足体育课”等。另外，体育课程安排的重点应是理论与实践交叉安排或更换，利用乒乓球运动灵敏快速多变的特点，提高学生身体素质。

第六节　乒乓球运动的健身价值

乒乓球运动作为我国的国球，深受大众喜爱，在我国具有良好的群众基础，已成为人们追求健身与健美、娱乐与健康、全民健身和终身体育锻炼的主要手段和重点运动项目。长时间进行系统的乒乓球运动，有利于身体的新陈代谢和整个身体机能水平的提高，具有较高的健身价值。

一、乒乓球健身运动对生理健康的影响

（一）增强人体运动系统的机能

人体的运动系统非常的复杂。通过广泛参与乒乓球运动，能够使人体的运动机能得到很好的锻炼与发展，如使人体的骨骼变得紧密坚实、增强小腿肌肉的运动机能、使人的臂力得到显著的提升等，通过乒乓球运动能够切实使人们的运动系统得到较大的改善。

1. 乒乓球运动对人体骨骼产生的影响

人体骨骼成分里包含多种碳化合物和钙质物。经常参加乒乓球运动，有利于骨骼钙质物的积累，加速骨骼细胞的繁殖发展，使骨骼得到良好的发育。尤其是广大的青少年，正处于长身体的关键时期，这个时期通过一定的体育锻炼，能够显著强化骨骼的生长，使身体体质得到增强。

2. 乒乓球健身运动对人体肌力的影响

所谓肌肉力量，指的是当人舒展肌肉所能迸发的极限力量。人体的肌肉活动是通过一定的规律运动，为人体释放生理活动所需能量。因此，要充分保持人体的肌肉能够正常地进行运转活动，为机体提供必要的能量。如果人体肌肉不能有效舒展、保持正常活动代谢，不能为机体提供足够能量，那么人体可能会出现筋疲力尽、全身困乏的现象。因此，需要借助体育运动来使肌肉得到合理锻炼。乒乓球运动通过手臂的有效运动，显著增强手

臂肌肉的活动能力，同时也使身体其他部位得到了锻炼，如通过来回的跑动使大腿肌肉也得到了锻炼发展。此外，通过乒乓球运动，能够有效提升广大群众的身体素质与大脑思维灵敏程度，做到脑力与体力同时得到开发与锻炼的效果。乒乓球运动作为我国的国民运动，拥有十分广泛的群众基础，无论男女老少均适合参加这项体育运动，广大的乒乓球爱好者通过乒乓球这项运动，切实获取了较多的乐趣。

3. 乒乓球健身运动对人体关节的影响

人体全身的关节，随着生理年龄的增加，其内在的组成结构也会逐渐地产生一些改变，如各个关节的关节面会出现老化的情况，连接关节的韧带的柔韧性和延展性减弱，胶原纤维也会逐渐出现降解，关节间的滑膜由于韧性降低而纤维化，滑液的黏稠性也会减弱。由于不可避免的因素的影响，人体全身关节在稳定性与灵活性等方面，都会不同程度地受到影响，生理功能随着年纪的增长而下降。但是如果能够长期进行系统的乒乓球运动，对于关节功能的提高具有明显的效果。坚持乒乓球锻炼，能够使人体骨密质的厚度增加，骨骼强度提高，韧带等软组织的柔韧性也能够提高，由于肌肉得到锻炼，力量也能够得到增强，关节的灵活性能够得到提高，增大了各个关节的运动幅度，对身体健康有益的同时，也能够越来越到位地完成乒乓球相关运动动作。因此，对于人体关节由于年纪而产生的老化和功能衰退，乒乓球锻炼能够进行有效的改善。

（二）提高和改善神经系统的机能

人体组织、器官等正常运行，主要由神经系统进行调节。神经系统能够对人体的各个组织的机能进行调节，使这些组织和功能能够进行系统的运行，并且在人体遭受外界的刺激时，能够根据刺激做出适应性的反应，保证人体的内部与外部环境的平衡状态。乒乓球运动在练习过程中，对同样的动作进行重复性训练，如发球、推打练习等，这样的训练能够刺激人体的神经系统，经过长久练习之后，作为神经系统组成机构的神经细胞，其强度、灵敏度以及对于刺激的接受和反应能力，都能够得到锻炼和提高，新陈代谢能力也会得到增强，有利于满足人体对于大脑和神经系统能量和氧气的供给，在物质上保证脑部和神经系统的运行。运动生理学方面的相关材料表明：脑部细胞在运行过程中，其对于血液和氧气的消耗量比较大，耗血量能够达到肌肉细胞的10~20倍，氧气消耗能够达到人体氧气总消耗的1/4。而乒乓球锻炼，能够有效地对大脑皮层进行压制，其运动节奏灵活多变，能够有效地控制神经系统，消除脑部的疲劳状态，保证大脑思维的清晰，从而提高和改善神经系统的工作效率。

（三）提高和改善心肺器官的机能

众所周知，耐力训练对于人体心肺器官功能的改善和提高，具有很好的效果。一般的耐力训练项目，如长跑等，都比较单调和枯燥，但是号称“小马拉松”的乒乓球运动，既能达到耐力训练的运动强度和运动效果，又具有一定的娱乐性，消除了一般耐力训练的单调乏味。乒乓球运动强度适宜，具有极高的运动安全性，能够有效地延长心脏舒张期，增加心脏肌肉血液的供给量，降低人体心脏肌肉、血管方面病症的发病率。心脏对血液在人体的循环提供动力，保证人体在运动过程中相关肌肉的血液供给，实现乒乓球运动的技术动作。人们在进行乒乓球锻炼过程中，心率一般达到 120 次/min 到 140 次/min，长期进行乒乓球训练，加大人体氧气供给效率，改善肺功能，使肺部呼吸肌肉在力量和耐力方面得到加强，胸廓的活动范围得到扩张，提高人体肺活量。肺活量是人体肺存储氧气的能力的体现，肺活量的增加，能够更好地满足人体的组织器官完成动作的需要，还能让脑部工作的氧气供给得到保证，使大脑能够更长时间地工作，不会由于紧张工作而过早疲劳。

（四）乒乓球健身运动对疾病的预防与治疗

1. 对近视的预防及治疗

如今，眼部疾病出现得越来越多，已经发展成为常见病之一。尤其对于青少年来说，出现眼睛近视的频率和人数都逐年提高。调查得知，眼睛过度疲劳是造成近视的最主要原因，而眼睛过度疲劳，一般是因为没有适时地对眼睛进行放松和休息，长时间用眼导致的。比如学生看书或者玩电脑、手机游戏等，眼睛长时间一直盯着近距离固定的物体，眼部晶体处于高度调节的状态，没有对眼部进行合理的放松和调节，时间长久之后，眼轴就会由于缺少调节而适应近处视物的状态，眼睛就近视了。我国目前推广的全面健身运动中，乒乓球运动对于近视的预防和治疗效果，是被人们所认可的。因为人们在打乒乓球时，双眼要紧盯乒乓球，随着乒乓球的运动而运动，而乒乓球在运动过程中，速度和角度都非常多变，眼睛不停运动，有利于眼部的血液循环，进而提高眼部功能。乒乓球运动能够改善眼球肌纤维类型，增加眼部肌纤维中的红肌纤维量，降低白肌纤维量。因此，坚持进行乒乓球锻炼，能够缓解用眼过度，预防近视眼的出现，对于已经患了近视眼的青少年也能起到一定的治疗作用。

2. 对老年人高血压病的预防及治疗

随着年龄的增长，身体素质的降低、营养摄入过多，以及缺少必要的体育锻炼等原因，高血压已经成为一种十分常见的老年性疾病。研究发现，预防和治疗老龄化人群中的高血压疾病，需要老年人长期保持强度适合的体育锻炼，而乒乓球运动，恰好符合老年人对于有氧运动的要求，运动强度低、运动时间长，既能够实现运动效果，锻炼身体，还能够消耗人体脂肪，控制体重增长。老年人一般闲暇时间较多，若能够长时间进行乒乓球运动，不仅能有效改善老年人的健康状况，降低老年疾病的发病率，还能提高机体对于疾病的抵抗力和对病毒的免疫力。乒乓球运动已经证明能够有效提高人体心肺功能，提高肺活量，改善人体血循环，因此，老年人长期坚持乒乓球运动，能够防治高血压，减轻心脏和肝脏的负担，还能够预防血栓和动脉硬化等疾病，让老人具有一个更加健康的晚年。

二、乒乓球健身运动对心理健康的影响

根据调查问卷数据统计得知，大部分人均认为乒乓球锻炼能够有效促进人们心理健康的发展。所谓的心理健康，一般是指个体具有稳定的情绪，能够较好地进行自我控制，保持心理上的一种平衡；充满安全感，在人际关系方面能够正常交往，对于未来人生理想和事业，具有明确的目标和追求。世界卫生组织对心理健康的定义，主要包括以下几个方面：具有正常的智力水平；可以能动地适应社会环境；对人生充满热情；具有稳定的情绪；具有健全的意志；做出的行为协调；能够进行正常的人际交往；心理年龄与生理年龄相一致；对外界做出适度的反应；具有良好的心理素质，能够面向未来。人的心理健康和身体健康之间具有紧密的联系，既可以相互促进，也可以产生相反的效果。乒乓球运动不仅能让人拥有健康的体魄，还能让人们在锻炼的过程中产生愉悦感，让心理健康和身体健康的水平共同提高。

（一）有利于培养人的心理素质和顽强的意志品质

乒乓球运动作为竞技体育的一种，虽然具有一定的娱乐性和游戏性，但是也不乏竞争意识。由于乒乓球赛制的设置，比赛进行的局数较多，若是比赛双方技术水平差距不大，比赛持续时间就相对较长，越是接近比赛的结束，双方的竞争就越激烈，比赛不只是技术水平的比拼，更是心理素质和意志品质的较量，运动员必须做到在比分落后时不气馁、不慌乱；在比分领先时不骄傲、不轻率；在比分相持时不手软、不犹豫，清醒果断。在这样的对抗之下，人体神经系统方面的能量消耗增加，因此要求参赛者具有高超的技术水平的同时，必须具有良好的心理素质和顽强的意志品质，才能取得比赛最后的胜利。经过调查走访得知，长期坚持乒乓球锻炼的人的意志品质和心理素质，都在不同程度上得到了提高。

（二）有利于挖掘人的心理潜能

由于乒乓球球体的特征和比赛规则的要求，乒乓球比赛的技术种类较多，在比赛过程中，乒乓球经参赛者处理后，速度和旋转变化多样，打法非常复杂。因此在赛场上，参赛者不仅要用眼睛观察对手的技战术，还要用大脑分析对手的心理，根据观察和分析，制定有针对性的战术，打击对方的攻势，保证比赛的主动权。比赛过程中，参赛者在智力上和体力上都要进行较量，不仅要用高超的技术水平打击对方，还要合理运用战术，迷惑、扰乱对方的思维，引导对手做出错误的判断，造成对手心理上的压力，进而取得比赛的胜利。尤其是当参赛的运动员双方实力相仿时，在心理素质、智力水平和意志力方面的竞争就尤为重要。因此，长期坚持乒乓球运动，能够活跃人们的思维能力和培养解决问题的能力。

第七节　乒乓球运动的娱乐价值

体育活动本身具有娱乐和放松的特点，体育和娱乐密不可分。本节从乒乓球运动的娱乐性入手，研究各个年龄阶段人群在乒乓球相关的赛事活动和影视节目中获得的乐趣和满足感。

一、乒乓球运动娱乐价值的体现

（一）各年龄阶段人群被乒乓球赛事的娱乐性吸引

人们在进行乒乓球运动的初期，大多是被乒乓球运动本身的魅力所吸引，而后，在不断学练的过程中，就会发现乒乓球运动不仅具有健身价值，更多的还体现了娱乐价值。对打双方在进行战术和技术的比拼时，会猜测对方的想法，这就是一种心理上的博弈方式，这被学者称为一种益智类游戏。另外，乒乓球竞技比赛会带给人们更加激烈的视觉冲击，包括运动员娴熟的动作或爆裂的抽杀，乒乓球优美的运动弧线、落点和旋转等。各个年龄阶段的人群在观看乒乓球竞技比赛时，都能够从中获得满足感、愉悦感，从而释放压力，达到调节学习、工作和生活节奏的目的。在大众乒乓球运动中，人们也可以通过观赏和参与乒乓球运动体会其内在魅力，深刻体验乒乓球的娱乐性。

（二）各年龄阶段人群都能从乒乓球运动中获得乐趣

目前我国正处在新的历史发展时期，学习、工作和生活节奏明显加快，人们来自各方面的压力增大。乒乓球运动以其多样性、简易性等特点成为独特的娱乐休闲方式，对人们释放压力、调适心理是最有效的运动项目之一。学生通过乒乓球运动释放学业压力，职场人士通过乒乓球运动宣泄工作情绪，退休人员通过乒乓球运动充实晚年生活。另外，体育运动本身就是一种交际活动，乒乓球运动以其多样的灵活的组织方式，吸引众多人群参与，为人们创造了良好的交际机会。参与者不仅能够在技巧上进行交流，还能够在休息之余高谈阔论，拉近彼此之间的距离。在终身体育锻炼中，乒乓球项目是最好的选择之一，它在终身体育中的地位可见一斑。乒乓球运动的娱乐打法众多，一般最普遍的娱乐形式有：左右开弓，双手互换球拍打法；双手各持一拍，各击球一次打法或双手随机抽拉打法；多人车轮战擂台赛；一人打双人或多人。乒乓球运动的娱乐打法在婴幼儿阶段主要作用是扩大孩子玩耍的空间；对于成年人主要作用是缓解压力，放松心情，调节工作、生活节奏；对于老年人则主要是缓解情绪，排解寂寞，充实晚年生活。

二、乒乓球运动娱乐价值的开发

乒乓球运动的娱乐价值开发不能只停留在健身娱乐中，要通过新型媒体向大众娱乐方面靠拢，聚焦时代前沿，充分发挥体育明星效应的作用，扶持乒乓影视产业，促进乒乓球网络媒体开发，提升娱乐层次，促进乒乓球娱乐价值开发。乒乓球娱乐价值的开发，应通过各种渠道，辐射到各个年龄阶段，将运动员搬上荧屏，将运动与媒体结合，必然会提升乒乓球运动的影响力。

（一）充分发挥乒乓球的明星效应

乒乓球运动家喻户晓，其明星也享誉海内外，目前比较火的男选手如马龙、樊振东、许昕等，女选手如陈梦、刘诗雯、孙颖莎等，结合我国早期体育明星退役后的情况来看，乒乓球运动员退役后的就业路径较少，仅仅局限于与乒乓球本身有关的活动。如何对乒乓球运动明星进行开发，需要将体育与娱乐充分结合起来，打破原有的乒乓球运动员退役后的就业格局。我们可以从以下几点思考：（1）充分发挥高校与社会力量发展体育经纪人教育培训，充分激活乒乓球教育培训市场，发挥其造血功能，促使乒乓球明星弹性发展。（2）加强乒乓球明星再教育，提高其文化素养和道德情操，为其就业或自谋职业提供帮助。（3）完善运动员训练体系，做到体教融合发展，促使其技能与文化共同发展。（4）政府相关部门进行相应的政策支持，体育部门与影视公司相对接，找准合作共赢点。（5）支持成立体育影视公司，开展体育影视业务，政府部门加强招商引资成立大型体育影视公司。

（二）针对乒乓球网络新兴媒体，开发相关 App

目前，网络媒体是大多数人所接触的媒介，尤其是自媒体，是大多数人所接触的范围最广的媒介。在微信上搜索“乒乓球”，将会出现众多的乒乓球公众号，如乒乓球俱乐部、乒乓球场馆、乒乓球培训、乒乓球爱好者、高校类乒乓球、教学类乒乓球、乒乓球比赛等。在手机各大应用平台上搜索乒乓球，显示的乒乓球 App 应用软件却很少，其数量仅有个位数，乒乓球游戏也较少。因此，乒乓球运动娱乐价值的开发，除大力度开发乒乓球相关 App 之外，建立集游戏、新闻、资讯、赛事、乒乓球技巧功能为一体的综合性乒乓球 App 也迫在眉睫。

（三）针对体育影视，鼓励乒乓球影视作品开发

针对乒乓球体育影视方面的开发，应加大力度、保质保量地制作乒乓球影视作品；大力发展乒乓球体育经纪人，提升乒乓球运动明星的影响力；大力开展多媒体节目，如乒乓综艺节目、乒乓健身节目、乒乓教学节目等。建议开发乒乓球影视作品时要遵循以下几点：（1）质量是关键。乒乓影视作品高质量的开发，一是“稳”，要数量，但更要保证质量，做到稳步发展；二是“精”，每一部作品都是要面向大众的，要对得起观众，要求每一部作品都必须精细；三是“严”，相关政府部门必须严格把关，确保影视作品的高质量发行；四是“德”，影视作品所传达的精神要能满足大众的精神需求，导演和演员要发扬体育精神、乒乓精神。（2）宣传是保障。再好的作品没有好的宣传也无法达到良好的效果。乒乓球运动影视作品宣传需要与乒坛明星和娱乐影视明星相结合，做到双管齐下，相互造势；全力做好影片首映仪式发布、海报张贴，力争导演、编剧、主创和主演等全员到场，为影片的宣传打下坚实的基础；政府部门——体育总局和国家广电总局要充分合作，加大对影视作品的宣传力度。

（四）支持高质量的乒乓球文学作品创作

乒乓球作为我国的国球，也是我国最受欢迎的运动之一，其相关的文学作品开发力度

明显不够，高质量的乒乓球文学作品凤毛麟角。高质量的体育影视文学作品宣传教育价值非常高，反之，低质量的体育影视文学作品会给观众带来负面的影响。

复习思考题

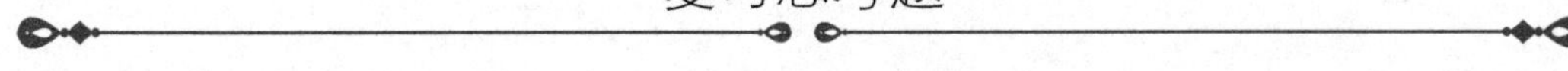

1. 乒乓球运动的价值有哪些？具体表现在哪些方面？
2. 结合自身实际情况，谈谈乒乓球运动教育价值的体现。
3. 结合乒乓球运动的社会价值，谈谈自己的观点和看法。
4. 结合自身实际情况，就乒乓球运动文化价值的开发给出自己的建议与思考。

第三章　乒乓球运动的基本技术

本章导读：

乒乓球运动从起源发展至今已经超过120年的历史，其技术打法也不断创新，从最初的推挡、快攻发展到如今的两面弧圈等先进技术。乒乓球作为一种技能主导类，隔网对抗性的运动，其基本技术的掌握是打好乒乓球的关键，也是技战术组合运用的基础。因此，本章对乒乓球运动的基本站位、握拍方法、准备姿势等基本技术原理和教学方法进行详细阐述。

第一节　基本站位

一、基本站位的概念

乒乓球运动项目的站位是指运动员在准备时与球台之间所处的方位和空间位置。基本站位是指在某一个范围，而不是固定的一个点。运动员惯用的持拍手不同，打法类型不同，其基本站位的位置和范围大小也不同。运动员在比赛中的站位是否合理，对其技战术水平的发挥有直接影响。正确站位，有利于运动员保持击球动作时的稳定姿势和向不同方位移动时的启动速度。

二、站位动作及要点

（一）运动员持拍手不同，打法类型不同，其基本站位也各不相同

右手持拍左推右攻型打法在近台、球台靠左1/2处，距离球台端线20~30厘米。直拍近台两面快攻型打法在近台、球台中线1/3处，距离球台端线15~25厘米。两面弧圈型打法应距离球台端线50~60厘米。直拍两面弧圈型打法应在球台中线稍偏左位置，横拍两面弧圈型打法应靠近球台中线偏左1/2处。弧圈结合快攻型打法与球台距离应介于快攻型与弧圈型打法站位之间，且持横拍者应靠近中线稍偏左处，持直拍者靠近中线偏左1/3处。

削球打法应距离球台 100~150 厘米，位于球台中线位置，其中，削中结合进攻型打法距离球台站位应稍远一些，攻削结合型应距离球台稍近一些。而对于左手持拍不同类型打法的运动员，与球台站位距离同右手持拍运动员基本保持一致，其不同在于站位位于球台中线偏右方向，与右手持拍运动员相反。

（二）运动员自身特点不同，其站位也不相同

由于运动员的技术风格、打法特点、体型特征的不同，其站位习惯也随之不同。例如，正反手拉弧圈球较为稳定突出的运动员，其站位靠近中线且离球台距离稍远；左手持拍侧身位抢攻突出，步伐移动快速的运动员，可站位稍近并与中线偏右些。但值得注意的是，基本站位指的是一个大概范围，并不是固定的一点。

（三）依据对方运动员打法类型与特点不同，其站位也不相同

对方各类型打法与特点不同，且己方站位也应做出相应调整。例如，对手为近台快攻型打法，站位应稍靠前；对手为两面弧圈型打法，站位应稍靠后；且己方为左手持拍弧圈结合快攻型，对手为削球打法时，站位应稍靠前在中线偏右位置。

三、基本站位练习方法

（一）练习步骤

1. 学生位于球台两侧站立，教师进行近台快攻、弧圈球、削球等不同站位示范，学生根据教师所作出的示范进行徒手想象练习，体会不同站位的方法。

2. 学生根据自身打法特点分别进行徒手模仿练习。

3. 学生根据不同技术的回球路线，进行徒手模仿练习。例如，正手攻球站位，学生位于球台中线右侧，进行右方斜线对攻站位练习；反手推挡站位，学生位于球台中线左侧，进行左方斜线对推站位练习（注：左手持拍者与右手持拍者站位相反）。

（二）易错与纠正方法

1. 左推右攻打法者，易位于球台中线偏右位置。

纠正方法：教师讲解示范，左推右攻打法站位应位于球台近台区域中线右侧 1/2 处。教师纠正错误，规定练习次数，学生建立正确的站位观念。

2. 两面弧圈打法者，易站位靠前位于球台中线位置。

纠正方法：教师讲解站位区域的划分，进行正确范围的站位示范，提高初学者对正确区域站位的意识。

3. 削球打法者，站位易位于近台。

纠正方法：教师采用正、误对比方法，要求学生站位位于距离球台一米左右距离，提高初学者对自身打法站位距离的意识。

（三）练习提示

基本站位应根据己方运动员和对方运动员的实际打法类型、特点灵活应变。

第二节　握拍方法

一、握拍方法的概念

握拍法是指运动员手握乒乓球拍的方法。目前，最为常见的握拍方法为横握法和直握法。握拍方法的选择因人而异，运动员可根据自身打法特点、身体条件和惯用的握拍方式选择适合自己的握拍方法。

正确的握拍方法对运动员击球时的引拍角度、引拍位置、拍面角度和发力方向等起到至关重要的作用。握拍方法是否正确，将直接影响运动员基本动作的练习和技术的提高。

由于横握球拍和直握球拍的打法特点不同，其在比赛中的作用也各不相同。至于哪种握拍方法更具有明显优势，迄今在世界乒坛中仍没有一个明确的答案。早在 50 年以前，世界冠军几乎全被欧洲的横握球拍运动员所夺取。因此，横握球拍打法在当时被公认为最先进的握拍打法。直到 20 世纪 60 年代，中国和日本的直拍快攻型打法的崛起，击败了欧洲多次夺得世乒赛团体和单项冠军的男女运动员，也正是当时，我国直拍快攻型打法运动员荣国团夺得了中国首枚世乒赛男子单打金牌。此时，世界乒坛认为直拍打法要先进于横拍打法，甚至有些欧洲顶尖运动员放弃横拍打法改学中式的直拍打法。

进入 20 世纪 70 年代，欧洲运动员汲取了中国的近台快攻和日本的弧圈球技术进行打法创新，形成了 70 年代横拍弧圈结合快攻的新兴打法。至此，直、横哪种握拍打法更为先进的争论也暂时平息。

20 世纪 80 年代，由于中国以直拍快攻型打法为主的运动员在 1981 年第 35 届世乒赛中一举夺得全部七项冠军，直拍快攻型打法的优势地位仍继续保持。直到 80 年代中后期，因欧洲选手对弧圈球技术的加强，我国直拍快攻型打法运动员在反手推挡技术中暴露出了漏洞，直拍打法在当时面临着“危机”。为此，直拍推挡技术得以创新，转变成了直拍横打技术。1992 年在成都的中国乒乓球公开赛中，刘国梁以直拍快攻结合直拍横打技术战胜了欧洲著名选手瓦尔德内尔，并在 1996 年第 26 届奥运会中，一举夺得男子单打和男子双打两枚金牌，再一次证明了直拍打法的优势所在。

直到 21 世纪初，直拍打法仍处于世界乒坛领先位置。在 2008 年北京奥运会中，我国著名乒乓球运动员马琳和王皓夺得了奥运会团体金牌，并在单打比赛中分别夺得男子冠亚军。正是当时，国内许多运动员逐渐模仿直拍横打技术，直拍打法又迎来了一段新的热潮。

如今，随着乒乓球技术的不断创新，器材的更新，国内外也涌现出了一大批优秀的横拍两面弧圈型打法运动员，如我国的马龙、樊振东等，境外的水谷隼、张本智和、林昀儒等顶尖选手。在 2021 年东京奥运会中，马龙、樊振东获得了乒乓球男子团体冠军和单打冠亚军，也证明了横拍两面弧圈型打法目前属于国际乒坛主流打法。随着直拍打法技术的不断更新，直拍两面弧圈型打法也正在向横拍两面弧圈球打法靠近。在国内，直拍打法的优秀运动员依旧很多，如许昕、薛飞、赵子豪等同是现代直拍两面弧圈型打法的代表。因此，也再次证明了两种握拍打法无优劣之分，只与乒乓球技术的创新和运动员的自身条件、打法特点相关。

二、握拍方法动作要点

（一）横拍握法

横拍握法因个人习惯、打法特点不同，其握拍方式也有所不同。因横拍握法拇指和食指动作较为相似，因此也称为“八字”式握法。横拍握法以虎口位置为中心，对于正手技术较为突出的运动员，其握拍位于虎口中心偏下。反手技术较为突出的运动员，握拍位置位于虎口中心偏上。对于正手反手技术较为综合的运动员，握拍一般位于虎口中心。需要注意的是，随着运动员技术和打法的更新，其握拍方式也会随之改变，因此，横拍运动员的握拍方式不是固定不变的。

握拍方法是虎口压住球拍右上肩，拇指自然弯曲压在球拍前面，食指自然伸直压于球拍后面。中指、无名指、小指握住拍柄。

此握法适用于近台快攻型或两面弧圈型打法。正手攻球时，食指在拍身背面稍向上移动。反手攻球时，拇指在拍身前面稍向上移动，有利于固定拍形和击球时的发力（图 3-1）。

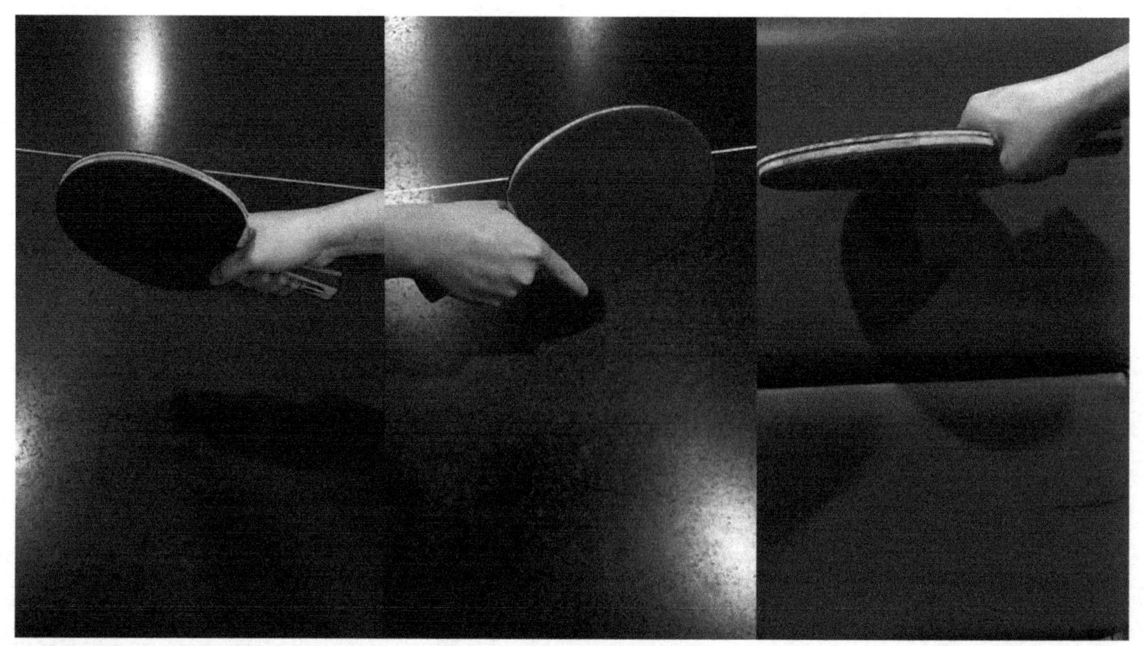

图 3-1 横拍握法动作

横拍握法优、缺点如下。

优点：拍柄较长，左右照顾范围广，手指握板较为牢固，对于初学者来说较为简单且易掌握。横板正反手进攻时，因拍形较为固定，拉弧圈球较为集中，易于发力，便于正手拉弧圈。另外，攻球和削球时，拍形变化不大，易于攻削转换。

缺点：横拍因手指握拍较为牢固，致使手腕不太灵活。主要体现在台内正手挑打和反手拧拉方面。反手拧拉因手腕灵活性受阻，手臂做内旋外展动作时的幅度就大，且还原较慢；正手挑打在落点变化上较为单一，隐蔽性不强。

（二）直拍握法

直拍握法依据拇指和食指之间距离的大小、可分为大钳式、中钳式和小钳式三种握法。运动员可根据自身打法特点和握拍习惯，选取适合自己的握拍方式。但一般认为，采用中钳式握法较为合理。

1. 中钳式握法：拇指和食指自然弯曲，以拇指第一关节和食指第二关节卡在球拍的两肩，两指间距离大约 3 厘米。中指、无名指和小指自然弯曲阶梯式重叠，以中指第一关节左侧贴于球拍 1/3 处，或中指、无名指和小指自然微曲，同时压住拍面。

此握拍方式也是中国乒乓球队乃至各省市队比较常用的一种握拍方式，如王皓、马琳、许昕等（图 3-2）。

图 3-2　中钳式握法动作

2. 大钳式握法：拇指和食指间距离大约 5 厘米，因两指间距离较大，且影响手腕灵活性，此握拍方法较为少见（图 3-3）。

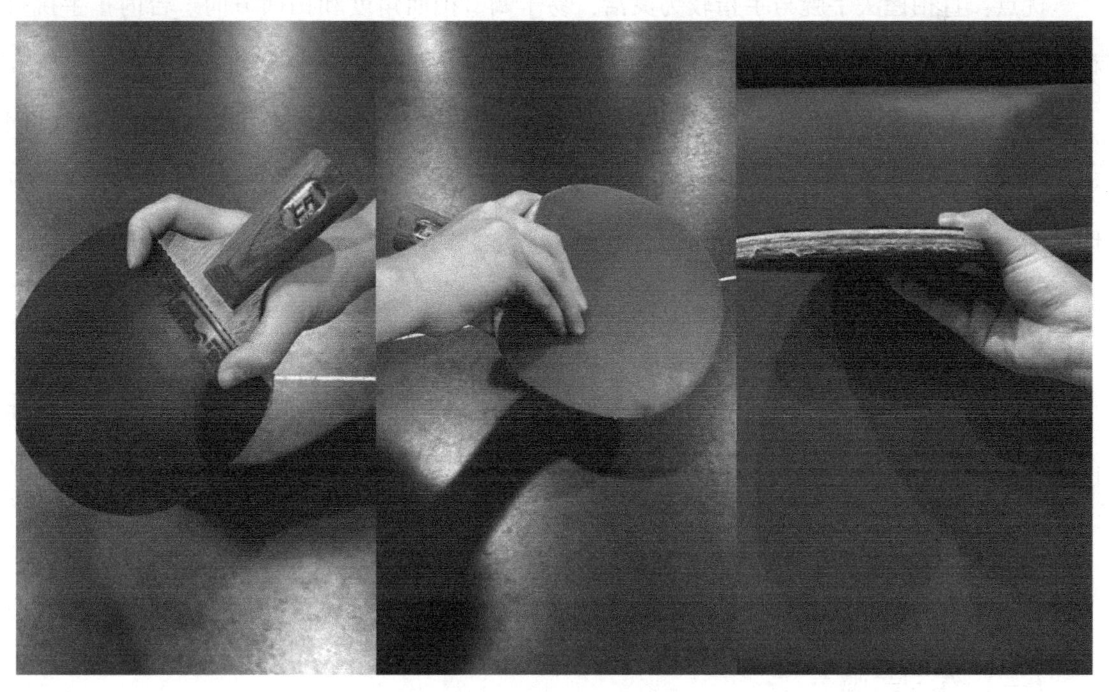

图 3-3　大钳式握法动作

3. 小钳式握法：拇指和小指间距离大约 1 厘米，两指之间往往紧贴一起。此握拍方法利于正手攻球，但由于两指之间空间较小，不易于反手发力（图 3–4）。

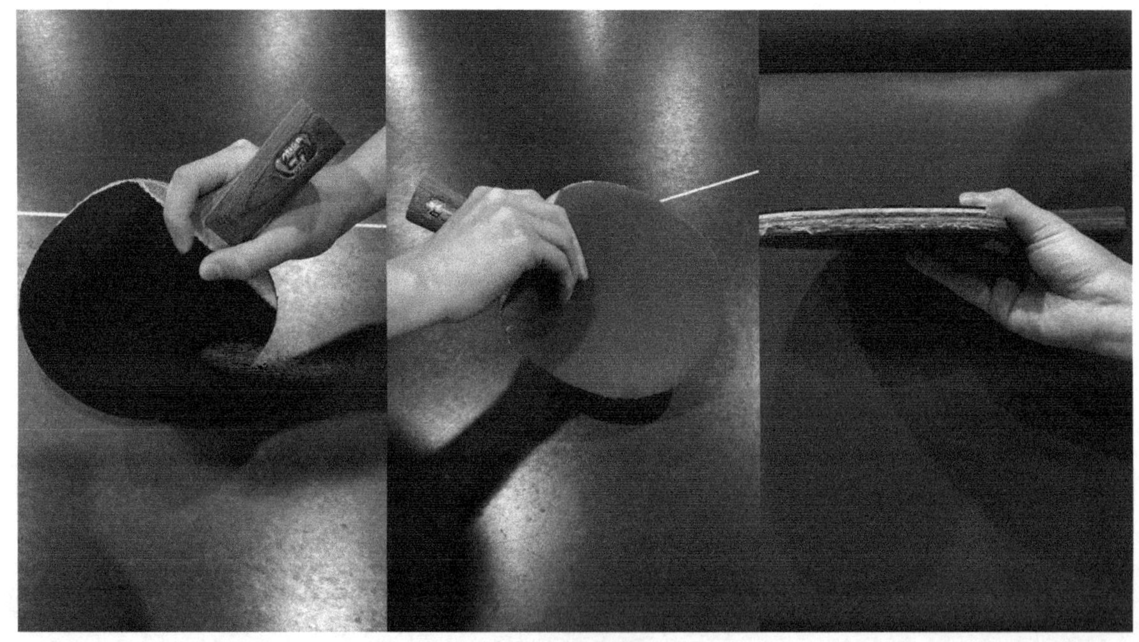

图 3–4　小钳式握法动作

直拍握法优、缺点如下。

优点：直拍握法手腕与手指较为灵活，易于调节拍面角度和拍面方向。台内正手挑打和反手拧拉因手腕转动不受阻碍，且动作幅度较小，还原较快，落点变化较多。

缺点：手腕虽灵活但不易固定，使拍形相对难以稳定。反手横打时，因手腕不易固定，使练习者难以控制和掌握，不利于发力。同时，直拍板柄延伸长度相对较短，所照顾球台的范围较小。

（三）练习提示

击球前避免握拍过于用力，手腕和手指相对放松，以免影响各关节手指调节的灵活性，特别是在击球时手腕和手指的瞬间抓拍发力。

三、握拍法练习方法

（一）练习步骤

1. 教师进行不同握拍方法的示范，学生根据自身特点选取适合自己的握拍方式进行模仿练习。教师应检查学生握拍方式和手指放于球拍的位置是否正确。

2. 根据教师指令，两人一组进行若干次正手攻球和反手攻球动作练习，双方相互检查并纠正易错问题。

3. 观看不同握拍方法优秀运动员的技术录像，并模仿练习。

（二）易错及纠正方法

1. 握拍时手腕和手指各关节过于僵硬，不够灵活。

纠正方法：采用“本体感觉”法，教师进行讲解示范，学生通过用手触摸教师肌肉屈伸、收缩放松程度，以及各关节的松弛度，从而进行正、误对比。

2. 直拍握法容易忽视手指侧部压住拍面，影响击球质量和正反手动作转换时手腕的灵活性。

纠正方法：教师应采用“手把手”教学手段，并检查、纠正学生不同握拍法手指的错误动作。要求学生体会击球时手指侧部压住拍面配合手腕瞬间发力。

3. 横拍握法食指容易向拍面上方移动过多，使手腕向上翘动过多，不易发力和手腕转动。

纠正方法：教师进行讲解此错误动作对发力和各技术动作造成的影响，强调正确的握拍方法对动作练习的重要性，并让学生反复练习，形成肌肉记忆。

第三节　准备姿势

一、准备姿势的概念

准备姿势是指运动员在准备击球或回击球时身体各部位的姿势。准备击球前，人体犹如拉满的弹簧，藏着一触即发的射击力量。合理的准备姿势，有利于在击球瞬间脚、腿、腰、躯干之间的蹬地协调配合与迅速启动，并以最大力量回击来球。保持合理的击球姿势，不仅能够提高回球质量，还能够提高回球的命中率（图 3-5）。

图 3-5　正手与反手准备姿势

二、准备姿势动作要点

（一）下肢

两脚左右前后开立，与肩同宽，左脚比右脚稍靠前 10~15 厘米。身体正对或稍向右侧面对球台，双膝自然弯曲稍内收，前脚掌内侧着地，提胯，脚跟微微抬起，重心置于两脚之间。同时，双膝小幅度、小动作的上下移动，便于回击球时腿部发力启动（注：左手持拍者与右手持拍者两脚间前后距离相反）。

（二）躯干

稍含胸收腹，躯干略微前倾，下颚微收，两眼注视前方，要收腹提气，便于击球时腰胯的转动和发力。

（三）上肢

持拍手与非持拍手均自然弯曲放置于身体前侧方，保持相对的平衡状态。持拍手肩关节的三角肌自然放松，肘关节略向外张开。前臂、手腕、手指机群成自然放松状态握拍，使拍头略微向前，拍面稍下压置于身体腹部右侧前方。

三、练习提示

身体重心置于前脚掌内侧，脚跟微微抬起，便于蹬地时发力和启动。

四、准备姿势练习方法

（一）练习步骤

1. 教师讲解示范准备时的上肢、下肢、躯干和手部姿势，学生做徒手模仿练习。由准备姿势向前、后、左、右方向移动，保持好身体平衡。

2. 教师规定板数的攻、拉、推动作练习，同时保持正确的准备姿势。

3. 观看优秀运动员技术录像，并进一步建立正确准备姿势的概念。

（二）易错及纠正方法

1. 全脚掌或脚后跟着地，重心向下坐或后仰，无法保持重心的稳定性和蹬地启动。

纠正方法：在两脚脚跟下方各放置一个乒乓球，要求练习者体会腹部提气重心前倾，自我观察膝关节和肩关节的垂线是否超越脚尖，超越者重心合适。可两人一组进行相互纠正。

2. 双脚脚尖成外“八字形”，步伐前后左右移动较慢。

纠正方法：要求练习者双脚脚掌和膝关节微微内扣，重心置于脚前掌内侧，规定若干次模仿练习。

3. 双腿和躯干直立，重心高，还原和移动慢。

纠正方法：教师示范，讲解弹簧的弹性运动原理，并体会踝、膝、髋各关节的屈伸动作，保持下肢屈伸活动时的弹性。

第四节 正手与反手平击发球技术

一、正手与反手平击发球的概念

发球技术是乒乓球运动的一项基本技术，在比赛中能起到至关重要的作用。如有一个较好的发球，就能够为自己在发球轮创造进攻机会，同时最大限度地发挥自己的技术组合，从而在比赛中获取较大的优势。

在乒乓球比赛中，发球是力争主动，先发制人的一个重要环节，比赛中发球能否得分，能否扩大比分优势，并最终赢得比赛胜利，与发球技术的好坏有着密不可分的联系。因此，发球时出手要快，旋转要强，落点要多变，隐蔽性要强，以相似的动作发出不同旋转、不同速度和不同落点的球，达到迷惑对方，为自己创造发球抢攻的机会。发球是为了优先抢攻，因此，发完球要积极主动抢攻，抢攻好又可以使发球造成更大的威胁，从而打乱对手战术意图，使自己占据更大的优势，从而掌握比赛的主动权。一个好的发球，不但能够为进攻创造机会，而且可以直接得分，两者相辅相成，相互发展和促进。发球主要是由抛球和挥拍两部分的相继连续动作组成。抛球是发球的前提，抛球的高度、弧线，配合挥拍方向和击球部位，决定了发球质量的高低，击球时球拍用力的大小和第一落点的远近是发球落点长远的关键。

二、平击发球的技术动作

特点：平击发球一般不带旋转，挥拍时不需要摩擦，比较简单且容易上手，是初学者最基本的发球方法，同时，平击发球是掌握各种复杂发球的基础。

（一）正手平击发球

动作方法：正手平击发球一般两脚开立站位，与肩同宽，左脚微微靠前，身体稍向右转，掌心抛球时置于身体右侧。发球开始时，持球手向上垂直抛球大约 15 厘米，同时持拍手前臂稍向后引拍，当球落到大约与球网平行时，持拍手从身体右后方向前方挥拍，拍形稍向前倾斜，击打球的中上部，击球后，前臂带动手腕随势向身体正前方挥动，身体重心移至脚前掌，击球后球先落到本方台面，弹起后再落到对方台面（图 3-6）。

图 3-6 正手平击发球动作

（二）反手平击发球

动作方法：反手平击发球与正手平击发球的站位和抛球高度基本保持一致。不同点在于反手平击发球站位两脚基本保持平行站立，球向上抛起后，持拍手从身体左后方向身体前方挥动。与正手平击发球相同，拍形稍向前倾，击打球的中上部（图 3-7）（注：左手持拍者平击发球的站位和手臂挥动方向与右手持拍者相反）。

图 3-7 反手平击发球动作

要点如下。

1. 将球放置于掌心上，五指并拢，掌心自然张开然后将球抛起大约 15 厘米。
2. 挥拍击球时拍型稍向前倾斜，击打球的中上部。
3. 击球后第一落点应先落于本方球台靠近端线位置。

三、正手与反手平击发球的练习方法

在练习平击发球时，初学者可先练习正手平击和反手平击对角斜线发球，待对角斜线发球的命中率稳定以后，基本要点能够准确掌握，再练习直线发球。同时，依次进行不同落点、不同长短线路的练习，逐渐加大发球的难度。在教学中，教师可根据学生掌握发球的实际情况和自身打法特点进行针对性练习。

（一）练习步骤

1. 徒手做发球前的准备姿势，模仿抛球和发球动作。
2. 利用多球进行发球练习。
3. 先练习对角斜线发球，再练习直线发球，最后练习直线和斜线不定点发球。
4. 练习各种落点、线路长短和快慢的发球。
5. 练习不同站位发出不同落点的球。

（二）注意事项

1. 发球要“稳”。每个学生的发球在落点多变的基础上，要保证较高的命中率。

2. 发球要“精”。好的发球不在于掌握了多少种不同的发球，而在于掌握的技术精，质量高，适合自身打法特点的发球，把这种发球练成自己的特长技术，作为比赛时的一种重要得分手段，避免因掌握发球种类多而不精。

3. 发球要善“变”。比赛中发球落点长短和速度要善于变化，以此来打乱对方的节奏。

4. 发球要与技术特点组合。在掌握发球技术的同时，还要结合自身的打法特点形成技战术上的组合。例如，正手抢攻较好，可以与发正手平击对角线球为主。

5. 发球要结合抢攻。发球的主要作用是配合自己的下一板抢攻，发完球后要有主动抢攻的意识，为自己相持创造优势。

6. 发球要有针对性。发球前要先观察对方，根据对方的技术特点、优缺点以及站位方式，再进行针对性发球。

第五节 攻球技术

一、攻球技术的概念

攻球技术是乒乓球比赛中争取进攻优势和夺得比赛主动权的常用基本技术之一。攻球技术位于近台，具有速度快、力量大的优势，能够在比赛中体现积极主动和快速进攻的指导思想。运用得当能够在比赛中占据优势，使对方陷入被动。因此，在练习中要牢牢掌握全面的进攻技术。

二、正手攻球技术动作

对于初学者而言，进行攻球练习时，应首先学习正手攻球技术。在球落于球台后起跳的最高点时，击球较为稳定，动作也比较容易掌握。在正手攻球动作掌握较为稳定后，再进行侧身攻球、正手弧圈球等技术练习。反手攻球技术也是如此，在打牢攻球动作基础后再逐渐练习反手弧圈球。

（一）正手攻球

特点：正手攻球的特点在于站位近、动作小、速度快，能够借助对方来球力量进行借力回击。在比赛中，可利用正手攻球动作小、还原快的特点争取进攻优势，同时能够限制对方动作充分完成，降低回球质量。运用得当可以在比赛时占据相持的主动权或直接得分，充分发挥近台快攻的优势。

动作方法：两脚分开站立与肩同宽，左脚稍前，位于球台 1/2 右侧处，身体距离球台端线 20~30 厘米。击球前，持拍手手腕与手臂约呈平行状态，手臂要向身体右侧方向自然展开大约 110 度，持拍手肩部微微下沉，手臂放松，球拍呈半横状。当球在球台弹起至最高点时，前臂和手腕向前上方挥拍，并配合手腕内旋动作击打球的中上部。在接触球的瞬间，手指加速握拍并配合手腕内旋，使球拍沿球体做外展内收动作，击球后，球拍挥至与额头同高即可。直拍正手攻球动作、站位、击球时间、触球部位与横拍基本保持一致（图 3-8）。

图 3-8 正手攻球动作

（二）侧身正手攻球

特点：侧身正手攻球站位在球台左侧角，利用侧身来发挥正手攻球优势，与反手攻球相结合能发挥出更大的攻球威力和技术优势，在相持过程中能创造更多的进攻机会。侧身正手攻球是近台快攻运动员必备的一项技术，同样也是在比赛中占据主动争取得分的重要手段。

动作方法：侧身正手攻球对于步伐移动的要求较高。快速移动脚步取好位置，根据对方不同的回球落点，可采用并步、小碎步，有时也可以采用并步上前或并步后移来做侧身动作。当侧身移动完成时，身体侧向球台斜后方，左脚在前，躯干向前微倾，收腹提气。根据不同来球，可在侧身位置运用快攻，弧圈球技术。有时来球过快逼近身体，脚下步法无法充分侧开时，应迅速转腰收腹，重心由右腿转换至左腿，使球拍与球体之间产生较为充分的击球空间，利用前臂瞬间带动手腕的力量快速向前上方挥动至头部（图 3-9）。

图 3-9 侧身正手攻球动作

三、反手推挡的技术动作

特点：反手攻球的特点在于站位近、动作小、速度快，能够借助对方来球力量进行借力回击。在比赛中，可利用反手攻球动作小、还原快的特点为正手攻球创造进攻优势，同时能够限制对方动作充分完成，降低回球质量。运用得当可以在比赛时占据相持的主动权或直接得分，充分发挥近台正反手快攻结合的优势。

动作方法：两脚分开站立与肩同宽，右脚稍前，位于球台 1/2 左侧处，身体距离球台端线 20~30 厘米。击球前，持拍手手腕与手臂向腹部正前方内旋，手臂和手腕与身体间隔大约 50 厘米，双肩自然放松呈平行状态，肘部自然抬起，球拍呈半横状。当球在球台弹起至最高点时，前臂和手腕从腹部正前方向前方挥拍，并配合手腕外展动作击打球的中上部。在接触球的瞬间，手指加速握拍并配合手腕外展，使球拍沿球体做内旋外展动作，击球后，球拍挥至右肩前即可。直拍反手攻球动作、站位、击球时间、触球部位与横拍基本保持一致（图 3-10）。

图 3-10　反手推挡技术动作

四、攻球技术的练习方法

（一）练习步骤

1. 徒手练习

（1）学生可根据正反手攻球动作要领进行徒手模仿练习，体会挥臂、腿部、胯部和腰部之间的协调配合和重心转换。

（2）在徒手动作练习的基础上结合步法的移动，做徒手移动练习。例如，结合并步进行左推右攻或正手两点攻练习，结合侧身进行推挡侧身攻，结合交叉步进行推挡侧身攻扑正手攻球的练习等。

2. 单个动作多球练习

规定一个学生发球，一个学生进行攻球单点练习，打一板球后再重新发球。

3. 推攻练习

（1）一人反手推挡，一人进行正反手攻练习。注意动作要点，尽量动作标准，双方回球质量开始练习时不需太高，中下等力量即可。待动作稳定后，再逐渐提高回球质量。

（2）一人反手推挡不同落点，一人进行 1/2 或 2/3 台范围正反手攻练习。练习形式有斜线攻，中路攻，直线攻。要求推挡者在规定范围内落点有所变化，攻球者在移动中注意动作要点和回球的稳定性。

(3) 左推右攻或两点1/2台正手攻。要求推挡者在练习中将球回至左、右两点，攻球者在移动中将球回至对方一点。练习初期，推挡者在回球落点角度上不需太大，速度也不需要太快，待练习者动作稳定后，再逐渐加大回球角度。

(4) 一点攻两点，攻球者从一点将球攻至对方两点。练习初期，攻球者可有规律地将球攻至对方两点，待逐渐熟练后，再进行无规律练习。

4. 对攻练习

(1) 正手对攻斜线。

(2) 侧身对攻斜线。

(3) 正手对攻中路。

(4) 一人正手一人侧身攻直线。

5. 对推练习

(1) 对推斜线。

(2) 对推中路。

(3) 将以上两点连贯起来，进行两点移动对推。

(二) 注意事项

1. 教师在教学过程中，要注意攻球练习的顺序性，遵循循序渐进原则。攻球练习内容较为丰富，且不同技术的动作要领较多。在练习时，可先学习正手攻球，再学习反手攻球；先慢打，体会动作要点，动作稳定后再快打。先轻后重，先稳后凶，由浅入深逐步掌握。

2. 在练习中，要注意节奏快慢和落点变化，在移动中要确保动作的准确性和稳定性，注重结合实战的练习。

3. 以上攻球练习可采用单球和多球相结合的练习方法。

第六节 弧圈球

一、弧圈球的概念

弧圈球是一种速度快、力量大、上旋旋转力强的进攻技术。从20世纪60年代初出现到现在，弧圈球被世界各国选手青睐有加，并不断地发展和创新，现已成为运动员在比赛中使用频率最多、得分率最高的一项技术。弧圈球为快攻创造了机会，被动时作为过度调节，主动时加力前冲直接得分，相持中能够化被动为主动，因此，弧圈球是运动员必须掌握的一项得分技术。弧圈球的种类有很多，如正手高吊弧圈、正手前冲弧圈、侧身弧圈、反手弧圈等。

二、弧圈球的技术动作

（一）正手高吊弧圈球

特点：正手高吊弧圈球球速较慢、弧线相对较高、上旋旋转力极强，落台后下落速度快，回击不当容易造成回球过高或直接出界，可为快攻或前冲创造得分机会。一般遇来球低且较转的下旋球时，该项技术使用较多。

动作方法：两脚开立略宽于肩，右脚稍后，身体略向右转，双膝微曲，重心置于右腿。准备击球时，持拍手肩部自然放松带动手臂下沉，手腕自然张开并向后下方引拍，拇指压拍使拍形略微前倾，呈半横立状。当来球从台面弹起时，手臂向前上方挥动，前臂和手腕在上臂的带动下爆发性用力做快收动作。在球落台后下降期触球，触球时要配合腰部向左上方转动和右腿蹬地力量进行重心转换，同时带动手臂和手腕向前上方加力摩擦球的中部或中上部。击球后，要注意重心移至左腿（图 3-11）。

图 3-11　正手高吊弧圈球动作

（二）正手前冲弧圈球

特点：弧线低、速度快、力量大、旋转较强，落台后的前冲力大。运用得当可为相持占据优势或直接得分，同时为正手快攻创造机会。

动作方法：两脚开立略宽于肩，右脚稍后，身体略向右转，双膝微曲，重心置于右腿，将球拍自然引至身后，约与球台同高，拍型保持前倾，与地面形成35°~45°夹角。当球在球台弹起还没达到最高点时，腰部向左前方转动，手臂向前上方挥出，前臂和手腕在上臂的带动下爆发性用力做快收动作，在球的高点或下降期用球拍撞击摩擦球的中上部，使回球以较低弧线和较大力量落至对方球台。击球后，要注意重心移至左腿（图3-12）。

图3-12 正手前冲弧圈球动作

（三）正手侧身弧圈球

特点：带有强烈上旋力及侧旋力，落台后下落快，还会出现拐弯现象，给对方造成回球困难。

动作方法：侧身弧圈球也同样分为侧身高吊弧圈和侧身前冲弧圈，其击球准备姿势与正手高吊弧圈和正手前冲弧圈相似。在击球时，拍面成半横立状，身体应略向右侧，将球拍自然引至身后，手腕略向后张开，前臂和手腕在上臂的带动下爆发性用力做快收动作，结合腰部向右旋转的力量，最高点或下降点用球拍擦击球的右中部或右中上部，使球带有强烈右侧上旋。击球后，重心移至左腿（图 3-13）。

图 3-13　正手侧身弧圈球动作

（四）反手弧圈球

特点：反手弧圈球在 20 世纪 60—80 年代时是横拍打法主要采用的一项技术，随着乒乓球技术的不断创新和发展，到 20 世纪 90 年代初，直拍横打技术也引用了弧圈球技术。如今，反手弧圈球已是横拍和直拍选手惯用的一项技术。相比正手弧圈球来讲，反手弧圈球受身体阻挡，手臂力量的发挥受到限制，没有正手弧圈球的力量大，旋转强，但由于反手弧圈球的摩擦呈反旋转，一般为快攻创造机会，运用得当也可以直接得分。

动作方法：两脚分开平行站立或右脚稍前，双膝自然弯曲，重心较低。击球前，将球拍引至腰部右侧斜下方，腹部稍内收，肘部微微抬起略向前，手腕下垂，板形前倾。当球从球台弹起时，以肘关节为轴，前臂带动手腕转动的力量向右上方挥动，在最高点或下降点摩擦球的中上部或中部。在击球后，重心由左腿移至右腿（图 3-14）。

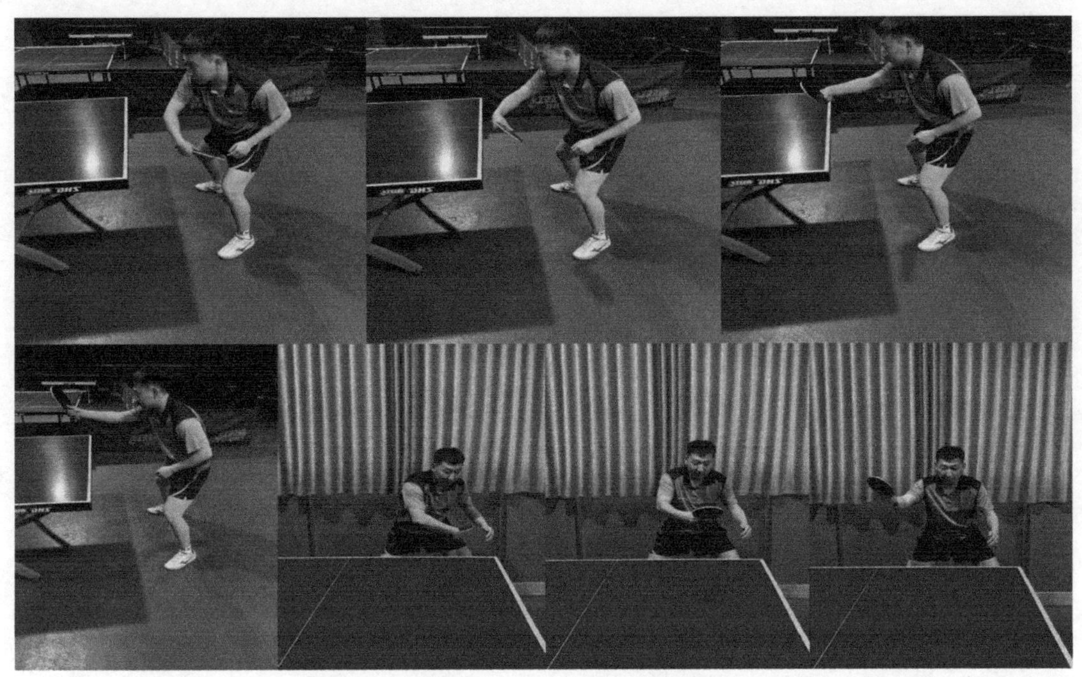

图 3-14　反手弧圈球动作

（五）反手快撕

特点：反手快撕属于弧圈球中的一项先进技术，它结合反手快攻站位近、动作小、速度快的特点，同时也具有弧圈球旋转强的特点，能够借助对方来球力量结合自身力量进行回击。在比赛中，反手快撕能够借助动作小、速度快、旋转强的特点为正手创造进攻优势，同时能够限制对方动作充分完成，降低回球质量。运用得当可以在比赛时占据相持阶段的主动权或直接得分，充分发挥近台反手快撕结合正手抢攻的优势。

动作方法：两脚分开站立，与肩同宽，右脚稍前，位于球台 1/2 左侧处，反手快撕虽然是近台技术，但是站位要比反手快拨离台稍远，距离球台端线 30~35 厘米，击球前，持拍手手腕与手臂向腹部正前方内旋，使球拍的拍头指向身体的左侧，手臂和手腕与身体间隔大约 30 厘米，双肩自然放松呈平行状态，肘部自然抬起，球拍呈半横状。当球在球台弹起初期时，前臂和手腕从腹部正前方向右前方挥拍，并配合手腕外展动作击打球的中上部。在接触球的瞬间，手指加速握拍并配合手腕外展，使球拍沿球体做内旋外展动作，击球后，手腕向前，肘部稍后收，球拍挥至右肩斜前方即可。直拍反手快撕动作、站位、击球时间、触球部位与横拍基本保持一致（图 3-15）。

图 3-15　反手快撕动作

三、弧圈球的练习方法

（一）练习步骤

1. 徒手模仿不同弧圈球的动作，体会不同动作要点。

2. 两人一组，多球练习。一人发球，另一人练习拉弧圈球。主要体会动作要点，击球手法、拍形、击球部位和击球时间。在练习初期，要求动作准确，多摩擦，少撞击，注意上台的命中率。

3. 同上练习。要求体会击球手法与挥臂、转体、蹬地动作的协调配合，以提高弧圈球的质量。

4. 单球练习。一人推挡，另一人练习连续拉弧圈球。

5. 两人对搓，固定一人搓，另一人拉弧圈球。

6. 一人削球，一人连续拉弧圈球。

7. 同上练习。要求向固定落点拉弧圈球，以提高动作的准确性和稳定性。

8. 练习中，要求推挡、搓球和削球方要不断地变换落点，以提高拉球方在移动中连续拉弧圈球的稳定性。

9. 以弧圈球为主要打法的学生，练习初期时可先进行高吊弧圈球练习，体会球拍摩擦球的感觉，待熟练掌握后，再进行前冲弧圈球的练习，之后高吊弧圈球和前冲弧圈球交替练习，反复体会不同弧圈球的动作及发力方法。

（二）注意事项

1. 在进行弧圈球练习前，要做好充分的准备活动，以免因动作幅度过大造成受伤。

2. 把腿、腰、手臂、手腕和手指的力量在触球的瞬间集中组合在一起，避免拉球时身体各部位力量分散，降低拉球质量。同时，拉完后要及时还原，做好下一次的击球准备。

3. 准备击球时，要根据来球的旋转和弧线调节板形角度，避免因板形原因造成回球出界和下网。

4. 拉球时的动作不宜过大，拉完后要及时还原，为下一板衔接做准备。

第七节 搓球

一、搓球的概念

搓球是近台还击下旋球的一项基本技术。在比赛中，常常用来为弧圈球创造进攻机会，同时也是防守反击的重要技术之一。搓球与弧圈球结合能够形成搓攻战术，一般情况下多用来接发球使用或进行回球过渡。对于初学者来说，练习搓球时应先从反手搓球学起，再学习正手搓球；先练习慢搓，再练习快搓；搓球动作要点熟悉掌握后，再进行快慢搓结合的练习。

二、搓球的技术动作

（一）快搓

特点：快搓的特点在于动作小，回球速度快，能借助对方来球力量进行回击。它是应对削球和慢搓的一种主要方法。

动作方法：双脚分开站立，与肩同宽，右脚稍前靠近球台。来球在右半台时，可用正手搓球，在左半台时用反手搓球。击球时，上臂迅速前伸，前臂跟随向前，根据来球旋转和弧线调节拍形后仰角度，利用上臂前送力量，在上升期击球中下部。来球在球台右侧正手搓球时，身体稍向右转，手臂向右前上方微微引拍，然后前臂和手腕向前下方用力，在上升期触球中下部（图 3-16、图 3-17）。

图 3-16 反手快搓动作

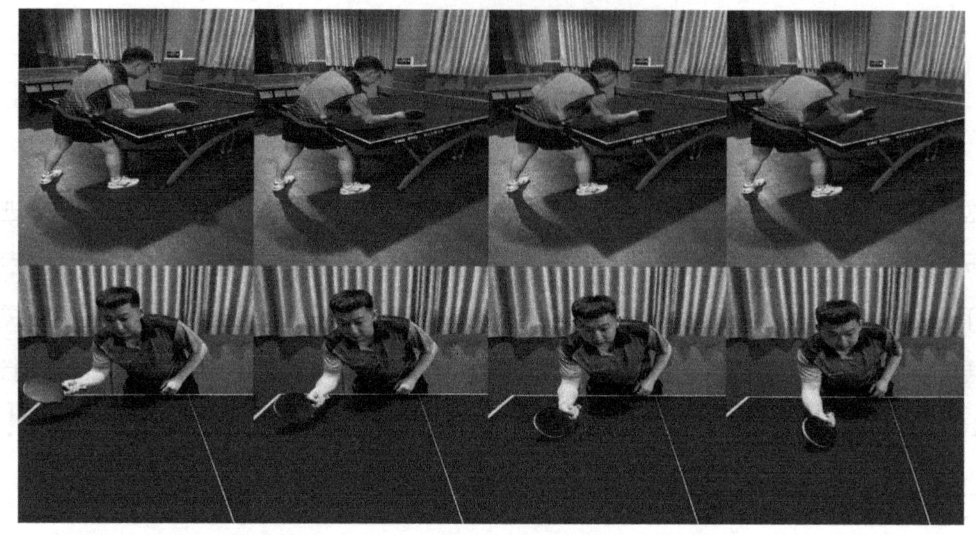

图 3-17 正手快搓动作

（二）慢搓

特点：慢搓的动作要比快搓动作稍大一些，回球速度相对来说也较慢，但旋转要强于快搓。旋转变化运用得好，可为前冲弧圈球创造得分机会或直接得分。

动作方法：双脚站立与肩同宽，右脚稍前，身体距离球台大约 40 厘米，持拍手臂向左斜上方引拍。击球时，上臂前伸，前臂跟随向前，根据来球旋转和弧线调节拍形后仰角度，利用上臂前送力量，同时配合手腕内旋外展动作，在来球下降期触球的中下部。击球后，前臂顺势前送（图 3-18、图 3-19）。

图 3-18 反手慢搓动作

图 3-19 正手慢搓动作

三、搓球的练习方法

（一）练习步骤

1. 徒手模仿搓球动作，注意不同搓球的动作要点。
2. 自己向球台抛球，弹起后将球搓过网。
3. 一人发球，另一人将球搓回对方对角球台。

4. 一人发球，另一人以相反球路将球搓回对方球台。

5. 对搓练习。

6. 固定球路正手和反手结合搓球。

7. 练习正反手快搓短球。

8. 快搓与慢搓结合练习。

（二）注意事项

1. 搓球动作幅度大小要根据来球实际情况来调节，搓球时要充分运用手腕和手指力量摩擦球。

2. 搓球时要根据来球的弧线和旋转调节拍形后仰幅度的大小。以免出现搓高、出界或下网。

第八节　削球

一、削球的概念

削球是乒乓球的特殊技术打法之一，也是防守反击的主要手段。削球技术要求高，一旦掌握对手难于防守。常见的乒乓球削球技术主要有远削球和近削球两种。

二、削球的技术动作

（一）远削

特点：动作大，球速慢，弧线长，回球下旋。远削时，可利用削转与不转球和控制落点变化来牵制对方并伺机反攻，落点好、弧线低能控制对方攻势或直接得分。

动作方法：正手远削时，左脚稍前，身体离球台 1 米以外。上体稍向右转，重心放在右脚上。击球前，手臂自然弯曲，将球拍向右上引至与肩同高。击球时，手臂向左前下方挥动，在下降期击球中下部，拍形稍后仰。触球瞬间前臂加速削击，同时手腕向下辅助用力。击球后，球拍随势前送，重心移到左脚。

反手远削时，右脚稍前，身体左转，手臂弯曲，球拍向左上方引至与肩同高，拍头向上，重心放在左脚上。击球时，手臂向右前下方挥动，前臂与手腕加速用力削击来球，在下降期击球中下部，拍形稍后仰。击球后，上体向右转动，球拍随势挥至身体右侧，重心移到右脚（图 3-20、图 3-21）。

图 3-20 反手远削动作

图 3-21 正手远削动作

（二）近削

特点：动作较小，球速较快，前进力较强。近削逼角能使对手回球困难，从而伺机反攻或直接得分。

动作方法：正手近削时，左脚稍前，身体离球台大约 50 厘米，上体稍向右转。击球时，手臂弯曲，把球拍引至与肩同高，拍形稍后仰。触球时，前臂用力向左前下方挥动，手腕配合下压，在上升后期或高点期，击球中部或中下部。

反手近削时，右脚稍前，手臂弯曲向左上引拍。击球时，前臂向右前下方挥动，手腕配合用力下压，在上升后期或高点期触球中部或中下部（图 3-22、图 3-23）。

图 3-22　正手近削动作

图 3-23　反手近削动作

三、削球的练习方法

（一）练习步骤

1. 徒手模仿削球的动作并体会不同动作要点。

2. 一人发球，另一人用正手或反手将球削回对方球台。

3. 用正手或反手连续削回对方拉过来的球。

4. 用正手或反手削直线或斜线球。

5. 正手和反手结合向固定落点削球。

6. 近削逼角练习。一人拉球，另一人用正反手将球削到对方左角或右角。

7. 近角后结合变线。连续削近左角，突然变线回右角；或连续削近右角，突然变线回左角。

8. 削转与不转球结合练习。一人稳拉对方正手或反手，另一人练习正手或反手用相似手法削出转与不转的球。

9. 一人拉高吊或前冲结合放短球，另一人练习在削球中上步接回对方所放的短球。

10. 削球和攻球结合练习。在以上练习中，遇有机会进行削中反攻。

（二）注意事项

1. 削球引拍时要注意球拍板形上仰，如果上仰不够，容易击球不过网或下旋力不强。

2. 削球时拍形不要过于后仰。如拍形过于后仰，会造成削球过高或下网；如来球旋转较强，可使拍面竖直些，并适当加大手臂向下压球的力量。

3. 要学会使用正反手两面结合的削球。正反手连续变换的削球很重要，应作为练习重点。

4. 削加转球时，不要过度使用手腕力量。手腕要随前臂的挥动方向用力。

5. 削球时，手臂和腰、腹、腿用力要协调，同时要加强步法练习，这样才能提高削球的稳健性和旋转变化的能力。

6. 在来球的下降期触球，此时球的旋转较弱。

7. 反手削击球点一般选在左腹前为宜，正手削时选择在右腹前，并适当放低重心，这样可利用来球时向上的反弹力形成自然的回球弧线，可提高削球的准确性。

8. 触球时，手腕应相对固定，以免回球过高或出界。

复习思考题

1. 不同打法类型运动员的站位要点有哪些？

2. 正手前冲弧圈球的动作练习要点有哪些？

3. 削球练习方法的注意事项有哪些？

第四章　乒乓球运动的专项体能训练方法

本章导读：

体能是指人体在运动中所表现出来的力量、速度、耐力、灵敏及柔韧性等机能的能力，是掌握运动技术和提高运动成绩的基础。专项体能是指运动员在运动中承受负荷与适应环境变化的能力，是运动员身体形态、身体功能、运动素质和健康水平诸方面专项化的综合体现。在高校公体课程中，因教学对象为高校学生，不能使用专业运动员的标准进行体能训练，但又需要所授的体能训练符合运动项目特点，因此，在选择体能训练时，应选择既有利于学生快速掌握所学运动项目发展的体能要求，又符合教学对象身体能力的训练方法。

第一节　乒乓球力量素质训练方法

为了提高乒乓球运动的观赏性，不断满足观众的精神需求，采取了增加回合数量，削弱乒乓球的旋转性，将乒乓球体积改革为40+，材料改革为ABS新材料球（俗称赛顶）等措施，技战术相应地也在不断革新，这便对运动员的力量素质提出了新的挑战。力量素质训练是乒乓球运动训练中不可或缺的一项训练内容，基于乒乓球技术的快、准、狠、变、转的特点，乒乓球力量素质训练分为最大力量、相对力量、快速力量和力量耐力。

一、力量素质对于乒乓球运动员的重要意义

各项体能训练的基础是身体骨骼的活动，身体机能得到运动和舒展，引起的肌肉收缩与扩展使力量得到提升，因此人体才可以完成跳、跑、蹦等基本运动。力量素质训练是体育活动的基础，在乒乓球运动竞技比赛的过程中，击球质量和稳定性与力量素质有很大的关联。乒乓球运动竞技比赛中各种步伐移动动作和手臂击球动作的完成都是以一定的肌肉力量为基础的，许多技术动作水平的提高都要以良好的力量素质为依托。具备基础的力量素质训练，运动员才可以更好地参与乒乓球运动各项技术的训练。在多球训练中，上肢挥拍击球的最大力量、步伐大范围快速移动的快速力量及连续发力击球的力量耐力素质训

练，均是力量素质训练。因此，力量素质训练是乒乓球运动训练的基础。

力量素质训练能够有效地促进身体速度素质的发展。“3 分手，7 分腿”，这句话充分体现了步伐移动在乒乓球运动中的重要作用。乒乓球运动中步伐移动的快慢主要取决于腿部力量和腿部蹬地的反作用力，所以移动速度的快慢取决于腿部的快速力量，而加强力量素质训练能够更有效地促进移动速度素质的发展。

运动员在比赛和训练中，为了提高击球的质量，在击球的一瞬间，往往会加快专项技能动作的完成速度，以求把力量更好地作用于击球，而这个过程就是通过快速力量支撑动作速度的提升。所以，力量素质训练能够更有效地促进动作速度的发展。腰腹部的“核心区”是上肢与下肢的连接枢纽，在运动发力中起着协同配合、承上启下的重要作用。所以，加强核心力量素质的发展能够更有效地促进身体协调性的发展。力量耐力是力量素质的组成部分之一，也与耐力素质有着千丝万缕的联系。乒乓球比赛是一场高强度的拉锯战，所以在训练中往往会运用多球练习来加强运动员的多回合连续性和力量耐力。长时间的力量耐力素质训练能够更好地提高运动员的心肺功能及乳酸值的发展，进而促进身体的耐力素质发展。

从体育理论的角度进行分析，乒乓球训练过程中需要一定的力量素质训练作为基本的体能训练，乒乓球动作是在稳定的和最短的时间内使肌肉在变换的技术动作中爆发力量，进而完成高质量击球动作，达到有效进攻。

二、影响力量素质发展的生理因素

（一）乒乓球运动对肌肉的生理横断面要求

人体肌肉的生理横断面是指一块肌肉中所有肌纤维横断面积之和。肌肉的生理横断面越大，收缩时产生的力量越大。资料显示，1cm 肌肉的横断面最大能产生 6.5kg 的力量。肌肉横断面的大小是由肌纤维增粗形成的，肌纤维增粗主要是肌凝蛋白的增加、毛细血管的增多、肌肉芥蒂组织的增厚、肌糖元的增加等因素形成。因此，肌纤维类型的粗细是影响肌肉生理横断面大小的决定因素，而肌凝蛋白的含量是影响肌肉纤维类型的主要因素。肌肉的毛细血管增多，可以给肌肉提供更多的营养物质和新陈代谢，增加肌肉能量的储备，进而提高肌肉的收缩效率。科学合理的训练，能够提高肌肉的生理横断面。

（二）乒乓球运动对肌纤维类型的要求

肌肉的力量大小，受不同肌纤维类型在肌肉中所占百分比大小的影响。肌纤维类型一般分为慢肌纤维、快肌纤维、中间纤维三种类型。快肌纤维的无氧代谢能力比慢肌纤维大，而且具有肌纤维粗、收缩速度快、力量大的特点。慢肌纤维的有氧代谢能力比快肌纤维强，但是收缩速度慢、力量小、不易疲劳。快肌纤维比较适合做快速、高强度的运动。慢肌纤维比较适合做耐力运动。不同类型肌纤维的百分比与遗传基因有很大影响。快肌纤维百分比大于60%的人，在相同的速度下，肌肉力量要比快肌纤维低于50%的人肌肉力量高出15%。不同的运动项目经过科学的训练，优先调动的肌纤维类型也不同。资料显示，人体在进行运动时不同的肌肉纤维都会参与，但是强度较低的耐力活动，是优先调动慢肌纤维。在速度型运动时，优先调动快肌纤维，在乒乓运动中要求运动员必须优先调动快肌纤维。

（三）乒乓球运动对肌肉 ATP 酶活性的要求

肌肉的收缩速度是由横桥上能力释放的速率决定的。ATP～CP 供能系统是能力的主要来源，其维持强度运动的最长时间为 6～8s。乒乓球比赛每一局由多个回合构成，每一回合的比赛时间多数在 10s 以内，由此可以得出，ATP 供能系统是乒乓球项目击球速度的主要来源。资料显示，科学的运动训练虽然不能提高 ATP 酶的储量，但是能够提高 ATP 酶的活性。

（四）乒乓球运动对神经支配与调节能力的要求

神经系统调节机能的改善，可以更好更多地调动运动单位参与活动。神经参与运动时，即便是最简单的动作，也需要很多肌肉的共同参与才能完成。这就要改善原动肌、对抗肌、固定肌、中和肌之间的协调用力。大脑皮质中支配原动肌的神经中枢产生兴奋，沿运动神经发出频率冲动，调动肌肉参与工作。经过科学良好的训练，可以使参与运动的肌纤维达到90%。运动员在运动中更多肌肉纤维参与活动，可以起到增强肌肉力量的作用。

三、高校公体课专项力量素质的训练方法

由于高校学生群体与专业运动员群体的身体机能、运动机能与训练目的等方面的差异，因此其训练负荷、训练强度不能按专业运动员的训练标准执行。尤其在进行力量训练中，过度负荷刺激会对学生机体产生负面影响，造成过度训练后机体的应激，产生过度疲劳等负面效应，甚至造成运动损伤。因此，教师在进行力量素质训练前，应对学生的机能水平进行准确的评估，必须根据评估情况进行训练内容的调整。

乒乓球运动专项课程的击球训练中，通常分为单球训练法与多球训练法两种方法，其中多球训练法在运动技能的泛化期使用较多。针对高校学生对乒乓球运动的参与度低的特征，在初始学习阶段，广泛采用多球训练法和徒手练习法进行学习。因为运动技能的形成既是一个复杂的神经过程，又是复杂的学习过程，运动技能形成的初期总是要经历由不会到会、由不熟练到熟练的连续变化过程。多球训练法能够使高校学生形成肌肉记忆和动作印象，并且可以有效培养学生的球感和手感，进而对乒乓球运动形成初步的了解，达到快速掌握技术动作的目的。同时，多球训练法也是乒乓球专项力量训练的重要方法手段。其中，单点多球练习的主要目的是锻炼运动员专项技能的快速力量，提高完成动作的熟练性和速度，提高击球的质量。单项的多点练习的主要作用是使训练者不停地进行步伐移动，锻炼学生腿部肌肉的快速力量和力量耐力，逐渐提升运动员步伐移动速度和连续性，从而有效地增加运动员在跑动过程中的击球命中率。各项的不定点组合型练习的主要目的是锻炼训练者在短时间内进行移动和选择有效击球技术的反应能力，能够高效提升运动员完成动作的快速力量、协调发力的核心力量和长时间进行训练的力量耐力。

在乒乓球运动中，每一个击球动作的起始、力量的来源无不来自脚和腿，步法是及时准确地使用和衔接各项技术动作的枢纽，也是灵活运用各项战术的前提和保证。乒乓球运动的步法主要有单步、跨步、并步、跳步、交叉步、小碎步和复合步法等。步法移动范围是上下左右移动范围，即近台球网到底线的区域和中台、远台对方击球的第一落地点所在的区域。由力学知识可知，在脚步移动和腿脚协调完成手法技术动作（如快攻、弧旋等）的过程中，产生的力是由腿脚对地面作用后地面对腿脚的反作用得到的，所以移动速度取决于腿脚的爆发力。

此外，早期除了以多球训练法为主的训练模式进行力量素质的训练外，多采用辅助器械进行身体局部的力量训练，以达到增加提高击球质量，巩固击球动作的目的。相较于多球训练法中要求身体整体参与训练，徒手训练法更多地作用于身体局部的运动能力提升。在进行学生专项化力量素质训练或者进行上肢专项力量早期训练的过程中，多采用徒手挥拍练习、乒乓球掷远练习、扣球击远练习或者进行一些持物负重练习（轻哑铃或铁拍）等徒手练习方法；在发展下肢力量的练习中多利用自身体重进行相关训练，如侧滑步、蛙跳、弓箭步走等；在发展腰腹力量的训练中，多采用仰卧起坐、仰卧侧起、背起、仰卧两头起等。总之，在早期乒乓球力量训练课程中，多采用利用自身体重练习，而不进行较大重量的负重练习，以免过大的负荷对机体造成不可逆的伤病，影响高校学生后期的体育活动能力和身体健康水平。

四、高校公体课乒乓球专项力量素质训练所遵循的训练原则

学生进行力量训练时，应遵循针对性原则，即需要与目的相匹配。在设计练习内容时，不仅要重视身体部位的针对性，更应结合专项技术动作的针对性，分析每一个专项技术动作的主动肌、对抗肌、固定肌、协同肌等，分清主次，使得设计的力量训练动作，在完成过程中达到相关肌群的协调，使得不同工作性质的肌群达到神经控制的最大协调性。不同负荷强度，重复次数，组间休息状态也是影响力量训练效果的组合因素，因此，不同负荷强度、重复练习次数对肌肉力量的训练效果也不相同，根据力量训练的要求，需要进行方法设计。如发展最大力量需要设计高负荷、低次数的完全充分休息计划，发展肌肉体积需要中等负荷、中等次数的充分或者不充分的计划，发展力量耐力需要进行低强度、大量、高次数的不充分休息计划。

负荷顺序对力量训练的质量有着至关重要的作用，在力量练习过程中应考虑前后练习动作的科学性和合理性，遵循先练大肌肉、后练小肌肉、前后相邻运动避免使用同一肌群的原则。因此在高校教学课程中进行乒乓球训练时要注意不同力量肌肉群的对应发展，根据乒乓球专项技术的特点，针对性发展大肌肉群和主要肌肉群的力量，同时也要兼顾小肌肉群、远端肌肉群、深部肌肉群的力量训练。在加强上肢力量的训练过程中，练习顺序一般为卧推练习、持哑铃屈肘、持哑铃屈腕、空中抓哑铃。以上练习内容顺序遵循了力量练习的负荷顺序原则，分别练习部位为：胸、肩；上臂；前臂；手指，其中胸部、肩部练习肌群为胸大肌、三角肌前束，上臂练习肌群为肱二头肌，前臂练习肌群为腕屈肌，手指练习肌群为指屈肌。练习肌肉由大到小，遵循负荷顺序原则。

总之，乒乓球项目专项力量训练要根据运动员的实际情况和技术动作的发力特点，科学合理地安排各种力量训练。采用器械训练时要与速度力量训练联系在一起，正确处理好负荷与动作速度的关系，并且要根据不同性别、生理情况、青年的生长发育特征、身体基本素质制订合适的课程计划。面对不同的基本情况，要差异对待，教学中要把安全放在首位。

第二节　乒乓球速度素质训练方法

乒乓球运动发展至今，其主要打法为两大类：快攻结合弧圈打法、弧圈结合快攻打

法。其中快攻打法是乒乓球比赛中比较重要的得分手段，快攻最主要凸显“快”这个字，以达到实现突击、抢夺进攻时间、赢得主动权的竞技优势。因此，乒乓球运动员必须具备良好的速度素质，才能适应现代乒乓球快速打法的需要。对于高校学生来说，从事乒乓球运动，反应灵敏是基本要求，而充分的速度练习能够提高高校学生灵活性与兴奋性的能力。

一、速度素质对于乒乓球运动员的重要意义

乒乓球运动的速度主要体现在动作速度、位移速度、反应速度上。动作速度主要体现在机体肌肉的快速牵拉与收缩速度；位移速度主要体现在短时间内机体移动距离与频率上；反应速度主要体现在神经系统的灵活性与应激性上。

首先，乒乓球运动具有球体轻、速度快、旋转强、变化多和技术细腻等特点。其中速度快就要求运动员具备良好的反应速度，而反应速度常常以反应时间的快慢作为指标。因此乒乓球运动员反应时的快慢对比赛成绩有着很大的影响。对于高校学生而言，学好乒乓球运动的重要前提是对来球具有足够的敏感程度。

其次，在乒乓球运动中，无论是正手攻球或反手攻球都是由挥拍完成的。由于乒乓球球体较小，而且难以控制，为了更好地迷惑对手，通常要加强击球的落点、节奏、旋转的变化，从而达到取胜对手的目的。但这一目的需要在短暂的击球瞬间通过动作的快速完成才能得以实现，因此，需要在不断改进击球动作的基础上，进行专门的提高击球动作的摆动速度练习。

最后，随着乒乓球抢攻技术日益完善以及回合数量的日益增多，对运动员的身体素质要求更大。在此背景下，要求运动员具有反复快速的移动能力才能适应现代竞赛。但由于乒乓球运动所要求的每次位移的绝对长度并不是很长，而它更多的是要求运动员能在恰当的时机，快速地达到适合的击球身位，以便更好地击球。所以乒乓球运动的位移速度训练更加强调启动与回动的相对速度。

二、影响高校学生速度素质发展的生理因素

（一）影响高校学生反应速度的生理因素

影响高校学生反应速度的生理因素主要有反应时、神经过程的灵活性和兴奋性以及条件反射的巩固程度。

首先，反应时包括感觉、决定、效应三个基本阶段的时间。

感觉时间即人体神经系统借助感受器，接受内、外各种刺激，引起各种反应所需要的时间。对于不同的人来说，由于感受器的绝对感觉阈限和差别感觉阈限不同，从而在绝对感受性和差别感受性方面就出现差别。绝对感觉阈限和差别感觉阈限越小，则绝对感受性和差别感受性就越大；而绝对感觉阈限和差别感觉阈限越大，就说明感受器的敏感程度越高；敏感程度越高，则感觉的时间就越短。在乒乓球比赛中，对同一种发球，有的球手能马上看出球的旋转，有的则看不清或似是而非，这就说明他们之间在视觉感受器的敏感程度上存在差距。听觉感受器敏感程度高的球手，能从对方击球时发出的声响判断来球转还是不转，触觉感受器敏感程度高的球手在球拍触球的瞬间就能知道球旋转的强弱，甚至在击球过程中也能及时地调整自己的拍形。乒乓球运动复杂多变，因而对球手在视觉、听觉、触觉、位觉、动觉等一切与运动有关的感知觉的感受器的敏感度上均有很高的要求。敏感程度的高低，不仅影响感觉时间的长短，还对决定时间的长短起着直接的作用。

决定时间是大脑皮质中枢在接受传入神经所输入信息的基础上，经过思维并作出决定的时间。由于乒乓球运动属于复杂反应，一个球往往是视觉、听觉、位觉等好几种感受器同时接受刺激，并通过各自的传入神经通道将刺激信息传导给大脑特定的皮质中枢，形成中枢间神经的暂时性联系，从而对有机体内、外的刺激进行精确的分析和综合，进而发出指令，以实现机体与输入信息之间相适应的行为活动。从信息的传递过程来分析，神经纤维在兴奋的传入和输出速度上都比较快，并没有什么区别，但兴奋传递到中枢后则改变了传导的方式，变为由突触传递，由于突触传递需要经历递质释放、扩散及突触后膜受体结合才能发挥作用这样几个环节，因此，需要的时间较长，被我们称之为“中枢延搁”。据测定，兴奋通过一个突触所需要的时间约为 0.7 毫秒，而像乒乓球这样复杂的反射活动，通过的突触数量多，中枢延搁所消耗的时间就更长。以上分析可以看出，决定时间较之感觉时间和效应时间都要长得多。因此，如何缩短决定时间就自然成了缩短反应时的关键。缩短决定时间的主要途径有以下三条。

（1）加快思维过程的速度。决定时间由大脑皮层操纵，正是在这里产生心理现象，体现着“脑是思维的器官”而“思维是脑的机能”。思维过程的速度对缩短决定时间有直接的关系，思维的高速表现为快而果断。在乒乓球比赛中，球手在快速运动的过程中根本不可能去慢慢地分析和思考问题。随着击球速度和节奏的加快，思维的速度也必须更快。例如，对方正手拉斜线前冲弧圈至本方正手时，你必须马上思考这个球要如何处理，是采用带还是打，如果决定打，那么就要考虑击球时间、击球部位、用什么拍形、怎么样发力等。这样一系列问题，必须是在极短的时间内思考完成并作出决定。实际上，根本不可能有时间给你来完全思考上述诸多问题。在上述举例中，真正容许你思考的问题只有“是带还是打”，而“怎样打”，则属于中间环节，要靠平时训练、比赛中所储存的思维信息。处置时，只是进行储存信息的随机抽样，释放信息并做一些细微的调整。因此，快速的思维活动中，那些中间环节常常是“隐身”的，并不需要重新去建立，而只有最后的结果才能被我们意识到。正因为这样，我们在平时的训练和比赛中，如果能越多地熟练各种复杂技术和战术，越多地掌握各种套路球的运用，那么，你脑子里储存的信息就越多，集成的思维结果也就越多，在比赛中需要采用时，就像电脑操作中执行“确定”的指令一样，会来得更加便捷和快速，训练对形成和提高思维过程的速度由此也可见一斑。

（2）增强“瞬间判断”的能力。“瞬间判断”可以说是乒乓球手心理活动的一个主要特征，它既是球手必须具备的一种特殊的心理品质，也是球手思维敏捷性、灵活性的具体表现形式。在错综复杂、瞬息万变的比赛中，球手要时刻保持清醒的头脑，能够抓住来球所反映出来的最本质的特性，以极短的时间进行思考。同时，也要善于根据战局的发展变化，决定或改变解决问题的方式和方法，善于把一般原理灵活地运用于比赛中各种不同的情况中去，不能根据习惯或刻板的公式进行机械的教条式的套用，而是在比赛动态的状况下，及时地进行综合分析，作出准确的判断。要做到这一点，大脑皮层神经联系的灵活性就从物质基础上提供了保障。灵活性的架构与神经联系的速度、深度、广度不无关系，反映在技术层面上也与训练的方法有关。如果我们把心理训练的方法和内容引入练习之中，把心理训练与技术、战术训练，与比赛的实际结合起来，充实训练内容，丰富临场经验，那么，球手的“瞬间判断”的速度也就会越快。为了更好地说明这一点，还是重复上面的例子，如果对方将球用前冲的方式拉到了自己的正手，但落点到了自己台面的底线，原本决定采用打弧圈的方式还击，由于自己站位近而无法抢到合理的击球点，那么，此时即刻改为正手封堵的技术，这就是“瞬间判断”后所采用的一种顺变的手法。

（3）提高心理预测的水平。预测属于思维过程中研究的问题，当外部刺激信息传递到大脑皮质以后，大脑皮质将这些输入的信息的特点，与储存的近相似或相同的信息结果进行比较，对新输入的信息进行高度精细的分化。同时，也立即对以往所产生的与新信息相似或相同的原有信息的效应活动结果发生联系，去预测新信息的发生与未来效应活动之间可能的或必然的联系。从上面的分析可以看出，预测能力主要依赖于以往的实践经验，依赖于对专项运动规律的掌握程度。预测水平的高低不仅对判断环节发生作用，还将对思维的结果产生重要的影响。比如，对方使用高抛发球，发出急侧而又较长的下旋球至反手位，接发球的一方就会马上预测到对方的抢攻意图，因而将采用侧身拉、反手拉或摆短等方法来破坏对方的战术意图。

上述三个因素中，思维的高速度贯穿整个决定时间，而“瞬间判断”和预测之间的顺序，可能有先预测后判断，如对方侧身发球，可以预测为发球后准备用正手抢攻，也可以是先有判断后才预测，如对方连续压自己的反手大角度，可以预测对方是否运用压左调右的战术，从而保持时刻抢打正手的准备。判断对思维的方向起主要作用，预测对思维的结果起决定作用，但不管怎样，这三个因素共同的功能是缩短决定时间，达到加速反应的目的。

效应时间是指大脑皮质中枢发出指令，到达效应器，引起效应器开始产生相应效应的时间。效应时间的长短取决于效应器自身的兴奋性，兴奋性高时间就短，反之亦然。这里所指的效应时间并不包括运动时间，即效应器兴奋后引起的内、外部运动。运动时间实际上应当属于运动速度研究的课题。效应时间在发生反应的过程中耗时最短，它的结束将标志运动的开始。

感觉时间、决定时间、效应时间是组成反应时间的三种主要时间，其中决定时间实际上是思维时间，对反应时的长短起决定作用。据此，训练中，我们应该针对思维过程的高速度、“瞬间判断”能力和预测能力三个最主要的环节去选择和安排练习的手段和方法。同时，要注意训练和提高本体感受器的敏感程度，加速反应过程。

其次，反应速度与中枢神经的灵活性有密切的关系。神经过程的灵活性决定着球手适应比赛环境的迅速变化而进行适当的反射活动的可能性。神经过程灵活性高的球手，可以比较顺利和迅速地由兴奋转入抑制，或由抑制转入兴奋，或把已有的动力定型改造为新的动力定型。这种转换和改造的速度，是衡量灵活性高低的标准，转换与改造的速度越快，神经过程的灵活性就越高，反应的速度也就越快。神经过程的兴奋状态，与反应速度有直接的关系。适宜的兴奋性，一方面能缩短条件反射的潜伏期，使感受器比兴奋前更敏感，神经冲动的传导速度加快；另一方面可以使肌肉的反应比兴奋前加快70%。假如大脑皮质兴奋性太高，兴奋就会向大脑皮质的其他部位扩散，以影响“兴奋灶”的建立，反应就不会准确。相反，兴奋性过低，就会引起条件反射的速度放慢。只有当大脑皮质的兴奋处于适宜的状态，才最容易快速地建立起条件反射。乒乓球技术繁多，技巧性强，战术多变，攻防转换快，要求球手必须具备良好的神经过程的灵活性和兴奋性。实际上，就个体而言，由于神经类型的不同，在神经过程的灵活性和兴奋性方面都存在着显著的差异。神经类型是遗传基因所造成的，通过后天的训练是不能改变的。因此，如果是从事教学训练的专业人士，尤其是业余体校的教练员，在选才时，就要从专项对运动员的要求出发，挑选那些符合乒乓球运动需要的神经类型的好的苗子。

最后，条件反射是以非条件反射为基础，通过后天学习、训练而建立起来的大脑皮质中枢之间的暂时性联系。反复地练习可以使条件反射系统化，条件反射系统化就说明条件反射的巩固程度已达到运动动力定型的阶段。动力定型的结果，能使肌肉的收缩和放松有顺序地、有规律地、有严格时间间隔地进行，并符合动作所要求的规格。动力定型越巩固，就越能放松自如地完成技术动作。大脑皮层所建立起来的动力定型越多，皮质机能的可塑性就越好，动力定型的建立和改建就越容易，大脑皮质机能的灵活性也就越高，皮质储存的信息也就越多，分化机能也就越完善，提取信息和反馈的速度就越快，机体的预见性也就越强。球手通过反复地练习，熟练地掌握各种不同的技术、战术，并且使之达到随意性、连续性和自动化的水平；反过来，不仅可以进一步促进和改善大脑皮质的机能水平，而且对增强感受器的敏感性，提高预测能力，加速思维过程，缩短反应时都有着积极的意义。

总之，反应速度是乒乓球运动所必需的速度素质，它不是通过身体的外部运动来实现的，而是人体高级神经活动的一种表现。国外专家研究，反应速度几乎与运动速度无关。这就告诉我们，对反应速度的训练应当重点从心理训练方面去加以研究。但是，可以肯定地说，熟练的技术、战术，将会改善神经系统的机能。这也表明，反应速度的训练除了重视和加强心理训练外，还要注意把心理训练与技术、战术训练紧密地结合起来。

（二）影响高校学生动作速度和位移速度的生理因素

动作速度和移动速度，是人体多种素质的综合表现，也是人体运动系统各组织、器官的功能性反映。对动作速度和移动速度起主要作用的因素有以下几种。

1. 爆发力

速度实际上是力量的反映，乒乓球的动作速度和移动速度需要的力量主要是爆发力。爆发力的大小主要取决于肌肉用力时所花费的时间长短和该肌肉收缩时的速率，而其中尤以肌肉收缩的速率起主导作用。

2. 肌肉的协调性

肌肉的协调性主要表现在主动肌的协调活动与主动肌和对抗肌之间的协调活动。乒乓球的每次击球或移动动作都是由身体或身体某部几块主动肌参与完成，只有当几块主动肌共济活动处于最佳协调状态时，才能较快地克服外部阻力，使动作或移动的速度加快，如击球时合理的用力顺序，主动肌和对抗肌之间的协调活动等。乒乓球运动中的任何动作，都有主动肌和对抗肌同时参与，当主动肌和对抗肌活动协调时，对抗肌则对主动肌收缩时所产生的阻力减小，从而降低了对抗肌的紧张性，使主动肌收缩的速度加快。

3. 骨杠杆的作用

骨杠杆运动是由肌肉收缩牵引骨绕关节进行相当于物理杠杆作用的运动。骨杠杆的机械效率取决于绕不同关节起杠杆作用的阻力臂和力臂的相对长度。假如关节运动的角速度不变，那么杠杆末端的速度与杠杆的长度成正比。因此，将身体的杠杆按技术动作的要求调节到适宜的长度，可以提高动作速度。例如，拉弧圈球时，“引拍”动作相对较大，击球点离身体重心较远，在接触球前的一瞬间，小臂突然发力，充分运用大、小臂杠杆的加速作用，以增加对球的摩擦速度。

4. 肌组织的兴奋性

肌组织的兴奋性是通过神经调节实现的。肌组织处于适宜的兴奋状态，一方面，能动员更多的肌纤维参加运动，增大肌肉收缩时的力量，以达到提高动作速度的目的；另一方面，能提高神经传导的速度和肌肉内效应器的效率，缩短运动时，同样实现提高动作速度的目的。

5. 灵活性

灵活性主要是神经过程的兴奋与抑制转换快，对运动器官调节能力强的结果。乒乓球运动中的每一板球都涉及体位的改变和动作的变换，而这些都必须在一瞬间完成，因此，缺乏灵敏素质便失去了随机应变、把握战机的基础，快速的动作和移动也不可能实现。由于灵活性属于反应速度探讨的课题，在此就不予研究了。

6. 运动类型

动作与移动速度与熟练的运动技能有密切的关系。要熟练地掌握运动技能就必须经过系统的不间断的训练才能实现。随着运动技能的逐步形成，动作和移动速度也相应地加快，当技能一旦达到巩固的程度，动作就会出现自动化的现象，凡已练习过的动作都将呈现出随意性、灵活性和自如性的特点，动作和移动速度将比以往任何阶段都会有大幅度的提高。

7. 肌肉类型

据现有资料表明，白肌属于快肌，红肌属于慢肌，中间肌介于其间。肌纤维中白肌纤维占的比例大，肌肉就收缩快，动作和移动的速度也就快，反之亦然。在不同的机体中，白、红肌在肌肉中所占的比例存在着差异，因而有的人速度快，有的人速度慢。在同一种有机体的不同部位的肌肉中，白、红肌的比例也不同，因而也可出现其奔跑的速度并不快而手臂的动作却很快。人体的肌肉类型是遗传因素造成的，根据乒乓球运动的特点，运动员的肌肉类型应属于快肌型和中间肌型。

三、高校公体课乒乓球专项速度素质的训练方法

（一）反应速度的训练方法

由于高校公体课对器材人员的要求较大，因此采用较为实用的训练方法是极其必要的。在进行乒乓球反应速度训练的课程中，应以实用性与普惠性相结合的方法进行训练，来取得高校学生习练的针对性实效，可采用简单易懂的彩球训练法进行反应速度的训练。彩球练习法就是要求乒乓球运动员根据不同的站位、来球颜色的不同，做出相对应的专项动作，不仅可以提高队员接球命中率，还可以提高队员的反应时间、动作时间，以达到实战环境下练习的目的。运用此方法可使得大学生对来球的速度、落点及旋转性能做出准确而及时的判断，在长期的锻炼中不断地刺激受试者的视觉与听觉反射弧，使神经反射弧中的感受器对物体的敏感性增强，为接发球抢攻、对攻等战术做好铺垫，可以提高教学和训练的效果。

（二）动作速度与位移速度的训练方法

在进行乒乓球专项速度训练时，速率的训练是首要的。速率是人体在规定条件的最短时间内完成动作的能力。它广泛地表现在乒乓球运动中，如简单反应和复杂反应的速率、单个动作和结合动作的速率、动作节奏和移动上的速率等。速率的发展与神经系统的发育有密切的联系，中枢神经过程的灵活性、兴奋性是发展速率的生理学、心理学基础，对于大学生来说，神经系统的运动机能已经达到了最大值，训练时应采用动作的自然形式和定型的完成动作的方法，增加专项练习内容的比重，同时尽量地避免动作失去轻松自如而显得僵硬。培养动作速率的有效手段是：各种球类活动，各种形式的短距离跑、跳、投、体操技巧练习等。要注意在每一种形式的运动中掌握几个有代表性的动作，如短跑，可采用各种刺激信号后的冲刺，改变预备姿势和跑的各种姿势与方向，在跑中增加一些附加动作，与游戏结合等。要注意将已有的各种速率逐渐向专项运动方面转移，尽可能设计那些与专项技术动作相似的练习，如看手势做各种方向的步法移动等。

第三节　乒乓球灵敏素质训练方法

乒乓球比赛中，双方运动员谁判断快、反应快、启动快、摆臂快、移动快、动作和方向变化快，谁就能在快速而复杂多变的比赛中，把握每个有利时机，争取主动，赢得最后胜利。由此可以看出，灵敏素质并非脱离的独立存在的，而是与速度素质、力量素质以及柔韧素质有着不可分割的联系。在乒乓球运动中，其更像是数种素质的集中体现。

一、灵敏素质对于乒乓球运动员的重要意义

所谓灵敏素质，是指人体在各种复杂的条件下，快速、协调、准确、灵活地完成动作的能力。发展灵敏素质有助于发展反应、起动、急停、变换方向的速度，能更快地、精确省力地掌握各种复杂的技术和战术。灵敏素质的发展，可充分发挥机体的速度、力量和耐力，促进运动成绩的提高。因此可以看出，灵敏素质在提高动作和移动速度方面有着特殊的作用。一是保证动作和移动达到所要求的程度；二是决定动作和移动的准确程度（包括时间的、空间的、力量的）；三是使学生具有迅速掌握新动作或根据突然变化迅速变换动作和改变运动方向的能力。

二、高校公体课乒乓球专项灵敏素质的训练方法

纵观我国高校乒乓球教学现状，学生的乒乓球运动能力并不理想。造成这一不良现象的根源在于，忽略了培养学生在乒乓球运动中的灵敏性，极大程度地影响了学生乒乓球技能的提升，因此，提高学生的灵敏性在高校乒乓球教学中成为教师迫在眉睫的工作重点。教师掌握灵敏性训练的方法是极其必要的。

在高校乒乓球教学中，绳梯训练是一种常见的训练方式。绳梯训练对学生的多重感官都能产生一定的刺激，包括听觉、视觉、自身位置的感知等。通过绳梯训练，学生能够在极短的时间内完成预判、走位，身体也能做出相应的决策反应，进而能有效激活学生在乒乓球运动中的灵敏性。绳梯训练的主要内容包括四个方面：第一，下肢灵敏性训练。教师可通过急停垫步跑、高抬腿、侧向进退步等方式锻炼学生的下肢灵敏性。在训练过程中，教师应该指导学生动作的规范性，督促学生加快运动速度，提高下肢的灵敏和轻盈程度。第二，下肢反应力量训练。乒乓球运动对学生的下肢力量要求较高，下肢反应力量性训练

可以有效强化学生的下肢肌肉力量。教师可通过开合跳、开合后踢跳、侧向开合跳等方式锻炼学生的下肢反应力量，为提高灵敏性做好充分的准备工作。第三，髋关节活动训练。髋关节是人体的主要支撑协调部位，乒乓球运动中也需要髋关节的大量参与。教师可以通过正、侧向剪刀跳、交叉步等方式锻炼学生的髋关节反应能力。第四，上肢动作训练。乒乓球运动是建立在上下肢协调的基础之上的，教师在绳梯训练中除了要加强学生的下肢灵敏性之外，也不能忽略上肢的灵敏度训练。教师可以通过俯卧撑组合、原地组合、间组合等训练方式锻炼学生的上肢。在这项训练中，教师需要注意的是，训练内容要由易到难，训练强度要由弱到强，训练速度要由慢到快，使学生能够逐渐适应训练强度，循序渐进地提高上肢的力量和灵敏度。

此外，障碍物训练是一种创新的乒乓球教学手段。通过障碍物训练，学生可以在短时间内做出判断和反应，对学生运动反应能力和运动灵敏性的提高大有裨益。因此，教师在锻炼学生的灵敏性时，除了对学生自身的肌肉力量和反应能力进行训练之外，还可以利用教学工具设置障碍，增加障碍物训练，丰富乒乓球教学形式，调动学生参与灵敏性提升训练的热情。例如，在进行乒乓球“传球”训练时，教师可以在传球范围内布设网篮，引导学生传球时尽量避开网篮。障碍物会让学生的训练注意力更加集中，为了避免球被网篮拦截，学生会根据球的来向快速做出判断，准确出拍，在此过程中学生的乒乓球运动技能和灵敏性都得到了显著的提升。

第四节　乒乓球耐力素质训练方法

乒乓球作为一项重要的体育比赛，近些年一直在发展变化，如竞赛规则、球的大小及材质、黏合剂的使用等都发生了改变，这些变化也直接导致了运动员在击打球时需要更大的力量来适应。随着乒乓球比赛对运动员耐力素质要求的提高，日常训练中的运动量也需要随之改变。在使用40毫米的新材料球之后，使乒乓球运动员的击球质量发生了明显变化。特别是以速度，旋转和技巧为主要打法的运动员受到了极大的影响；而对于运用主动发力方法打球的运动员影响较小，他们的耐力基本上可以跟上新的打法要求。

一、耐力素质对于乒乓球运动员的重要意义

当今世界乒乓球耐力素质面临两个共同的问题，即如何提升耐力极限，如何将身体耐

力素质与乒乓球运动技术相结合。在这种情况下，乒乓球运动都面临着一个非常严峻的问题，就是运动员仅仅通过常规的体能耐力素质训练方法进行耐力素质训练，在一定时间内可以收到明显的效果，但在实战中却收效甚微，并不能满足竞技的要求。解决好这个问题才是制胜的关键。

乒乓球运动的专项耐力，是一种灵敏与速度相结合、强度与速度不断转换的耐力素质。运动员的专项耐力差，必然会影响击球的速度、力量、旋转、动作等方面，直接对比赛结果产生影响。特别是世界乒坛在打法上、技术上不断地发展与创新，比赛的回合越来越多，时间越来越长，比赛的观赏性越来越强。运动员比赛时要承受较大的运动强度。我们常常会看到一些大赛上的比赛后期，由于运动员体力不支而导致比赛的失利。实践证明，乒乓球运动员不仅要坚持一般耐力练习，还要加强专项耐力素质的练习，因为没有任何一种耐力素质能够满足所有运动项目的需要，所以采用强度低、次数多的练习能较好地提升乒乓球运动员的专项耐力素质。

二、影响高校学生耐力素质发展的生理因素

乒乓球运动是一项中等运动强度的、以有氧代谢为主和瞬间发力的无氧代谢运动相结合的运动项目。其机体代谢方式主要通过 ATP 供能，ATP 是肌肉收缩的直接来源，供给 ATP 的途径有三条：ATP-CP 系统、乳酸代谢系统、有氧代谢系统。其中前两个系统不需要氧气。因此，在高水平乒乓球员的训练中更加注重速度耐力的训练，即主要发展 ATP~CP 系统和乳酸代谢系统。而对于高校大学生，其技术水平并不能与专业运动员相提并论，因此，需要采用切合学生实际情况的耐力训练内容，选择以有氧代谢系统供能为主，无氧代谢系统供能为辅的训练方式更易被大学生所接受。

三、高校公体课乒乓球专项耐力素质的训练方法

在乒乓球的专项课程中，训练乒乓球技术动作的同时应该训练耐力素质，这样可以使大学生的耐力素质和技术动作有机结合，更重要的是能提高训练质量，使训练出来的竞技技术更加符合教学大纲的要求。在技术动作训练的同时，可以加入耐力训练的方法。例如，可在大学生做完一组或者训练完一个技术动作后，插入一组折返跑，或者加练一组俯卧撑；同时在进行一些薄弱的技术动作训练时，注意加强耐力素质的训练，或者在训练结束之后或者在体能训练之后，再对自己薄弱的技术动作进行 2~4 组的训练，这种训练方法可以不断提高大学生耐力素质，同时也能将技术动作加强。

在发展大学生耐力素质方法中，通常采用速度耐力训练方法、力量耐力训练方法以及综合耐力训练方法三种。速度耐力的训练可以采用单个或各种结合性技术原地无球模仿练习。在保证技术动作完整正确的前提下，限制个数与时间，例如，正手攻球 100 个/min，共 3 组，组间间歇 30s。力量耐力的训练可以采用加重球拍或手臂、腿部绑沙袋等形式进行技术动作练习，做正反手攻球动作，手臂有酸胀感时，停下间歇 30s，反复 3~5 组。综合耐力的训练方法可以采用小场地接力跑比赛的方式。将所有队员分成两组进行接力跑、接力蛙跳比赛，要求学生全力以赴，注意避免运动损伤，按实战要求进行比赛，按照实战的技、战术要求完成各项训练指标。

第五节 乒乓球柔韧素质训练方法

乒乓球运动究其特点来看，它是一种技巧性相当强的运动项目，由于球的速度快，运动员要在极其短的时间里变换击球动作，才能适应比赛中各种复杂的情况，这就要求运动员伸缩自如，因此，运动员必须具备较强的柔韧素质。

一、柔韧素质对于乒乓球运动员的重要意义

柔韧素质是指人体完成大幅度动作的能力，它是身体素质中不可缺少的重要环节，对于乒乓球运动员来说更是一种必不可少的身体素质。从当今乒乓球技术发展方向来看，若想达到熟练掌握“全方位”打法，把旋转和速度融为一体，特别是台内小球的处理上，必须具备较好的柔韧性。从我国乒乓球运动员对身体训练的理解来看，良好的柔韧性可加大动作幅度，提高关节的灵活性和肌肉的弹性，并且可以使动作省力，这些都是有效地发展其他素质的条件和物质基础。因此，不论是从全面身体训练，还是从专项身体训练来看，都应该重视身体柔韧性的训练，为运动员的发展力量、速度、灵敏素质提供良好的保障。

综上所述，柔韧素质对于训练中的动作调整或改进动作具有较大的作用，同时在预防运动员受伤能力中具有重要意义。加强柔韧素质是乒乓球训练中必不可少的项目，在青少年时期抓住柔韧素质的训练是至关重要的。

二、影响高校学生柔韧素质发展的生理因素

松弛激素是影响人体柔韧素质发展的重要先天性生理因素，其在性别差异上表现明

显，通常女性的松弛激素分泌高于男性。后天因素则取决于肌肉韧带组织的弹性、关节的骨结构，以及神经系统的灵活性兴奋和传导过程的抑制性。

首先，肌肉韧带组织的弹性不仅取决于性别和年龄，还取决于中枢神经系统的兴奋程度，情绪高涨时，柔韧性增强。柔韧性训练应从儿童开始，练习时的情绪不应被忽视。其次，关节的骨结构是一个不易改变的因素，这基本上是遗传决定的。如果先天性骨盆的形状平坦，则关节开口良好，关节周围组织的大小对关节运动范围的影响有限，训练受先天的影响。如果某些肌肉的体积增大，将影响周围关节的运动范围。因此，高校学生控制肌肉体积的增加是极其重要的。最后，神经系统的灵活性、兴奋和过程转换的抑制与运动中肌肉的基本张力有关，尤其是中枢神经系统的调节对于改善肌肉协调性、改善肌肉张力和放松非常重要。这就是我们通常说的，要求大学生做动作来放松。研究表明，训练水平高的人有很强的随意放松能力，这与支配中枢神经系统骨骼的神经细胞的抑制深度有关。

三、高校公体课乒乓球专项柔韧素质的训练方法

柔韧素质的训练对于其他素质练习既有促进作用，又有放松的作用。例如，先进行肩关节的柔韧练习，然后进行速度力量的练习会形成训练的协同效应，这是由于柔韧练习可以使肌肉弹性得到改善，进而提高速度和力量练习的质量与效率。而在速度力量练习后进行柔韧性训练，又可以使原动肌拉长放松，避免运动损伤。

由于高校乒乓球公体课程的主体教学内容较多，柔韧素质的训练通常夹杂在力量训练、耐力训练、速度训练以及灵敏训练中。其方法主要有以下几点：在进行乒乓球的腹部力量训练中，通常采用仰卧起坐的方法，在训练结束后，尽力拉伸使身体前曲，停顿5~10秒。在进行柔韧结合力量训练时应注意，负荷重量适宜，特别是体质较差的大学生更应遵从循序渐进的训练原则，用力速度也应该从慢到快、由浅入深，以免发生运动损伤。

在柔韧素质结合耐力训练中，通常采用多球训练和长跑的训练方法，使全身或关节肌肉柔韧性得到改善，可减缓肌纤维和韧带的摩擦。在耐力训练之后，结合柔韧训练可以达到放松与加快恢复的目的。在进行准备活动时，压肩、压腿等运动可以起到改善关节的运动幅度的作用，进而防止运动中肌肉和关节的损伤。

第六节 乒乓球课程安全防护知识

乒乓球运动虽然场地较小，但由于其速度快、变化多，故运动量也是较大的，尤其以腰背部及上肢运动为主，如果长期超负荷地进行此项运动就难免会对相关部位造成损伤。学生如何防止运动中受伤也是我们都比较关注的问题，平时除了要多了解校园运动知识之外，还要多注意学生乒乓球运动的安全防护与急救，这样才能做到临危不乱。

一、乒乓球课程中易出现的安全隐患

首先，乒乓球课程中产生的机体损伤等安全问题的主观原因主要有：在思想方面，对运动损伤的认知不足，没有引起高度重视；在准备活动中不够充分，身体没有完全活动开，相关研究表明，造成运动损伤的主要原因就是准备活动不合理或不够充分；技术上的错误或缺点也会导致运动技术动作的错误，违背了人体结构科学，易造成运动损伤。

其次，训练计划不科学也是引发学生机体损伤等安全问题的客观原因。在训练课程中运动负荷超过了人体能够承受的负荷，就会造成肌肉劳损，引发损伤。场地或运动防护装备不能满足要求会导致机体损伤，如场地太硬或太滑、表面不光滑或有裂缝、器械不合格、缺乏必要的防护用具、运动服装鞋袜不符合运动要求等。此外，不良气候的影响也会导致运动损伤和安全事故的发生，气温过高或过低，能见度、潮湿度等都会造成较大影响。

二、高校乒乓球课程中防伤害策略

高校体育教师应在课程中预防学生机体损伤等安全问题的发生，因此，必须做到以下几点：（1）教师要结合学生的年龄、性别、体质状况、运动技术水平、器材和场地的情况，认真研究教材，制订详细、合理、科学的训练计划。（2）进行安全保护教育。在平时的训练中应时常提醒学生进行有效的自我保护，提高学生的安全意识，使学生认识到只有做好安全防范措施，才能在终身运动的追逐中有好的发展。（3）学生每次训练前要认真做好准备活动。除了要有常规性的准备活动，还要有针对性的专项准备活动，但运动量不宜太大，以身体感到发热、微微出汗为宜。准备活动结束后，注意保暖，以免时间过长造成身体发凉，失去准备活动的意义。（4）循序渐进地加强关节、腰等易伤部位的锻炼，如为防止膝关节的受伤、髌骨劳损，就应加强股四头肌的训练，如“站桩”、“蛙跳”、台阶跳和大强度的跳跃练习等。（5）学生要做好自我保健工作，加强体育保健知识的宣传和教育，并且学习简单的急救知识和简单的处理方法，增强自我保护意识。（6）在高校体育训练的过程中，科学防范是非常重要的。只有对运动科学知识进行全面的普及和推广，才能够让体育运动获得更好的发展。（7）为了降低高校体育训练中运动伤害的发生概率，高校应重视硬件设备和体育环境等各方面存在的问题，否则很有可能会造成学生的运动伤害。（8）在高校体育训练的过程中，为了能够有效防范可能产生的运动伤害，高校需要结合自身的实际情况，让体能测试更加完善，或是利用一些更加专业的检测设备等，通过这样的方式可以对学生体能进行科学把关，让体育训练更加具有科学性。（9）在体育训练过程中，教师要训练学生，及时监督学生。对课堂纪律要严格监管，在学生产生危险动作时要及时纠正，并且说出动作的严重性和危险性。教师要具有风险防范意识，及时预估可能会产生的风险，并及时解决。

三、乒乓球课程的具体安全要求及教师应对措施

首先，高校教师应根据乒乓球课程在开展中活动量大、活动形式多样的特点，对着装提出具体的要求，主要分为以下七点内容：衣服上不要别胸针、校徽、证章等；上衣、裤子口袋里不要装钥匙、小刀等坚硬、尖锐锋利的物品；不要佩戴各种金属或玻璃质地的装饰物，头上不要戴各种发卡；患有近视的同学，如果不戴眼镜可以上体育课，就尽量不要戴眼镜，如果必须戴眼镜，做动作时一定要小心谨慎；做垫上运动时，必须摘下眼镜；不要穿塑料底的鞋或皮鞋，应当穿球鞋或一般胶底布鞋；衣服要宽松合体，最好不穿纽扣多、拉锁多或者有金属饰物的服装。

此外，针对高校以往体育课程开展中所遇到的安全性实际问题和当下各位体育教师在教学开展中存在的课程安全隐患，教师应具体通过：体育课应注意的安全事项和安全隐患的防范两个方面分开进行归纳总结并提出具体的应对方案。关于体育课程安全事项，教师需要提出以下四点注意的环节。

1. 在做击球动作时不要两手放入衣服口袋，更不能相互推搡。

2. 在进行对抗性练习时，要遵守规则，因为这时人精力集中在竞技之中，思想上毫无戒备。一旦绊倒，就可能严重受伤。

3. 俯卧撑、仰卧起坐等垫上运动的项目，做动作时要严肃认真，不能打闹，以免发生扭伤。

4. 特殊身体情况的人群，教师需要提前发现、提前了解以及促进身体恢复。

复习思考题

1. 你认为乒乓球运动对哪项身体素质的要求最高，支撑你观点的理由是什么？
2. 你认为乒乓球运动是有氧运动还是无氧运动，支撑你观点的理由是什么？
3. 针对不同人群，乒乓球专项训练内容、方法、原则有何不同？

第五章　乒乓球课堂教学理论与方法

本章导读：

本章主要从乒乓球课堂教学的特点与过程、乒乓球课堂教学方法、训练方法在乒乓球教学课堂中的应用、乒乓球课堂教学顺序、乒乓球课堂教学组织以及教学创新等方面来阐述乒乓球课堂教学理论与方法，介绍通过课堂教学达到提升学生体质、提高乒乓球技术水平的路径。

第一节　乒乓球课堂教学的特点与过程

进行乒乓球课堂教学之前首先要清楚乒乓球教学的特点以及乒乓球教学的课程。乒乓球是一种小球运动，要根据其特点展开教学，以提高学生乒乓球技术水平，达到最终教学目标。

一、乒乓球课堂教学的特点

乒乓球运动的特点。乒乓球运动的特点是球小、速度快、变化多端、趣味性强，设备比较简单，不受年龄、性别和身体条件的限制，适应性广，运动价值高。它相对容易执行和普及，乒乓球运动室内室外均可开展，运动量可控性强，很容易被大众接受。乒乓球项目分为单项、双打和团体项目，团队活动通过小组来实现。因此，经常参加乒乓球运动，不仅可以锻炼身体的敏捷性和协调性，提高身体的各项功能，还可以培养独立思考、个人战斗和团队合作的精神。此外，乒乓球具有专业性强的特点，对运动员的身体柔韧性、协调性和反应能力等体能要求较高。其技术动作具有一定的特殊性，不能从其他运动项目的动作技术中借鉴，因而乒乓球的技术动作定型时间长，练习周期长。在比赛中，乒乓球对运动员的心理素质要求比其他项目更高，同时对运动员的现场心理状态和抗压能力也有更大的考验。在乒乓球课堂教学中，应遵循乒乓球项目的客观规律。目前，高校的乒乓球课程大多采用选修课的形式，大多数教师采用三阶段教学法，即准备阶段、基础阶段和完成阶段。一般的教学方式是从教师的讲解、示范，到学生的实践，再到既定的巩固和提高模式。

二、乒乓球课堂教学过程

从高校乒乓球选修课的实际情况来看，大部分高校都是根据学生的兴趣爱好分班教学的，其结果往往是一个班级学生的水平和技能存在明显的差异。首先，关于技能的教学方法。在传统的乒乓球教学中，有很多教学方法，如语言教学法、直观模拟法、动作分解法、练习法等。随着多媒体技术的不断发展，通过现代多媒体技术在教学中的应用，对教学方法进行了改革和优化，有效地激发了学生的学习兴趣和积极性，有利于充分发掘学生的内在潜能，加速学生对乒乓球技术的理解和学习掌握。其次，在技能掌握之后适当进行比赛。在学习的后期，要适当组织一些课内比赛，以比赛的形式进行教学，让学生在与对手的比赛中提高自己的球技，通过比赛向学生传授乒乓球规则和裁判规则，让学生在生动的比赛中加以理解和体验，而不只是用简单的理论课来教学。这样才能更深入更有效地达到教学目标。

乒乓球教学过程所包含的基础内容主要包括：推挡、搓球和攻球（三项基本技术），以及发球、步法、比赛、技术组合等几个方面。

（一）推挡、搓球和攻球教学

高校教学中基本都侧重于反手位推挡、反手位搓球及正手位近台快攻。推挡是我国左推右攻打法的主要技术之一，也是其他打法必须掌握的技术。在普通高校的乒乓球教学中，推挡技术也是基础的基础，是学习其他技术的前提。所以每个乒乓球教师都把它作为重点和考核项目。搓球是一种在桌子附近击球的技术。在调查中发现，一些高校将其解释为不同于回程上旋球的一种旋转技术，为提高班学习弧圈球打下基础，也是考核中的选修项目。正手进攻是正手位置最重要的技能之一，各高校也将其作为教学的重点和难点，也是必修的技术项目。

（二）发球教学

发球是唯一不受对手影响的技术。它可以根据自己的主观意志站在任何位置，发出任何路线、落点、旋转和弧线的球。在普通的大学教学中，发球与接发球一般是同时解释的。教学内容以八个基本发球方式为基础，从简单到复杂，从易到难。这八种发球方式分别是长球（奔球）、短球（近网下旋球）、左侧旋球、右侧旋球、左侧下旋球、右侧下旋球、左侧上旋球、右侧上旋球。由于发球技术与比赛的应用密切相关，是否将发球作为考核的项目，各个高校的要求是不同的，在教学中一些教师更注重基本技能的巩固和掌握，并将发球作为教学内容进行介绍。

（三）步法教学

在普通高校乒乓球练习课的教学中，步法技术的教学是最容易被忽视的。步法教学比较单调，学生不愿意机械地练习步法，从步法本身来看，只有在实战应用中才有效。因此，如何让学生在练习中自觉地运用合理的步法来击球，是步法教学的重点和难点。乒乓球的基本步法有五种：单步、滑步、跨步、侧身步、交叉步。从调查和访谈中发现，少数教师从“步法是乒乓球的灵魂和生命”的角度，将步法教学与考核作为重点教学内容之一。

（四）比赛教学

在普通高校的乒乓球教学中，学生普遍有强烈地使用技术的欲望，比赛教学是能够更好地满足学生需求的方式之一。各高校乒乓球教学都非常重视技术的应用，在教学计划和教学任务中都强调了这一点。不同的是，不同的高校有不同的比赛教学时间。有的学校简易到只进行一次小组不记名次比赛，不设排名；有的学校有比较正式的单打和团体赛，比赛的名次与课程的最终成绩挂钩，在比赛教学中，还穿插了裁判法知识的讲解。裁判法知识主要包括：单打、双打现场记分；团队赛制等，一些简单的裁判知识。

（五）组合技术教学

在普通高校的乒乓球基础教学中，最常见的组合技术有左推（拨）右攻和推挡侧身攻。这两种组合技术是反手推和正手攻击结合滑步和侧步的组合，对于学生的控球能力和协调性有较高的要求，大多数老师将其视为介绍内容。

第二节　乒乓球课堂教学方法

乒乓球教学同其他运动有相通之处，常见的体育教学方法可以在乒乓球教学中加以运用。本节介绍完整—分解教学法、领会教学法、探究教学法和阶梯式教学法如何指导乒乓球教学。

一、完整—分解教学法

完整教学法和分解教学法可以同时使用，了解完整教学法和分解教学法之间的紧密联系，可以对完整的动作进行演示和讲解，让学生形成整个动作的整体印象，然后一步步讲解动作的各个环节，在保证整体动作概念的同时，可以清晰地了解具体动作细节。使用分解教学法时，必须明确分解教学法的教学目标和教学过程，把握好技术的主要环节。在教学过程中，教师要善于引导，在动作分解的过程中逐渐过渡到完整的动作。此外，在使用完整教学法时，应采用其他辅助手段，降低动作难度，鼓励学生，帮助他们建立自信心。完整教学法和分解教学法是体育教学中重要的教学方法，正确地运用，可促使学生掌握动作技巧，增强学生的学习兴趣。

传统的教学模式以教师为主，分解动作，不断纠正教学过程中的错误，提高学生的技术水平。这种教学方式比较适合培养专业技术人才。完整—分解教学法更适合有限的乒乓球课程。对于一些零基础的学生来说，更重要的是培养他们对乒乓球的兴趣，在课堂上获得一些成就感，让他们在课后更积极地学习乒乓球知识和技巧。因此，在有限的乒乓球课程中，要善于使用完整—分解教学法。在教学过程中，不是简单的分解动作，当学生遇到问题时，教师首先想到的不是告诉学生该做什么，而是告诉学生如何解决，让学生独立思考，独立解决问题，消化吸收乒乓球动作要领。

二、领会教学法

近年来，我国教育工作者不断探索研究并提出领会性教学法，以改变传统的技术性教学模式，进一步强调学生的学习兴趣和认知能力，通过技能展示、动作完成等，让学生从整体上了解体育运动的基本概况。领会教学法作为教育领域的最新研究成果，在教学方面具有巨大优势。首先，了解教学方法有利于培养学生的综合观察能力，让学生根据所学的技战术做出判断，选择最佳的行动路线。其次，在教学方法转变前了解“局部开始分解教学”的教学模式，从一开始就培养学生的整体意识，有利于学生快速形成球意识的运动观念。可以说，领会式教学法符合高校体育教学改革的发展需要，在激发学生学习积极性、培养学生认知能力、促进教学质量提高等方面具有巨大的教学优势。目前，领会式教学法在我国高校乒乓球教学过程中得到了广泛的推广和应用。

领会式教学法在高校乒乓球教学中的应用是高校体育教学改革发展的必然结果。了解教学方法有利于培养学生终身体育教育的意识，符合当今体育教学“健康第一”的教学宗旨。此外，通过了解教学方法，合理使用乒乓球教学器材，培养学生对乒乓球运动的整体复习意识，充分利用乒乓球运动随机性和灵活性的特点，进一步培养学生的战术意识和实践能力。此外，领会教学法在正确处理整体和分解的学习方式方面具有独特的优势。领会教学法从整个乒乓球项目开始，建立整体意识，再到局部，由简到繁，循序渐进，易于学生理解和接受。可以说，领会教学方法是提高教学质量的有效途径。

在运用领会教学方法时要注意：

借鉴国外先进的乒乓球教学理念和教学模式，与时俱进，积极转变传统乒乓球技巧教学法的教学理念，重视对乒乓球领会教学法的教学。着力改变乒乓球教师对领会性教学法的看法，使其得到进一步推广，有利于改变传统的乒乓球技术教学模式，提高乒乓球教学质量。

充分利用信息时代的新技术创新和丰富乒乓球教学方法。例如，引入多媒体教学，通过视频图片课件进行乒乓球教学，不仅可以激发学生学习乒乓球的兴趣，还可以将抽象的乒乓球理论知识具体化；通过多维度展示乒乓球的生动形象，不仅有利于学生了解和学习乒乓球，更有利于乒乓球教学质量的提高。例如，对于乒乓球队格斗技术的讲解，纯口语的效果显然很枯燥，但结合多媒体 3D 动画的乒乓球教学演示则更加生动具体，击球路线一目了然。

改善乒乓球教学环境。国家应重视高校体育和乒乓球教学，逐步改善乒乓球教学环境。例如，引进先进的乒乓球教学设备，改变乒乓球教学场所，完善乒乓球运动设施等。此外，利用多媒体进行乒乓球教学也是当今教学的一大趋势。因此，乒乓球教学中还应配备多媒体等先进教学设备。

三、探究教学法

探究式教学是指教师通过营造合理的教学氛围，引导学生积极进行探究式学习的一种教学方法。探究式学习由美国著名生物学家施瓦布提出。作为一种教育方法，通过给学生提供真实的问题情境，学生可以主动形成探究知识的技能，主动获取知识，扩展学生的知识、实践能力。由此可见，探究式教学让学生利用科学探究的意识，在教师的指导下参与课程教学，引导学生发现和解决问题，拓宽学生获取知识的途径。“探究式教学法”这种教学模式以教师和学生为主体，将学生融入课堂教学的关键环节，在高校体育乒乓球教学与实践中，要求大学生在课堂上具有较快的现场适应能力，对乒乓球的落点有较准确的判断，以学生自身扎实的基本素质为重。教师起引领和引导作用，在具体的学习和实践过程中帮助学生不断提出建议，不断探索解决问题的措施和可能的解决方案。这样，学生就可以在理性学习和研究中最大限度地积极参与课堂教学，积极改变自己的思维方式和学习方法。根据上述内容和以往的数据研究可知，探究式教学法对高校乒乓球教学效果具有重要的现实意义。因此，高校体育教师应积极加强对这种教学方法的研究。在传统教学过程的基础上，注重运用探究式教学方法开展课堂活动，为提高高校体育课堂教学效率作出卓有成效的贡献。

探究式教学法应注重探究式学习的过程。首先，高校体育乒乓球课堂的探索性教学，最重要的是让学生提出问题，投入乒乓球课堂的探索中。其中，学生提出的问题可以来自各个领域，也可以来自“学生、教师、教材、网络媒体”等不同层次。提出问题意味着一个好的开始，高校体育教师的作用是引导学生正确识别哪些问题需要进一步研究，帮助学生找出具有研究意义、便于实际操作的体育问题。其次，在高校体育教师的研究和指导下，学生根据对实际案例的理解和相关体育专业知识的逻辑推理，找到与研究课题的逻辑关系及其他层次的案例分析解释。在具体高校体育课的教学过程中，由于学生文化知识水平有限，学生的提问和资料收集可能不完整，精度也可能较低。因此，我们必须重视高校体育教师在研究中发挥的重要作用。在把握客观规律的基础上，教育学生以更加积极的态度去面对实验结果的不足，并在教师的指导下，找到正确的解决办法。在高校乒乓球运动专项课程的起步阶段，高校教师可以从乒乓球文化渊源等具体材料入手，让学生对乒乓球相关知识有深入细致的了解，如运动技能、发球方式、发展历程等，通过课堂上的文字资料、历史图片、优秀运动员的动作视频等，让学生对乒乓球相关内容有深入的了解。最后，学生将通过参加大学体育乒乓球课等具体的实践研究，得出相应的研究成果。在此基础上，学生可以在课堂上展示和讨论自己的成果，最终由高校体育教师给予相应的指导，对每个学生获得的研究成果进行综合评价。在评价学生研究成果的过程中，教师要注重以下几点：要求学生在大学体育课堂上以自己熟悉的方式创造和呈现研究成果；教授思维、创造力和解决问题的能力；采用多维度的评价标准，对学生的研究成果和在研究活动中的具体表现进行最终评价和评分。

探索性教学法应用于高校体育乒乓球教学，主要是通过科学验证的方法，加强对乒乓球技术的记忆，从而帮助学生有效提高乒乓球技术水平。通过在短时间内重复运动技能，高校学生可以不断重复乒乓球的视觉技能，达到巩固和提高的目的。这种教学方式与传统模式有很大不同。如果在实际练习过程中运用得当，不仅可以对大学生进行乒乓球技能专项训练，还可以提高高校教师的体育课堂教学水平。效率。探究式教学法可以着重引导和培养学生在实践过程中形成主动学习的良好模式，不仅有利于高校学生在体育课堂上掌握乒乓球相关技能，同时也帮助学生改进他们的思维方式。还有利于身体健康意识的转变和逐步发展。

在运用探究教学法时要注意以下几点。

课堂开放。课堂上，体育教师需要向所有学生讲解和示范乒乓球动作。在这个教学过程中，学生要积极参与乒乓球技巧的学习，积极探索不同发球要领等动作技巧的形成过程。例如，教师可以引导学生为学生示范正确的乒乓球发球动作，然后让学生根据自己掌握的乒乓球动作规则，自行建立不同乒乓球动作要领之间的连贯性。

探究式教学法是高校体育乒乓球课堂的重要尝试，应在以往乒乓球教学经验的基础上加以推广。在大学体育课中选择和采用探究式教学方法时，要针对学生的不同年龄阶段，综合考虑学生能够掌握的乒乓球技术和体能水平。学生学习的应该是乒乓球领域的关键知识，相对于学生掌握乒乓球发球技巧等项目更为重要。

围绕学生和教师两个重要主体。高校教师的作用是引导和启发学生，而学生要做的关键步骤是：积极参与课堂内容；配合教师完成提问、资料收集、学习等环节；独立调查。教师应及时关注学生在本课题研究过程中提出的问题，及时对学生进行思考和资料收集方面的指导，这使学生能够从被动接受课堂内容转变为主动学习和研究。

四、阶梯式教学法

受经济、文化、教育、家庭等方面的影响，普通大学生身心发展是不均衡的，个体身心发展不同，在体育知识的学习中就会出现不同的学习效果和技能。教学中，教师不能正确地认识和对待这种差异，教给学生相同的标准、相同的教学内容、选择相同的教学方法，势必影响学生学习体育知识和技能的积极性。阶梯式教学法尊重学生的个体差异，充分认识到学生身心发展的不平衡，合理科学地对待学生，建立灵活的提升机制，激发学生的竞争意识，满足学生的精神需求，促进学生身心发展，让所有学生都能体验到学习成功的喜悦。

阶梯式教学法是根据班级教学体系的教学组织形式，将不同运动能力、技能学习水平和身心素质发展水平的学生分为两个阶梯。新的教学内容讲授时，全体学生集体学习，使学生树立正确的动作观念和动作方法。在练习过程中，不同阶梯的学生在本阶梯练习，并接受教师的目标设定和内容安排。在对基本技能有了更好的理解和掌握之后，第一步的学生帮助第二步的学生一起提高。因为学生引导学生，学生觉得更多的是相互交流和学习，而不是教师的灌输学习，让他们能更愉快地接受。对于第一步的学生来说，他们扮演着学习者和指导者的角色，角色的转变使他们在知识和技能的学习中更加积极，更好地理解。在学生指导学生的过程中，教师巡视课堂，集中纠正集体出现的错误，个别指导个别错误。同时，更重要的是要关注更多的特殊学生，让他们也能基本掌握知识技能，体验运动的魅力。在“学”“教”“行”角色转变的过程中，更好地体验学习的兴趣、教师成功的喜悦，从而提高学生的学习积极性和主动性。全方位提高教学效果，保证教学质量，完成全面素质教育的教学目标。

阶梯式的教学方法充分尊重学生在课堂学习中的主体地位，让学生在相互学习、相互帮助下积极、创造性地完成运动技能的学习。从整个教学设计来看，课程开始时，根据学生的不同，划分为不同的梯队，针对不同梯队的学生制定不同的教学目标，安排不同的教学资料，所以因材施教，科学性强，针对性强。学生在同梯队相互学习后，对运动技能有了基本的了解和掌握。经过不同阶梯的交叉学习，高层次的学生作为指导者，为了更好地指导低层次的学生，不断探索技能的内涵和教学方法，加深对技能的理解和应用。在同学们的指导下，并以他们为榜样，低水平的学生也可以主动学习运动技能，从而更好地促进运动技能的学习和掌握。阶梯式教学法的教学设计以运动技能的学习为载体，在提高学生身体素质、增强学生体质的基础上，更加注重学生心理素质和体能的培养。例如，设置不同的阶梯和动态调整机制，可以更好地培养学生的竞争力。在不同层次的交叉学习过程中，更注重培养学生团结协作的能力。在“学”、“练”、“教”的过程中，教师既是教授者，又是引导者，能满足学生心理上的认同感和归属感，顺应社会发展的需要，快乐工作和生活。阶梯式教学法的教学设计理念不仅促进了学生体质的提高和运动技能的掌握，更注重学生竞争精神、自我探索精神、团结协作精神等优秀品质的培养，因此，科学有效地实施阶梯式教学法，对培养学生适应社会的能力有很好的效果。阶梯式教学法的教学设计是以培养学生的自学能力为主要目标之一，对于高水平的学生来说，要想成为优秀的运动技能指导者，就必须精通运动技能，熟悉运动技能的教学方法，科学合理地运用。仅通过在课堂上教授，这些知识和能力是很难获得的。对于低水平的学生来说，为了获得认同感和归属感，他们需要不断地学习，达到同样的水平。在科学合理的教学设计基础上，阶梯式教学法的动态调整机制也极大地促进了学生自主学习能力的培养。

阶梯教学中应注意以下几点。

阶梯的划分可根据班级学生人数和学生的实际情况进行。如果学生人数多，阶梯差异明显，可以分为三层甚至四层。阶梯提出了合理的教学目标和教学内容，更符合“最近发展区”的教育理念。

普通高校乒乓球运动的普及和发展需要学校领导、工会组织、体育教师和学生的共同努力，不可能一蹴而就。可以适当组织一些乒乓球比赛，促进学生的积极参与，从而改善整个校园的乒乓球氛围。

在实施阶梯教学法的初期，需要将学生分成不同的层次。划分的标准根据项目需要来设定，既能体现项目的特点，又能考虑学生的心理情绪，确保循序渐进顺利实施。

阶梯式教学法是一种新型教学法，是对传统教学法的继承和发展。使用时，还应综合运用其他先进、科学的教学方法，提高课堂教学效果和教学质量。阶梯式教学法的教学设计以学生为学习主体，通过合理的阶梯划分，使学生积极参与学习过程。教师真正成为导师。对学生实践过程中出现的问题提供必要的指导。师生关系也从知识技能的强迫者和被动接受者转变为指导者和主动探索者，在活跃课堂气氛的同时，也更好地改善了师生关系，从而提高了教学质量和课堂学习效果。

第三节　训练方法在乒乓球课堂教学中的应用

体育教师对学生进行乒乓球训练的前提是进行明确的教学。在乒乓球教学中乒乓球训练是必不可少的。乒乓球技术的提高需要大量的练习，因此运动训练学中的训练方法在乒乓球课堂教学中也是必不可少的。本节主要对表象训练法、变换训练法、间歇训练法、多球训练法在乒乓球教学中的运用进行介绍。

一、表象训练法

表象是指“在没有外部刺激的情况下，回忆和排练大脑中存储的感觉和体验的过程”。表象包括所有感官的作用，如听觉、视觉和触觉，以及身体反应等。运动时，身体的反应具有特殊的功能，因此运动所需的感觉非常重要。在教学中采取意象训练的手段，提高人的主观能动性，充分发挥大脑思维的功能，将训练与想象相结合，可以防止学生在学习时简单地模仿，让学生快速全面了解动作，从而使动作更加有效，准确性更高。在教学过程中，教师的动作示范和战术示范具有重要影响。动作示范是指以教师做出的动作为榜样，培养学生对动作外表的理解，让学生对动作的形式、动作的结构等有一个准确的定义。定期进行意象训练，可以增强大脑中动作意象的清晰度和记忆力，使学生充分发挥潜能，对学习更有信心，激发学生的学习兴趣和学习积极性，达到提高教学效果的目的，应该让学生学会在多项运动中使用这种训练方式。在高校体育教学过程中，大部分时间都是控制学生进行训练，通过亲身体验掌握动作要点和教学内容。乒乓球教学可分为两种，一种是徒手训练，另一种是击球训练。教学中，体育教师在讲解完动作要点的示范后，一般是不让学生上台，或站在击球的地方，而是让学生站在台下，不能击球，只能用球拍开始模仿训练动作。并确保训练有一定的长度，每节课要留出一段时间进行这个动作的训练。在进行模拟训练时，要时刻督促学生在意识中掌握乒乓球的位置和动作，也就是说，让学生在脑海中产生击打乒乓球的概念。动作结束后，应该练习击球的时间和击球的力度，只有经过这种模拟演练，才能取得良好的效果。在模拟动作的训练中，一般情况下是不会出现动作误差的，但是在台上比赛的时候，原来的问题就会暴露出来，所以这决定了只有通过大量的训练才能有好的成绩。如果学校有一定的条件，那么镜子前的练习和实战的训练相结合会有更好的效果。

表象训练方法需要注意的问题如下。

训练学生对表象的感官知觉。这种训练涉及通过不同的感官方法体验和感知各种运动。例如，让学生在乒乓球运动过程中，用视觉表现接球、打球的形象，用身体感觉来表现自己的肌肉知觉，并借助听觉，通过声音则更多地利用其他感官来提高动作力度，牢牢记住运动中乒乓球击球的形象。

表象记忆的训练。这就要求学生在大脑中清晰、真实地回忆起以前的感知。要求学生可以把以前的感知体会清楚地、真实地在大脑中进行回想。

表现控制练习。要求学生能够操作或创建表示。例如，放松后，让学生在桌子上表现一个静态的乒乓球，然后利用表现的控制能力，使乒乓球按照自己的意愿向不同方向旋转和停止，从而提高学生控制表现的能力。

视频逐渐应用于教学。这种现代化的教学方法生动形象，特点十分鲜明，可以极大地提高学生学习的主动性，让学生进一步了解动作的操作过程。根据教学需要，可以放大或缩小或停止动作，以观察和分析动作的要点。体育教师可以将精准技术动作的相关视频展示给学生，然后让学生开始视觉训练。

二、变换训练法

变换训练法是指利用负荷、运动内容和运动形式的变换来提高运动员的积极性和兴趣。主要分为负荷变换训练法、内容变换训练法和形式变换训练法三种。

（一）负荷变换训练法

负荷变换训练法可以用来学习和纠正乒乓球新技术动作，也可以结合固定的负荷强度和负荷量进行锻炼。例如，乒乓球正手的学习。由于学生刚刚接触新技术，还比较陌生，对正手动作的基本概念比较模糊，对发力的具体方法和步骤也不是很清楚。四肢显示手臂肌肉力量不强，动作僵硬不协调，容易出现多余动作。结果球员在学习开始时整体击球次数减少，并且以较慢的速度送球。它可以让运动员慢慢体验动作，也可以帮助教练纠正动作的细节。随着熟练度的提高，可以慢慢增加训练速度和总量。此外，在乒乓球运动中，学习高难度的技能可以用来弥补薄弱的技能。这时可以使用变化负荷强度和恒定负荷的组合，例如，学习正手和反手上旋球。此时学生已经掌握了一定的乒乓球技术动作，但在比赛过程中人体和肌肉会僵硬，导致动作变形，影响击球率。在相同总拍数的基础上，增加送球的旋转和速度，缩短每一板球之间的连接时间，可以增强肌肉记忆，保证比赛中的命中率。

（二）内容变换训练法

内容变换训练法是技能型运动中常用的一种训练方法。它可以串联训练乒乓球的各种技术，可以是单一技术的各种变化的衔接，也可以是基本技术组合的变换和技战术打法的变化。例如，在乒乓球的多球训练中，上旋球并不是固定在整张桌子上的。这种训练要求球员根据来球的落点和速度，选择不同的技术和击球时间来击球。这种训练不仅可以巩固技术，还可以锻炼学生对球落点和球速的判断。例如，将一个带上旋的长球打到对方的反手位置，然后将正手沿直线横向打出。本练习为战术练习，结合实战，有利于学生在比赛中争夺关键球。

（三）形式变换训练法

形式变换训练法的应用主要体现在场地、路线、落点和方位等条件或环境的变换上，在竞技体育训练过程中具有广泛的应用价值。通过环境的变化、训练氛围的改变、训练时间的变化以及持续形式的转变，为学生产生新的刺激，激发学生的训练情绪，进而促进神经系统做好准备，让学生更好地参与训练过程，完成接下来的训练和比赛。例如，以 9∶9 的比分开局可以锻炼学生的关键得分能力，让学生可以更快地进入比赛，并在比赛中占据上风；或者在不同的竞技场之间进行训练，因为竞技场对于乒乓球来说非常重要，对球的速度和旋转有很大的影响，所以经常在不同的场地训练可以增强运动员的适应能力。

改变训练方式需要注意以下问题。

处理好基本功与高难度技术的关系。实践证明，所有登顶世界之巅的运动员都有扎实的基本功。因此，教师在教学中制作教学内容时，无论负荷、内容、形式如何变化，都应注意保证基本技能的训练。

提前处理分步难点。教师按从低到高、从浅到深、从分到合、从小到大的顺序安排培训。在循序渐进的过程中，要根据学生的年龄、身体发育和基本技术动作的掌握情况，制订训练计划。而在难度技能训练中，要控制好负荷变化的大小，防止学生在训练中受伤，训练内容也要注意内容变化与实战相结合，不能一味地追求难度。

改进动作的基本结构，提高技术组合水平。对于以技术为导向的乒乓球项目，除了改进单个技术动作的基本结构外，提高各种技术的组合水平也是决定乒乓球运动员竞技水平的关键因素。这时候，教师应该用负荷变换的方法来提高单板的质量，用内容变换的方法来训练学生连接各种技术。例如，正反手上旋球的转换、上旋球和上旋球的转换、台内球和底线长球的转换等。

处理好特长技术与全面技术的关系。特长技术与全面技术，教练员在训练中应该将这两个方面有机地结合起来。乒乓球运动员是否有特长技术是能否进入高水平运动员行列的重要条件，其中特长技术指的是特殊技能，但全面技术方面也不容忽视。在特殊乒乓球比赛中有两个方面：如果你只专注于特长技能，在比赛中技术漏洞被对手抓住，而你的特长技能没有发挥出来，那么比赛就以失败告终。因此，教师在使用内容和形式转换培训方法时，应注意这两种技术在整个训练计划中的比例。例如，一名运动员正手很强，但反手很弱。比赛中，对手会采用压左调右的战术，这样如果对手相持反手，胜率很低，而如果正手强行侧身，击球质量就无法保证，导致比赛失败。

三、间歇训练法

在体育教学中，间歇训练法通常用于技术水平较高的学生。在教学中能有效固定乒乓球动作，提高击球率，提高学生乒乓球技能水平。从生理上看，乒乓球运动员比赛的供能形式是以糖酵解为主的有氧无氧混合代谢供能。间歇训练法是指在身体处于不完全恢复状态时，对动作结构和负荷强度的间歇时间有严格要求的状况下，反复训练下一个动作的方法。它由五个要素组成：练习强度、练习持续的时间、间歇时间、间歇时采用的休息方式、重复练习的次数（组数）。乒乓球技术复杂、细腻、多变，选手的技术意识非常敏锐。这一技术特点，形成了乒乓球运动员训练次数多、时间长、密度高、质量要求高的大运动量训练模式。在乒乓球的日常训练过程中，发球、摆短等技术属于低强度训练，乒乓球真正的高强度训练是练习拉球技术和多球训练。当强度较大时，可以称为极限强度训练。例如，在乒乓球多球训练中，脉搏可以达到33~34次/10s。这种训练属于无氧训练，训练强度与短跑相近。乒乓球是一项通过持续强化锻炼巩固技术动作，在比赛中灵活运用各种技术的运动项目。日常练习中连续拉球数次，这对自身肌肉的耐力要求很高。自身功能状况不佳的人，技术水平无法显著提高。因此，间歇训练法在乒乓球教学训练实践中的应用，对于乒乓球运动员的体能训练和技战术具有重要的科学意义。采用间歇训练法设计训练方案，有利于提高乒乓球运动员的身体素质和技战术的熟练度和稳定性，提高运动员适应比赛强度的能力。

间歇训练法需要注意以下问题。

间歇训练法主要通过心率的变化来反映训练效果。虽然这样可以有效地增强运动员的功能储备，但容易给运动员的身体造成不适。因此，有必要在训练中加强对运动员的身体功能评估，既可以对训练进行评估，又可以防止运动员因高负荷强度而过度疲劳。

间歇训练与乒乓球运动相结合，可以提高运动员呼吸和心血管系统的能力，提高运动员技战术的熟练程度和稳定性，使运动员适应比赛的强度。在提高运动员的实战能力（体能和技战术）时，教练员应根据运动员的情况安排极限间歇训练和密集间歇训练；在提高运动员的有氧能力，为无氧训练奠定基础时，应安排合理的发展性间歇训练方法；备战比赛时，应按照强度递增、负荷量逐渐减少的原则，合理安排密集的间歇训练方式，使运动员的赛前训练与比赛保持一致。

在具体应用中，教练员要严格控制负荷强度和间歇时间，使身体适应变化，满足激烈比赛的需要。由于间歇训练的训练过程中身体并不能完全恢复，因此对运动员的体能要求较高。采用这种方法时，必须考虑运动员是否具备体能和训练基础，并注意在训练过程中加强医疗监督。在正常教学中采用间歇训练法时，应有效控制训练过程中心率的变化，当心率达到180次/分时，应严格控制间隔时间；当心率恢复到130~140次/分时，进行下一组训练。注意运动员身体状况的调整，对不同身体状况的运动员要区别对待，合理安排训练时间和间隔时间，防止运动损伤的发生。

四、乒乓球多球训练法

多球训练法是指在学习击球时连续发出多个球进行训练的方法。多球训练法对学生的身体素质要求比较高，而且多球连续发出，目前多球训练法多用于高校体育教学。实践证明，多球训练法在高校体育教学，特别是高校乒乓球教学中发挥了很大的作用，有效地提高了大学生的击球技巧和对事物的适应能力。多球训练法使用一定数量的球来满足训练的需要，并给予训练者不间断地对球的攻击，是一种让学生进行连续单动作训练或连续多动作训练的物理教学方法。因此，多球训练法对乒乓球实战技巧的提高有着非常重要的作用，可以帮助学员更好地应对实战挑战，也可以提高乒乓球训练的趣味性。在一定程度上，多球训练法之所以应用到乒乓球教学中，与乒乓球的体型小有很大关系。因为体量小，学生在击球时必须更加灵活，丢球的次数也会更多，这样会在训练中消耗大量的时间去捡球，不仅不利于训练的连续性，而且会慢慢损耗学生的训练热情。多球训练方法则不同，会大大减少学生捡球的次数，也会增加学生训练的积极性，不会让训练变得乏味。多球训练法还可以帮助学生尽快掌握一些高难度的技术动作。乒乓球这项运动对参赛者的技术要求比较高，因此，要想练好乒乓球，就必须掌握一定的技能和规范的动作，这样才能在实战中更好的应对，才有可能战胜对手。但是，这些技能或动作有不同程度的难度和要求，如果采用一些常规的培训方法，可能达不到更好的教学效果。由于多球训练法是连续的击球训练，可以极大地锻炼学生的反应能力和击球技巧，使学生在训练中尽快掌握击球技巧和一些高难度的技术动作。多球训练法也可以帮助学员尽快掌握步法。因为多球训练法与其他单球训练法相比，一个明显的特点就是可以保持练习和动作的连续性。在训练过程中，学生来回跑动，可以同时加强手上的感觉和步法训练，可以有效地保持手步的有效结合，从而提高对步法的掌握，提升全身练习的协调性，促进技术水平的发展。

多球训练法中需要注意以下问题。

使用多球训练法进行乒乓球教学时，由于速度和密度都比较大，在这个过程中，教练员必须注意训练质量。一旦发现错误，学生应及时纠正动作，否则在快速训练中容易形成错误的技术定位，严重影响后续训练。因此，多球训练时，必须以训练质量为前提。

多球训练法的应用应根据学生的身体状况和现有的技术水平灵活调整。不能单纯只让学生练习。遇到一些问题要及时解决，尤其是学员身体状况不好的时候，在训练前要停下来让学员休息，因为训练效果的好坏在很大程度上取决于学员的训练状态。因此，在高校乒乓球教学中，教练员在运用多球训练法时应掌握训练节奏，根据不同阶段学生的体能情况和他们掌握的技能，制定科学合理的训练计划和目标。

在高校乒乓球教学中，多球训练法的应用大大提高了学生在训练过程中的强度和密度。因此，要求学生具有较高的身体素质，才能承受强大的训练。但实际情况是每个学生的身体素质都不一样。有的学生身体素质较差，不能长时间连续锻炼。一旦负荷超过身体的承受能力，不仅学习效果不会提高，还可能对学生的身体造成伤害。因此，在应用多球训练法时，需要合理安排训练的强度和密度。不应该仅仅因为他们是大学生，就认为自己的身体素质没有问题。这种想法是错误的，是不允许的。

在多球训练法的应用中，教练员要注意对学生球技的指导，帮助学生发展良好的球技。因此，在多球训练法的训练过程中，应有条不紊地提高训练强度和训练内容难度，训练中供球速度由慢到快地提高。在训练学生应变能力的同时，提升学生的技能运用灵活程度，并监督和培养学生养成良好的技能和习惯。

虽然多球训练法在提高训练性能和教学效果方面显示出很强的优势，但多球训练法不能替代其他教学方法。因此，在高校使用多球训练方法时，需要注意与其他训练方法的相互作用。这就要求教练员在乒乓球教学过程中时刻观察学生的训练进度，当多球训练法不足以解决问题时，应与其他训练方法相结合，统筹运用教学方法，以达到优化训练方法、提高教学效果的目的。

第四节　乒乓球课堂教学顺序

乒乓球这一项目的教学训练，是一个以技术学习及训练为主的运动项目，因此，在学习和参与乒乓球训练时，应该遵循最基本的教学原则，那就是循序渐进，由易到难和动作迁移理论来进行。

一、乒乓球基本技术教学顺序

技术练习的顺序一般为：反手—正手；正手攻球—弧圈球—前冲弧圈球；正手、反手交替练习；定位与移动练习的结合。

（一）反手的推挡或攻球的练习——直拍的反手推挡，横拍反手攻球

用反手推挡或攻球比用正手进攻球稍微容易一些。很多学生作为初学者，在熟悉球的情况下，可以先从反手练习开始，但练习时间不宜过长，要很快过渡到正手，就开始攻球的练习教学，在以后的训练中，正手进攻的练习应该是主要的。毕竟，不断加强正手击球杀伤力是现代乒乓球技术追求的目标，是未来的主要得分手段，也是现代乒乓球比赛客观

规律的要求。

（二）正手的攻球练习

相比之下，对于初学者来说，正手攻球比拉弧圈球更容易练习。首先，因为攻球的动作幅度比拉球的动作幅度小，所以在初学阶段更容易保证击球的准确性，增加来回击球的次数。其次，正手进攻主要以球的碰撞为主，由于板的形状，球接触球拍的面积较大，这比需要与球接触更薄的摩擦型弧圈球在开始时更容易练习。此外，由于正手攻球和弧圈球的动作结构大体相似，良好的正手进攻技术可以积极引导到弧圈球的练习，而且长期的教学和训练经验发现，标准化的进攻技巧和强大的进攻能力有利于提高弧圈球技能。因此，当你是初学者时，不必太急于学习如何拉弧圈球，以免对球的弧线不熟悉而无法掌握合适的击球点。正手攻球的动作将影响未来拉弧圈球技术的进一步提高，那么，正手练到什么程度，然后过渡到拉弧圈球的练习呢？当然，就每一种技术而言，掌握得越熟练越好，但是，毕竟每个人的时间和精力都是有限的，不可能把所有的技法都练到最好，或者把所有不同风格的技术都掌握。他应该根据自己的条件和特点选择自己的技术风格，不同的打法和技术风格需要掌握不同程度的正手击球。基本原理是，如果你练习反胶，当正手进攻基本形成一个相对比较合理的动力定型的动态形态时，你与手中的球就有一定的冲击感和摩擦感，你才能在练习中适当地制造弧线进行强力进攻，这样就更适合学习拉弧圈球了；如果是练习正胶或生胶，对掌握正手进攻会有更多要求，最好是在学会进攻下旋球后练习拉球。

（三）正手、反手交替练习

正反手进攻技术形成并达到一定熟练程度后，可以在继续练习单一技术的同时，开始正反手交替练习。正反手结合练习的前提是必须保持原有单一技术动作的完整性。要做到这一点，练习就要坚持循序渐进的原则，练习的速度要从慢到快，练习的次数要从少到多，挥板的力度要从小到大，组合动作的结构要从简单到复杂，并且练习者必须在组合练习的过程中不断调整、纠正错误动作，提高单板技术动作的质量。

（四）原地定位与移动组合练习的结合

原地进行单个技术动作与组合练习到一定程度后，就要开始移动的单个技术动作练习。练习的顺序为移动步法练习—移动加徒手的组合练习—移动单个技术动作练习—移动组合练习。移动组合练习的原则还是以坚持单一技术动作的完整性为前提。

二、乒乓球步法教学顺序

乒乓球步法的教学中应遵循从易到难、从小范围移动到大范围移动，以及从单一步法到组合步法教学的原则。乒乓球简单基础的步法分为启动步步法、碎步步法、单步步法、并步步法、跳步步法、滑步步法、滑步侧身步步法、交叉步步法，以及将单一步法组合起来形成组合步法。在单一步法教学的初期，首先要使学生动起来，也就是学会启动步步法，启动步步法的重要性，就是使学生从静止的状态达到启动的状态，在运动的状态中击球，缩短做出击球动作的判断时间。乒乓球的速度极快，从准备击球，到步法的移动，到击球，假如是身体处在一个启动的状态，就会快速地做出反应，快速移动，保证了击球的稳定性。掌握了启动步步法以后，再逐渐掌握碎步步法、单步步法、滑步步法等步法。当对这些步法有了一定的掌握，能够熟练运用的时候，再掌握难度较高的步法，如滑步侧身步步法、交叉步步法，整个学习的过程循序渐进、从易到难，使学生能熟练地掌握各种步法的运用。

（一）启动步步法

两脚快速蹬地，使脚做内外旋的运动。重心在两脚之间进行着原地转换，双脚可以原地跳动，也可以做内外旋的运动，时刻准备着为击球而启动。使身体从一个静止的状态转换到运动的状态，可以使身体快速地移动，缩短从反应到击球的时间。

（二）碎步步法

细微移动的步法。在很小的范围内做前、后、左、右步法的移动，很小的范围内不停地移动，调整步子，用来找到最佳的击球位置。当乒乓球落在离自己身体不远的地方，看似一伸手就能打到，其实需要步法细微调整。碎步的调整，能够找到最佳的击球位置，保证了击球的稳定性。

（三）单步步法

小范围移动，以一只脚为支撑点，另一只脚做前、后、左、右的移动。移动脚根据来球的方向，选择移动的方向。当移动脚移动到最佳位置时，身体的重心也要随之落到移动脚上，以保证击球的稳定性。当遇到台内球，以及离自己身体较近位置的球时使用单步步法。

（四）并步步法

并步移动的范围较大，是用来救球的一种步法。移动时，以重心所在的腿为支撑腿，另一条腿迅速地向支撑腿靠近，以拉近两脚之间的距离。需要根据来球的情况调整两条腿的距离。使用并步，可以快速地稳定重心，保证了下一次击球的稳定性。

（五）跳步步法

双脚同时用力蹬地，使身体短暂悬空，向需要移动方向跳起，落地时双脚同时落地，站稳后击球。跳步步法用于击打球速较快，角度较大的来球。在使用跳步时要注意跳起的高度不宜过高，否则会导致身体的重心不稳，影响击球的稳定性。

（六）滑步步法

一只脚用力蹬地，身体重心向需要移动的方向倾斜，蹬地脚向另一只脚靠拢，当蹬地脚快要靠拢到另一只脚的时候，另一只脚同方向向外滑动一步。滑步保证了重心始终在两腿之间，两脚的距离基本不变，为快速地击球做好准备。

（七）滑步侧身步步法

移动方向的另一只脚用力蹬地，并快速地向支撑腿靠拢，当蹬地脚快要靠拢到支撑脚的时候，支撑脚外侧用力蹬地，向侧身位方向滑出一步。侧身位步法快速，隐蔽性强，改变了球的速度、频率，当球处于身体附近或相持球的时候使用。

（八）交叉步步法

腰转向来球的方向，以离球位置近的脚为支撑脚，离球位置远的脚横向快速地向支撑脚方向跨出一大步，跨出的距离视来球的远近而定。随后支撑脚随着前脚的移动方向向前移动一步。交叉步结束时，应保持双脚的距离略宽于肩。交叉步的移动范围大，适用于大角度地击球，能够在击球的时候，变被动为主动。

（九）组合步法是指两种以上的步法教学

在乒乓球步法的教学中，单一步法教学是基础，组合步法教学是重点。在乒乓球的移动中，很多时候是步法的组合，所以在教学中，要注意组合步法的运用，进行两种以上步法的结合练习，使学生能够熟练地运用。在练习的初期，可以是一些简单步法的结合，如启动步结合单步，首先使学生动起来，然后是单步的移动。单步结合滑步，单步移动以后，快速地滑步，为下一板的击球做好铺垫。简单的组合步熟练以后，是复杂组合步的运用，如乒乓球中的推挡、侧身、扑正手，就是一个组合步的运用。首先需要学生在反手位的推挡，其次运用侧身滑步，打侧身位的球，最后运用交叉步击打正手位的来球，这就是一个典型的组合步的运用。在这个组合步的运用中，学生需要熟练地掌握侧身步和交叉步的单步步法，然后将两者有效地结合起来，反复地练习，才能够熟练地运用。不定点练习，可以进一步地提高步法的熟练性。所谓不定点，就是乒乓球的落点，没有规律可循，球可以落在球台上的任何地方。不定点练习的好处在于可以使学生练习到各种步法的组合。例如，第一个球是离身体较近，可以采用碎步的移动，下一个球也许离身体较远，就可以采用并步的移动，后面可能接着这一个反方向的滑步，这些步法在不定点练习中，随着对球位置的判断，而采用相应的步法。不定点的练习，应该是在定点练习的基础上所采用的一种练习方法，只有将定点练习的步法熟练使用，在不定点练习中考验的是学生对球的快速反应，也是一个步法的熟练使用，只有步法运用得非常熟练，才能够在不定点练习中，使用步法做到游刃有余，进一步地提高步法的熟练性。

三、乒乓球旋转教学顺序

通常，我们按飞进过程中乒乓球旋转的方向，把旋转球分为三类：上旋球、下旋球和侧旋球。上旋球分为正上旋、左上旋和右上旋；下旋球分为正下旋、左侧下旋和右侧下旋；侧旋球分为左侧旋及右侧旋。

选择练习顺序一般依次为上旋球—下旋球—侧旋球。依据是在众多的旋转类型球中，上旋球是各类旋转球中速度及轨迹最稳定的，也是各种正反手技术中最容易掌握的，因此，初学者要通过大量的上旋练习掌握球的旋转规律，并在此基础上熟悉其他的旋转规律。同时，上旋球是各类转球中速度最快、最稳定的转球。因此，它也成了比赛中最有效的进攻手段。可见，进行上旋球的练习是初学者学习乒乓球最重要的方法。其次是下旋球，掌握了上旋的攻防之后，就该开始练习下旋的攻防了。下旋球是比赛中经常使用的一种有效的旋转，用来破坏对手的进攻，增加对手进攻的难度，在进攻不可能的时候暂时过渡使用，因此，掌握下旋非常重要。下旋的练习包括搓下旋球、拉下旋球等。熟悉以上两个旋转之后，其他旋转就很容易掌握了。

第五节 乒乓球课堂教学组织

在教学中要有充分的认识，对教学过程的每一个环节，都要以“健康第一”的思想要求进行缜密的思考、设计和操作，正确处理学生的身心健康问题，营造有利于学生身心健康的和谐环境，真正帮助学生实现身心健康，使体育成为学生最需要、最喜欢的课程之一。新构建的课程体系必将满足学生的求知欲，拓展教学内容，使学生全面了解体育教学的本质，了解体育锻炼对身心的良好作用。掌握保健知识，从而提高学生的学习兴趣，从根本上提高学生的运动意识，掌握两三种体育锻炼方法，为终身运动打下良好的基础，真正达到培养人格和健康体质的目的。新课程体系采用理论课和实践课各占课时50%的教学方式。理论课按年级统一安排，主要教授运动社会学、健康保健、运动心理学、运动生理学、运动医学等知识，理论成绩占总成绩的50%。改变目前体检标准低于理论、结果低于过程的现状，从根本上帮助和引导学生科学进行自我锻炼，满足学生的求知欲，提高他们的学习兴趣，促进运动意识的增强。同时，体育课程要多层次。目前，大学生普遍喜欢分项授课，主要原因是突出学生的特点和爱好。以健康教育为核心的体育新课程体系建设应突出三个方面：一是兼顾学生心理和生理同步发展，丰富学生体育的认知结构和体验体系，促进知识转化为能力的过程。二是突出体育文化与实践的有机结合，延续学生再学习的惯性，实现终身参与体育能力培养的教学目标。三是充分发挥体育教学功能，注重加强和提高学生的人生观、价值观、身心健康等内在条件。

高校乒乓球教学分为理论部分和技术部分。在普通高校乒乓球技术课程的教学中，如何提高学生基本功和基本战术的合理运用，为学生的终身体育意识打下一定的基础，是选修课教学目标的基本要求。在技术课程上，教师的技术课以“单一基本功”的实践方法为主，主要练习项目为正手攻、反手推、搓三项，以对攻板数作为判断学生技能的标准，并记录在考试成绩中。采用常规教学的学校占比最大，说明这些学校可能受限于一些硬件设施，大部分教师受传统教学模式的影响，其教学组织大多是循序渐进的，创新少。教师的理论课以“技术课中间穿插几门理论课”和“技术课末尾讲解一下理论课”为主。理论课考核的主要方式是“开卷考试”，说明考试的目的是让学生学习一些乒乓球的基本理论知识，帮助学生在理论基础上指导技术动作。培养独立学习的能力，从而促进学习，养成终身体育的习惯。

乒乓球教学组织特性主要表现在形式多维性、分班多样性和分组针对性。

一、形式多维性

高校体育课程的教学组织形式体现了教学活动中人员、时间和空间的组织安排。从教学组织的角度解释一项教学活动时，必须从人员、时间和空间三个方面考虑，否则就不可能对教学组织有一个全面的了解。教学组织的多维性也决定了体育活动是各种教学组织形式，即人员、时间、空间并存的组织形式。正因为教学组织形式客观上是多维度的，所以对其的研究要全面、完整。

二、分班多样性

由于高校的体育课程是一门实践性很强的课程，以体育活动为主要形式，学生体质和技能的差异会对课程的效果产生一定的影响。为了更好地满足学生的需要，并利于每个学生在自己的基础上更好地发展，在教学过程中，可以尝试以跨班、跨年级、根据身体运动技能水平、个人兴趣、混合性别等形式组织教学。

三、分组针对性

在同一堂课中，可以采用不同的教学分组方式来提高教学效果。为了让每个学生都有良好的接受体育知识和技能的机会，教师可以帮助学生建立一些互助合作的学习小组，把基础好的学生和中等或差的学生结合起来。这样，既可以提高基础较好的学生在体育课程中的积极性，又可以让基础一般或较差的学生在同学之间得到更多的帮助和指导。

第六节　乒乓球课堂教学创新

乒乓球课堂教学不是一成不变的，随着教学条件提高和教学理念的转变，对乒乓球教学进行创新是必不可少的，创新点主要体现在技术、理论、教学方法、考核方式以及教学理念上。本节将阐述如何进行乒乓球教学的创新。

一、技术课教学创新

高校应选择一些具有实用价值的基本技战术作为教学内容，同时向学生传授乒乓球新技战术，达到预期的教学效果。随着高校体育教学改革的不断深入，教学内容的重点要突出技战术结合的运用，安排基础技术动作的教学，帮助学生树立乒乓球运动概念。在了解技术动作的基础上再学习相应的技巧，提高学生的学习兴趣，促进技战术的合理运用。此外，按照“因材施教、区别对待”的原则，按学生的技能水平分别进行教学，区别对待的教学方法不能实行“统一教学”。在教学中细致讲解耐心训练，解释大部分学生犯的错误，然后进行正确的示范动作。以讲解示范方法为主，强调掌握一些基本技巧，鼓励学生根据不同的打法，以实际比赛的形式，练习一些简单的战术来提高水平。

二、理论课教学创新

高校教师在乒乓球理论课中应适当增加乒乓球比赛规则和简单技战术应用的讲授时间。乒乓球比赛知识讲解的难度和深度要与学生的实际情况相适应。学生充分了解和掌握体育竞赛规则知识后，要根据老师讲解的内容，发挥主观能动性，畅所欲言，从乒乓球的各种知识讨论中获得乐趣，学习知识。在教师的组织下，学生还可以利用多媒体设备观看高水平的乒乓球赛事，让他们领略乒乓球的魅力，增加学生的兴趣和动力，促进学生乒乓球理论知识水平的进步和提高。

三、教学方法创新

高校体育教师必须根据教学目标和各种教学因素，科学合理地选择合适的教学方法，合理组合，优化乒乓球教学效果。在课堂教学中，建议有条件的高校采用分层教学的方法。一个班级的练习水平一般呈正态分布，这样的教学方法适合大多数学生的接受能力，有利于教学目标的制定和实施。同时，要控制选修课的学生人数，还要保证有足够的教学时数，要改变以前的传统教学方式。教师要注重教学方法的创新研究，加强对学生学习和实践方法的指导，让学生自主学习、探索学习。

四、考核方式创新

对不同层次的学生采取不同的考核方式。除了专业能力，评价内容还应包括学生平时的出勤率、课堂参与度和积极性。采取集中考核、平时考核和定期考核相结合的方式，在一定程度上促进学生的自我提升。在课程结束时，让学生对自己的乒乓球课程学习进行自我总结，并形成书面档案，有利于教师有针对性地改进教学方法。对于教师来说，如果只考核教学成绩，也会在一定程度上降低教师提高专业素质的积极性，一味追求成绩的体育教师很难教出个性鲜明、全面发展的学生。因此，改进评价和考核方法对提高乒乓球教学质量非常重要。

五、转变教学观念

传统的师生关系是“命令”与“服从”的关系。随着教学理念、教学内容和教学模式的转变，传统的师生关系已经难以适应当下的大学生。如果在平时的教学中，很多师生还处于“教与学”的对立状态，学生和教师之间的心理距离会很大，不懂的时候不敢问教师，教师也会不了解学生学习过程中的难点在哪里。如果沟通不及时，乒乓球的学习效果就会大打折扣，师生关系就会紧张、扭曲、疏远，形成“教与学”的恶性循环，不利于乒乓球类教学的发展。因此，唯一的办法就是改变师生之间“对立”的角色关系，拉近师生距离，建立新型师生关系——“以生为本”，平等相处。作为一个发展中的人，学会理解和容忍学生在学习中犯的低级错误，鼓励和启发学生解决问题，及时肯定他们的进步。只有不偏袒成绩好的学生，不忽视学习困难的学生，树立民主平等的教学理念，才能营造和谐融洽的教学氛围，促进乒乓球教学的发展。

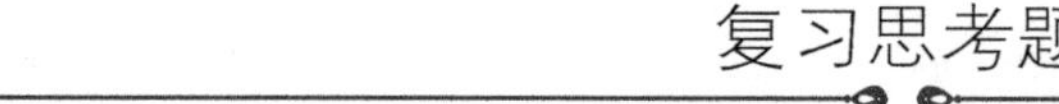

复习思考题

1. 不同的乒乓球教学方法和训练方法分别适合什么水平的高校学生？
2. 如何将教学方法和训练方法有效结合？
3. 学生如何在课下选择合适的训练方法提高乒乓球技术水平？

第六章 乒乓球竞赛的组织与裁判法

本章导读：

体育竞赛是在裁判员的主持下，按统一的规则要求，组织与实施的运动员个体或运动队之间的竞技较量，是竞技体育与社会发生关联，并作用于社会的媒介。乒乓球竞赛作为乒乓球的重要赛事，一般是指比较有规模有级别的正规比赛。本章将对乒乓球的重大赛事、乒乓球竞赛的专门术语、乒乓球竞赛的组织、乒乓球比赛的裁判工作权限等展开介绍。

第一节 乒乓球重大赛事

奥运会乒乓球比赛、世界乒乓球锦标赛、乒乓球世界杯、国际乒联职业巡回赛被称为世界乒乓球四大赛事。另外，本章也包含其他重要乒乓球赛事的介绍。

一、奥运会乒乓球比赛（Table Tennis Match in Olympic Games）

1983 年 10 月 1 日，国际奥林匹克委员会在德国巴登举行的第 84 次会议上决定，从 1988 年在韩国汉城（首尔）举行夏季奥运会开始，乒乓球将列为奥运会的正式比赛项目。奥运会乒乓球赛每隔 4 年举行一次。原设有男子单打、女子单打和男子双打、女子双打四个比赛项目。为了增加比赛的精彩程度，国际奥委会于 2005 年批准了国际乒联的提议，即在不增加参赛人数和比赛天数的前提下，在 2008 年北京奥运会上以团体比赛取代双打比赛。2020 年东京奥运会，乒乓球比赛项目进行了重大调整，设置为男子单打、女子单打、混合双打、男子团体、女子团体。

二、世界乒乓球锦标赛（World Table Tennis Championships）

由国际乒乓球联合会主办，每届比赛由国际乒乓球联合会授权比赛地乒乓球协会主办，具有广泛的影响力。世乒赛为男女单打和男女双打和混双以及男女团体共七项赛事。七个项目的奖杯均以捐赠者的姓名或国名命名。其中，“斯韦思林杯”为男子团体冠军杯，

“马赛尔·考比伦杯”为女子团体冠军杯，“圣·勃莱德杯”为男子单打冠军杯，“吉·盖斯特杯”为女子单打冠军杯，“伊朗杯”为男子双打冠军杯，“波普杯”为女子双打冠军杯，“兹·赫杜塞克杯”为男女混合双打冠军杯。目前，该锦标赛逢双年举行团体比赛，逢单年举行五个单项比赛。它是国际乒乓球联合会主办的一项最高水平的世界乒乓球大赛，具有广泛的影响力。

三、世界杯乒乓球比赛（World Cup Table Tennis Tournament）

世界杯乒乓球赛，是国际乒联主办的世界性高水平乒乓球比赛。在设立之初，仅有男子单打项目，1996 年后增加女子单打。1990—1992 年，增设男女子双打为世界杯乒乓球赛项目，但两届以后就被取消。目前，世界杯共包括男女单打及团体共四项赛事（分开举办）。

四、国际乒联职业巡回赛（ITTF World Tour）

国际乒联职业巡回赛，全称为国际乒联乒乓球职业巡回赛，赛事由来已久，是国际乒乓球联合会组织下的一项具有世界影响的国际大型单项体育赛事。一般设立男、女子单打和男、女子双打四个项目，每一年度比赛场次为 10~15 站，分布在各大洲进行，主要目的是普及乒乓球运动，让更多的协会都能够参与到国际乒联所组织的赛事之中，国际乒联旗下的成员国均可派出选手参赛。每年终针对该赛季各站巡回赛积分排名靠前的运动员进行年终赛事——国际乒联巡回赛总决赛。

五、世界明星巡回赛（World Stars Tour Match）

国际乒联为推动乒乓球运动的发展，从 1990 年起开始举办世界明星巡回赛。

六、全国乒乓球锦标赛（China Table Tennis Championships）

中国国家体育运动委员会和中国乒乓球协会联合举办的全中国规模的比赛，是全中国最高水平的乒乓球比赛。

七、亚非拉乒乓球友好邀请赛（Asia-Africa-Latin America Table Tennis Friendship Tournament）

亚非拉乒乓球友好邀请赛是洲际乒乓邀请赛。第 1 届于 1973 年在中国北京举行。

八、亚洲乒乓球锦标赛（Asian Table Tennis Championships）

亚洲乒乓球联盟主办。由亚洲各国组队参加，是亚洲最高水平的乒乓球比赛。比赛设男女团体和 5 个单项共 7 项比赛。自 1972 年起每 2 年举行 1 届，至 1992 年共举办了 11 届。

九、亚洲运动会乒乓球比赛（Table Tennis Match in Asian Games）

由亚洲奥林匹克理事会、亚洲乒乓球联合会主办的亚洲乒乓球比赛。

十、全国运动会乒乓球比赛（Table Tennis Match in China National Games）

全国运动会一般是指中华人民共和国全国运动会，简称“全运会”。全国运动会是中国国内水平最高、规模最大的综合性运动会。其中四年一届的全运会乒乓球比赛是各省队最为看重的大型赛事。

第二节　乒乓球竞赛的专门术语

在乒乓球竞赛中，通常包括较多的专业术语，以下列出了在乒乓球比赛中的常用术语。同时，我们将在了解术语的基础上对乒乓球比赛规则的基本演进过程进行学习。

一、乒乓球比赛的基本术语

“回合”：球处于比赛状态的一段时间。

“球处于比赛状态”：从发球时球被有意向上抛起前，静止在不执拍手掌上的一瞬间，到该回合被判得分或重发球。

“重发球”：不予判分的回合。

“一分”：判分的回合。

“执拍手”：正握着球拍的手。

“不执拍手”：未握着球拍的手。

“击球”：用握在手中的球拍或执拍手手腕以下部分触球。

“阻挡”：对方击球后，处于比赛状态的球尚未触及本方台区也未超过比赛台面或其端线，即触及本方运动员或其穿戴的任何物品。

“发球员”：在一个回合中，首先击球的运动员。

“接发球员”：在一个回合中，第二个击球的运动员。

“裁判员”：被指定管理一场比赛的人。

“裁判助理”：被指定在某些方面协助裁判员工作的人。

“端线”：球台的包括端线两端的无限延长线。

“合法发球”：发球时，球应放在不执拍手的手掌上，手掌张开和伸平。球应是静止的，在发球方的端线之后和比赛台面的水平面之上。发球员须用手把球几乎垂直地向上抛起，不得使球旋转，并使球在离开不执拍手的手掌之后上升不少于 16 厘米。当球从抛起的最高点下降时，发球员方可击球，使球首先触及本方台区，然后越过或绕过球网装置，再触及接发球员的台区。在双打中，球应先后触及发球员和接发球员的右半区。从抛球前球静止的最后一瞬间到击球时，球和球拍应在比赛台面的水平面之上。击球时，球应在发球方的端线之后，但不能超过发球员身体（手臂、头或腿除外）离端线最远的部分。在运动员发球时，有责任让裁判员或副裁判员看清他是否按照合法发球的规定发球。如果裁判员怀疑发球员某个发球动作的正确性，并且他或者副裁判员都不能确信该发球动作不合法，一场比赛中此现象第一次出现时，裁判员可以警告发球员而不予判分。在同一场比赛中，如果运动员发球动作的正确性再次受到怀疑，不管是否出于同样的原因，不再警告而判失一分。无论是否第一次或任何时候，只要发球员明显没有按照合法发球的规定发球，他将被判失一分，无须警告。运动员因身体伤病而不能严格遵守合法发球的某些规定时，可由裁判员做出决定免予执行，但须在赛前向裁判员说明。

“合法还击”：对方发球或还击后，本方运动员必须击球，使球直接越过或绕过球网装置，或触及球网装置后，再触及对方台区。

“比赛次序”：在单打中，首先由发球员合法发球，再由接发球员合法还击，然后两者交替合法还击。在双打中，首先由发球员合法发球，再由接发球员合法还击，然后由发球员的同伴合法还击，再由接发球员的同伴合法还击，此后，运动员按此次序轮流合法还击。

“重发球”：如果发球员发出的球，在越过或绕过球网装置时，触及球网装置，此后成为合法发球或被接发球员或其同伴阻挡；如果接发球员或同伴未准备好时，球已发出，而且接发球员或其同伴均没有企图击球；由于发生了运动员无法控制的干扰，而使运动员未能合法发球、合法还击或遵守规则；裁判员或副裁判员暂停比赛；在双打时，运动员错发，错接。可以在下列情况下暂停比赛：纠正发球、接发球次序或方位错误；实行轮换发球法；警告或处罚运动员；比赛环境受到干扰，以致该回合结果有可能受到影响。

“一分”：对方运动员未能合法发球；对方运动员未能合法还击；运动员在发球或还击后，对方运动员在击球前，球触及了除球网装置以外的任何东西；对方击球后，该球越过本方端线而没有触及本方台区；对方阻挡；对方连击；对方用不符合条款的拍面击球；对方运动员或他穿戴的任何东西使球台移动；对方运动员或他穿戴的任何东西触及球网装置，包括对方运动员因抛乒乓球拍击球时乒乓球拍触网；对方运动员不执拍手触及比赛台面；双打时，对方运动员击球次序错误；轮换发球法时，接发球运动员或其双打同伴，包括接发球一击，完成了 13 次合法还击以上情况均判一分。

“一局比赛”：在一局比赛中，先得 11 分的一方为胜方，10 平后，先多得 2 分的一方为胜方。（T2 赛制 24 分钟限时，24 分钟前 11 分即获胜无须多得 2 分即使 10：10 也只需要再得 1 分即胜利，24 分钟后采用 5 分制，即谁先得 5 分即胜利）。强调一下，一定要有一人达到 10 分后，领先 2 分，才算胜方。如 14：15 不行，8：5 也不行，但 11：13 是 13 分的为胜方。（T2 新赛制 24 分钟前 11 分制，24 分钟后 5 分制，而且无须领先 2 分）。

“一场比赛”：一场比赛应采用三局两胜制或五局三胜制或七局四胜制。一场比赛应连续进行，但在局与局之间，任何一名运动员都有权要求不超过 1 分钟的休息时间。

“方位的选择”：选择发球，接发球和场地这一方，那一方的权力应由抽签来决定，中签者可以选择先发球或先接发球，或选择先在场地某一方。当一方运动员选择了先发球或先接发球，或选择先在场地某一方后，另一方运动员应有另一个选择的权力。在获得每 2 分之后，接发球方即成为发球方，以此类推，直至该局比赛结束，或者直至双方比分都达到 10 分实行轮换发球法，这时，发球和接发球次序仍然不变，但每人只轮发一分球。在双打的第一局比赛中，先发球方确定第一发球员，再由先接发球方确定第一接发球员。在以后的各局比赛中，第一发球员确定后，第一接发球员应是前一局发球给他的运动员。在双打中，每次换发球时，前面的接发球员应成为发球员，前面的发球员的同伴应成为接发球员。一局中首先发球的一方，在该场下一局应首先接发球。在双打决胜局中，当一方先得 5 分时，接发球方应交换接发球次序。一局中，在某一方位比赛的一方，在该场下一局应换到另一方位，在决胜局中，一方先得 5 分时，双方应交换方位。

“方位的错误”：裁判员一旦发现发球、接发球次序错误，应立即暂停比赛，并按该场比赛开始时确立的次序，按场上比分由应该发球或接发球的运动员发球或接发球；在双打中，则按发现错误时那一局中首先有发球权的一方所确立的次序进行纠正，继续比赛。裁判员一旦发现运动员应交换方位而未交换时，应立即暂停比赛，并按该场比赛开始时确立的次序按场上比分运动员应站的正确方位进行纠正，再继续比赛。在任何情况下，发现错误之前的所有得分均有效。

“轮换发球法”：如果一局比赛进行到 10 分钟仍未结束（双方都已获得至少 9 分时除外），或者在此之前任何时间应双方运动员要求，应实行轮换发球法。当时限到时，球仍处于比赛状态，裁判员应立即暂停比赛。由被暂停回合的发球员发球，继续比赛。当时限到时，球未处于比赛状态，应由前一回合的接发球员发球，继续比赛。此后，每个运动员都轮发 1 分球，直至该局结束。如果接发球方进行了 13 次合法还击，则判发球方失 1 分。换发球法一经实行，该场比赛的剩余部分必须继续实行，直至该场比赛结束。

“间歇”：在局与局之间，有不超过 1 分钟的休息。在一场比赛中，双方各有一次不超过 1 分钟的暂停。每局比赛中，每得 6 分球后，或决胜局交换方位时，有短暂的时间擦汗。

二、基本演进过程

从乒乓球规则演进的历史来看，总的趋势是：使乒乓球运动从提高和普及两个方面都有更大的发展，规则对乒乓球运动的影响主要从制约和促进两方面表现出来。制约，指为了使比赛能在公正的条件下正常进行，运动员的技术必须符合竞赛规则的基本要求，才能在竞赛中加以运用，否则，将会受到处罚。如：未按照乒乓球竞赛规则中“合法发球”的要求进行发球，则会受到裁判的警告或判罚。促进，指竞赛规则的合理修改、补充，对促进技术的发展具有较大的推动作用。

近年来的三项重大规则变化：比赛用球由直径为 38 毫米，重量为 2.5 克的小球改为直径为 40 毫米，重量为 2.7 克的大球，每局比赛由 21 分制改为 11 分制，身前无遮挡发球，无疑对乒乓球运动的发展产生了重大的影响。这些举措使乒乓球比赛在高速度、高旋转、强对抗的基础上增加了比赛回合，提高了观赏性，对更广泛地普及这项运动起到了积极的推动作用。

从竞赛规则的演进过程看，以下几方面成为人们关注的焦点。

（一）发球规则的变化

发球作为乒乓球技术中唯一一项不受对方回球限制的技术，在乒乓球比赛中起着非常重要的作用。特别是随着发球技术水平的提高以及其参与战术重要性的加强，发球起着越来越重要的作用。因而，对发球规则的制定和修改也备受各国及国际乒联的重视。

（二）关于球拍合法化的争论

主线：使用新型球拍并取得优异成绩→未使用者（国）的强烈反对→结果：经激烈争论继续使用或禁用。

两次较大的争论主要是针对海绵拍和两面不同性能球拍的使用。日本运动员成功使用海绵拍对防守型打法的欧洲选手形成了巨大的冲击。当时国际乒联主席伊沃·蒙塔古充分肯定了海绵拍对乒乓球速度的作用，使这种有利于乒乓球发展的击球工具得以继续使用。1971 年在第 31 届世乒赛中，中国选手使用两面不同性能的球拍，显示了巨大的威力。欧洲乒坛各国要求国际乒联从规则上限制这种打法。中国乒协从大局考虑，同意对此球拍进行限制。

（三）轮换发球法的产生

1937 年以前，选手以削为主的打法导致了“马拉松”式比赛的出现。观众对这种用时太长的比赛普遍厌倦。国际乒联采用轮换发球法，在时间上对每局比赛进行了限制，使比赛更加激烈，有利于乒乓球运动的发展。

第三节　乒乓球竞赛的组织

一、乒乓球竞赛流程

好的竞赛流程可以保障比赛的顺利进行，在乒乓球竞赛中，同样需要遵循一定的竞赛流程。乒乓球竞赛的流程主要包括如下。

（一）制定竞赛规程

竞赛规程是一次竞赛“纲领性”的文件，是组织和进行比赛的指南。一般由竞赛主办单位根据竞赛的目的、性质、规模、时间和场地情况制定。竞赛规程的内容有竞赛名称、目的、举办日期、举办地点、竞赛项目、竞赛办法、报名人数、报名资格、报名截止日期、报到日期、录取名次及奖励、采用的竞赛规则、比赛用球、球台，精神文明运动员、运动队、裁判员的评选，以及其他有关规定。

（二）接受报名

接受报名即确定抽签和编排的对象，而报名表是竞赛编排工作的重要依据。

（三）组织赛前练习

在安排练习场地时，应遵从机会均等的原则。每支参赛队至少应有一次进入比赛场地进行练习的机会；每队每天安排的练习时间原则上尽可能相等。

二、乒乓球竞赛的比赛方法

团体赛采用循环赛的方法较多。世界锦标赛采用先分组循环，再采用同名次淘汰赛并增加附加赛，以排出参赛队全部名次的循环赛与淘汰赛结合的两阶段竞赛办法。单项比赛主要采用单淘汰赛。现在中国国内的一些高级比赛，如全运会、城运会等团体决赛阶段的比赛引进佩寄制，以避免消极比赛的现象。

（一）单循环赛

每个参赛队互相比赛一次，称为单循环赛。在单循环赛中，各队（或运动员）均出场比赛一次，称为“一轮”。每两个队员之间比赛一次，称为一场。为了使竞赛获得最佳效果，就要确定理想的单循环竞赛秩序，主要采取以下几种方法。

逆时针轮转法：这是乒乓球竞赛采用单循环赛时最常用的确定比赛秩序的一种方法。这种轮转方法把 1 号位固定不动，其他号位每轮逆时针方向轮转一个位置，即可排出下一轮全部轮次的比赛秩序，如参赛队数（人数）是单数时，用“0”补成双数进行上述轮转，与“0”相遇的队，该轮轮空，即该场不比赛。逆时针轮转法的特点是保证了各队（选手）比赛进度的一致；最可能成为冠亚军决赛的比赛安排在整个比赛秩序的最后一轮，使比赛在最后阶段进入高潮。

顺时针轮转法：先确定最后一轮的比赛，再固定 1 号位，其他位置逐渐按顺时针轮转一个号位的方法，倒推出各轮的比赛秩序。顺时针轮转法的特点是在最后一轮安排了四场实力最接近的比赛，使比赛在最后一轮走向高潮。但也有明显缺陷，各轮比赛中强弱的搭配很不均匀。这种方法在乒乓球比赛中有时也被采用。

大轮转、小调动：在逆时针轮转法的基础上，根据某种需要对某个场次或轮次进行个别的“小调动”。比如，为了满足电视转播的要求，把需要转播的轮次与其他轮次互相调换，也可把需转播的场次在同一轮中的顺序加以调整，以满足特定转播时间的要求。

（二）分组循环赛

如果参赛队伍或选手众多，单循环赛则难以达到理想效果。为克服其局限，可采取分组循环赛的方法。

分组不分阶段的循环赛：一种是采用等级制比赛。按照技术水平区分为若干等级，进行分组循环赛。例如，40 支队伍参加一次比赛，可将 40 支队伍按其技术水平，划分成甲、乙、丙、丁四个级别，比赛只在同一级别内进行。另一种是分区比赛。按地区进行分组，划为若干组别进行分组循环赛。例如，将 40 支队伍分成 4 个赛区，每赛区 7~8 个队，各自进行循环赛。比赛分别在各个赛区进行。各赛区的比赛结束，整个分区赛亦宣告结束。

分组又分阶段的循环赛：用分组循环赛的方法，把比赛分为两个阶段或更多阶段，可以用比较少的比赛场数完成所有阶段比赛，同时产生所有参赛队的名次。例如，30 个参赛队参加比赛，第一阶段分 8 个组进行单循环赛；第二阶段由第一阶段比赛各小组同名次的队，重新组成 4 个组，分组循环，决出全部名次。

（三）单淘汰赛

所谓单淘汰赛，是运动员（队）按排定的秩序由相邻的两名参赛者进行比赛，胜者进入下一轮，负者淘汰，直到唯一的一名未被淘汰的参赛者，就成为这次竞赛的冠军。

乒乓球单项比赛在大多数情况下，都是采用单淘汰赛的比赛办法。世界乒乓球锦标赛的男子单打、男子双打、女子单打、女子双打和混合双打均是如此。男、女团体赛的第二阶段也采用淘汰赛。单淘汰竞赛方法的对抗性强、吸引力大和竞赛效率高的基本属性，很好地符合了体育竞赛的特点和要求，但也存在合理性差、偶然性大、不完整性等缺陷。为了使淘汰赛具有更强的生命力，必须采用相应手段去克服这些缺陷。

单循环赛不完整性等缺陷的克服办法如下。

1. 设定“种子”选手

确定种子和种子序号的原则：种子和种子序号应根据技术水平来确定，技术水平的最直接依据是运动员（队）的比赛成绩。运动员比赛成绩可参照以下相关原则：小比赛的成绩服从大比赛的成绩；低水平比赛的成绩服从高水平的成绩；远期比赛的成绩服从近期比赛的成绩；团体赛中单打场次的成绩服从单打项目的成绩；世界比赛的种子可根据最新的世界优秀选手电脑排名表确定。

2. 使用“抽签”的技术

使每个运动员有相同的机会面临可能的机遇，保证竞赛的合理性。这种以机遇对机遇的对策性措施，即为“抽签”。

3. 设置“轮空”“抢号”“附加赛”的技术

通过设置“轮空”或“抢号”，使第一轮比赛的号码位置数正好是 2 的某次乘方数，可克服单淘汰赛秩序的不完整性。

轮空：所谓轮空，是某个选手在不经过与另一名选手角逐的情况下，不战而胜，自动升一级。没有运动员的号码位置称为“轮空位置”。“某选手轮空”是指某选手在该轮比赛没有对手，他的对手位置是轮空位置，轮空位置在 2 号时 1 号选手轮空。

选择号码位置数：应根据参赛人（对）数，选择最接近的，较大的 2 的乘方数作为安排竞赛秩序的号码位置数。较常用的号码位置数有 16、32、64、128。

轮空位置数：轮空位置数=号码位置数-运动员人（队）数。

确定轮空位置：轮空位置应均匀地分布于各个区内。在种子与非种子之间，种子优先轮空；在种子内部，种子序号在前的优先轮空。轮空位置号码可查轮空位置表。

查表方法：按轮空位置数目，依次（逐行由左向右）摘出小于比赛位置数的号码，即为轮空位置号码。例如，59 人参加比赛，应选用 64 个号码位置，有 5 个轮空位置，依次从左至右摘出小于 64 的 5 个号码——2、63、34、31、18 即为轮空位置号码。

抢号：如参加比赛的人（队）数稍大于 2 的某次方数，安排轮空则会出现过多的轮空位，在实际操作时，会感到不方便。在这种情况下，一种变通方法产生了，即“抢号”的方法。也就是在某一个号码位置上同时安排两名（队）运动员，比赛的胜者即抢得该号码位置。经一轮抢号比赛后余下的运动员人数正好为 2 的某次方数。

选择号码位置数：单淘汰赛中采用抢号办法时根据参加比赛的人（队）数，选择最接近的、较小的 2 的乘方数作为号码位置数。如 67 名运动员参加比赛，应当选用 64 个号码位置，而不采用 128 个号码位置。

抢号数目：抢号数目=运动员人（队）数-号码位置数。

抢号位置：“抢号”和“轮空”的区别完全是形式上的，没有任何实质性的变化。仅是处理的技术方法有所不同。因此，抢号位置的号码可直接从“轮空位置表”中查得，69 名运动员参加比赛，应选用 64 个号码位置数，有 5 个抢号位置，在“轮空位置表”中从左至右依次摘出小于 64 的 5 个号码——2、63、34、31、18 即为抢号位置号码。

可利用“附加赛”技术，排出竞赛所需的全部名次。比赛方法是，每一轮的胜者与胜者、负者与负者之间进行比赛，直至排出竞赛所需确定的名次。

（四）双淘汰赛

运动员按照编排的秩序进行比赛，失败两场就被淘汰，最后失败一场为亚军，不败者为冠军。

（五）混合赛制

一次竞赛中同时利用循环制和淘汰制称为混合制。在乒乓球竞赛中主要有以下几种形式。

先淘汰后循环：先采用单淘汰赛的方法，将大多数或绝大多数的队（运动员）淘汰，最后剩下少数优秀队（运动员）再进行单循环赛。这种竞赛办法，可使少数优秀队（运动员）得到更多的锻炼，或对他们进行更好的选拔。

先循环后淘汰：整个竞赛分为两个阶段。第一阶段，将参加比赛的队（运动员）分成若干小组，分组进行单循环赛；第二阶段，由各个小组相应的同名次进行单淘汰赛，决出部分或全部名次。这种竞赛办法，不仅可以有效地控制整个竞赛总量和各队（运动员）比赛强度，而且能将竞赛在最后阶段逐步推向高潮。

循环结合淘汰制：在先循环后淘汰的比赛中，运动员（队）为了在淘汰赛中选择有利于自己的对手，可能会在某些场次出现“让球”现象。采用这一方法可在一定程度上防止这种问题。

三、乒乓球竞赛的抽签方法

乒乓球抽签的准备工作有接受并汇总报名、研究抽签方案、准备抽签用具、组织抽签班子和抽签实习。

循环赛的抽签方法：乒乓球竞赛的团体比赛项目，较多采用分阶段循环赛的竞赛办法，这种竞赛办法的抽签一般采用“直接分组定位”的抽签方法，将种子队和非种子队直接确定到各个组内。

淘汰赛的抽签方法：乒乓球竞赛的单项比赛，通常采用单淘汰赛的竞赛办法，一般采用“先分区后定位”的抽签方法，即先用抽签将各参赛队的运动员合理地分到各个区内。在此基础上，再采用一次抽签，将各个区内的运动员确定到具体的号码位置上。

确定抽签顺序的方法一般有：按参赛单位名称的笔画多少或字母顺序排列抽签顺序；采用抽签的办法决定抽签顺序；按参赛单位的人数和种子多少排列抽签顺序；按报名的先后排列抽签顺序。

准备抽签用具：含抽签卡包括（“名签”和“号签”）、分区控制表、抽签说明词、抽签记录表、抽签备用品等。

在正式抽签前，应当进行抽签实习，通过实习发现该项目中的抽签规律和抽签中存在及可能发生的问题。如条件允许，应在真正场地上进行彩排。

抽签示例：

示例 1　女子团体赛报名情况：60 个队

种子数量：15 个种子队

竞赛办法：三阶段循环赛，第一阶段分成 15 个小组，每组 4 个队进行单循环赛；第一阶段获得同名次的队分成 3 个小组，每组 5 个队，进行第二阶段单循环赛。在第二阶段比赛中获得同名次的各 3 个队，再进行第三阶段单循环赛，决出全部名次。

第一步：抽种子。

将 1~5 号种子分别抽入第 1、4、7、10、13 组。将 6~10 号种子分别抽入第 2、5、8、11、14 组。将 11~15 号种子分别抽入第 3、6、9、12、15 组。

第二步：抽非种子。

将 45 支非种子队一批插入各个组内，每个组抽进 3 个队。

第三步：抽比赛序号。

将种子队定为各组的 1 号。抽签决定非种子在各组的比赛序号。

抽签分组时，号签员应根据主抽人的说明词，取出相应的组签，洗乱后摆放在桌面上（背面朝上）；主抽人将队名签洗乱，随意盖放在摆好的组签上（背面朝上），也可以由本队的代表放置本队的名签到任意的组上，然后主抽人依次揭开名签和组签，展示于各参赛队并宣布各队所抽定的组别。至此女子团体比赛的抽签实施结束，对抽签结果进行仔细复核。

示例 2　有 12 个单位的 60 名选手参加乒乓球女子单打比赛，各参赛单位人数分别为：

A 队：4 人　B 队：6 人　C 队：8 人　D 队：1 人

E 队：4 人　F 队：7 人　G 队：5 人　H 队：2 人

I 队：3 人　J 队：8 人　K 队：4 人　L 队：8 人

比赛采用淘汰制，设 8 名种子：

第 1 号种子 A1

第 2 号种子 C1

第 3~4 号种子 C2、A2

第 5~8 号种子 E1、C3、K1、E2

根据各队运动员人数的不同，可将运动员分为三种不同类型的选手，一个队中人数为 4 的整数倍的那部分运动员，称为“R-R”型选手，这类选手只能在某个区内。如有 8 名和 4 名运动员的队全是“R-R”型选手；有 6 名运动员队，其中有 4 名“R”型选手。除开“R-R”型运动员又分为两类。一类是“R-S”型选手，被画在 1/4 区的交界线上，它们对 1/2 区是固定的，但对 1/4 区是机动的，可以随机抽入还有机动数的 1/4 区内；另一类是“S-S”型选手，被画在 1/2 区的交界线上，他们对 1/2 区和 1/4 区是机动的，可以随机抽入有机动数的 1/2 区和 1/4 区内。

计算各区的机动数：

1/4 区机动数的计算：划入各个 1/4 区内的“R-R”型选手数自然为该 1/4 区的固定数。实例 60 名运动员中有 48 名“R-R”型选手，每个 1/4 区各有 12 个固定数。各个 1/4 区的位置数减该 1/4 区的轮空数和固定数，差数即为各 1/4 区的“机动数”。实例中机动数各为 3。

1/2 区机动数的计算：需特别注意 1/2 区的固定数应包括该半区中两个 1/4 区的固定数和 1/4 区交界线上的“R-S”选手。

单淘汰赛的抽签分为种子运动员抽签和非种子运动员抽签两部分。首先对种子运动员进行抽签，然后进行非种子运动员抽签。

种子运动员抽签：

种子运动员采用分批抽签一次定位。

确定第 1 号和第 2 号种子的号码置。根据乒乓球竞赛规则规定，第 1 号种子 A1 进入上半区顶部即 1 号位置，2 号种子 C1 进入下半区底部即 64 号位置。

确定第 3、4 号种子的号码位置。第 3、4 号种子应用抽签的办法分别抽入 32、33 号位置，由于 A1 已进入 1 号位置，同单位的 A2 应抽入 A1 不在的另一个 1/2 区，即进入 33 号位置。同理，C2 进入 32 号位置。

最后确定 5~8 号种子的位置。由于 C1、C2 已分别定位于第 4 个、第 2 个 1/4 区，C3 只能抽入 C1、C2 所不在的第 1 个、第 3 个 1/4 区。设 C3 随机抽入第 3 个 1/4 区，剩下三个第 5~8 号种子中，有两个种子是同单位的，E1、E2 必须分别抽入第 1 个 1/2 区和第 2

个 1/2 区，而下半部还剩一个种子位置，在第 4 个 1/4 区，E1、E2 必须有 1 人进入第 4 个 1/4 区，设 E2 抽入第 4 个 1/4 区，即 49 号位置。E1 抽入上半区的第 1 或第 2 个 1/4 区。设 E1 抽入 16 号位置。最后一个 5~8 号种子 K1，方能进入第 2 个 1/4 区的 17 号位置。

非种子运动员抽签：

非种子运动员抽签分两步，先抽签“分区”，再抽签“定位”。

非种子运动员的抽签分区，抽“R-R”型选手时与各区的机动数无关，抽“R-S”型选手时，凡确定 1 个“R-S”型选手进入某 1/4 区，需将该 1/4 区的机动数减 1，抽“S-S”型选手时，确定 1 个“S-S”型选手进入某 1/4 区，即需将该 1/4 区以及该 1/4 区所在的 1/2 区的机动数均减去 1。某区的机动数减为 0 时，选手不能再进入该区。

下面逐队进行抽签分区：

抽 A 队。A 队有 4 名运动员。A1、A2 为种子运动员。已定位于第 1 个 1/4 区和第 3 个 1/4 区。A3、A4 可随机抽入第 2 个、第 4 个 1/4 区，设 A3 进第 2 个 1/4 区，A4 进第 4 个 1/4 区。

抽 B 队。B 队有 6 名运动员，均为非种子运动员。将 B1、B2 抽入上、下两个半区的任何一个 1/4 区，设 B1 进第 1 个 1/4 区，B2 进第 3 个 1/4 区，B3、B4 抽入 B1、B2 所不在的第 2 个、第 4 个 1/4 区，设 B3 进第 4 个 1/4 区，B4 进第 2 个 1/4 区。B5、B6 均为“R-S”型选手，应将其分别抽入上、下两个不同的任何一个 1/4 区内，设 B5 进入第 4 个 1/4 区，B6 进入第 1 个 1/4 区。划去相应 1/4 区的一个机动数，第 1 个 1/4 区机动数为 2，第 4 个 1/4 区的机动数为 2。

抽 C 队。由于 C1、C2、C3 作为种子已分别抽入第 4 个、第 2 个、第 3 个 1/4 区，因此 C4 只能进入第 1 个 1/4 区。C5、C6、C7、C8 一次分别抽入任意一个 1/4 区，设 C5 进第 4 个 1/4 区，C6 进第 1 个 1/4 区，C7 进第 3 个 1/4 区，C8 进第 2 个 1/4 区。

抽 D 队。D 队只有一名非种子运动员，且为“S-S”型选手。可抽入任何 1 个 1/4 区。设 D1 进入第 1 个 1/4 区，减去相应的第 1 个 1/4 区的机动数。第 1 个 1/4 区的机动数减“1”，而第 1 个 1/2 区的机动数也要减 1，即减剩为“1”。

抽 E 队。E 队抽签同理于 A 队。设 E3 进第 2 个 1/4 区，E4 进第 3 个 1/4 区。

抽 F 队。F 队有 7 名运动员，均为非种子运动员。首先将 F1、F2 抽入上、下两个半区的任何一个 1/4 区内，设 F1 进第 2 个 1/4 区，F2 进第 3 个 1/4 区。F3、F4 分别抽入第 1 个 1/4 区，第 4 个 1/4 区。F5、F6 为“R-S”型选手，可分别抽入上、下两个半区的任何一个 1/4 区内，设 F5 进入第 1 个 1/4 区，F6 进入第 3 个 1/4 区，划去相应 1/4 区的机动数，第 1 个 1/4 区机动数为“0”不能再进选手，第 3 个 1/4 区的机动数减为“2”，F7 为“S-S”型选手，可抽入第 2 个、第 3 个、第 4 个 1/4 区（第 1 个 1/4 区不能再进选手），但由于 F6 已抽入第 3 个 1/4 区，F7 只能抽入第 2 个或第 3 个 1/4 区，设 F7 进入第 4 个 1/4 区，第 4 个 1/4 区的机动数减为“1”，第 2 个 1/2 区的机动数减剩为“1”。

抽 G 队。G 队共 5 名运动员，4 名“R-R”型选手的抽签同 E 队。设 G1 进第 1 个 1/4 区，G2 进第 3 个 1/4 区，G3 进第 2 个 1/4 区，G4 进第 4 个 1/4 区，G5 是“S-S”型选手。从机动数上看，第 1 个 1/4 区机动数为 0，已不能进入。只有第 2 个、第 3 个、第 4 个 1/4 区能进入。但此时，G5 须控制该队员不能抽入下半区的任何一个 1/4 区。否则，会出现卡死的情况。G5 只能进入第 2 个 1/4 区，减去相应区的机动数。第 2 个 1/4 区机动数剩为 2，上半区机动数为 0。

抽 H 队。H 队 2 名队员，为“R-S”型选手。H1、H2 应分别抽入上、下半区的任何一个 1/4 区，但第 1 个 1/4 区机动数已为“0”，上半区只能进入第 2 个 1/4 区，下半区的第 4 个 1/4 区也不能进入，否则卡死，设 H2 进入第 2 个 1/4 区，H1 进入第 3 个 1/4 区。减去相应各 1/4 区的机动数。

抽 I 队。I 队 3 名运动员。首先抽 I1、I2 两名“R-S”型队员，I1、I2 应分别进入上、下半区的任何一个 1/4 区，但第 1 个 1/4 区机动数为 0，上半区只能进入第 2 个 1/4 区。设 I1 进入第 2 个 1/4 区，I2 进入第 3 个 1/4 区，最后“S-S”型选手 I3 是只能进入第 4 个 1/4 区。划去相应各区的机动数。各 1/2 区、1/4 区的机动数均为 0，此时，已无“R-S”型选手和“S- S”型选手。

抽 J 队。与 C 队抽签同理，均为“R-R”型选手，设 J1-J8 位选手分别抽入第 2 个、第 3 个、第 1 个、第 4 个、第 4 个、第 1 个、第 2 个、第 3 个 1/4 区。

抽 K 队。与 B 队同理，均为“R-R”型选手，设 K2 抽入第 4 个 1/4 区。K3、K4 分别抽入第 3 个、第 1 个 1/4 区。

抽 L 队。与 C 队抽签同理，均为“R-R”型选手，设 L1-L4 四位选手分别抽入第 1 个、第 3 个、第 4 个、第 2 个 1/4 区，L5-L8 四位选手进入第 1 个、第 3 个、第 4 个、第 2 个 1/4 区。

非种子运动员在进行分区抽签时，根据主抽人的说明词，号签员应取出相应的区签，洗乱后放在桌面上（背面向上），主抽人取出非种子名签，洗乱后随意摆放在某区签上，然而揭开名签和号数，并宣布抽签分区结果。

非种子运动员抽签“定位”。

通过抽签分区，各队非种子运动员已被划入各个区内。现需要对各 1/4 区的运动员进行抽签“定位”，即把运动员放到具体的号码位置上。

各 1/4 区运动员进行抽签定位时，应先把同单位的运动员合理分开，即分别抽入该区的不同 1/8 区的号码位置，再将其他运动员随机抽入剩下的号码位置。

按区进行抽签定位：抽第 1 区，第 1 个 1/4 区共 15 名运动员。其中种子运动员 2 名，非种子运动员 13 名。

第一步，抽出该区有两名同单位运动员的非种子运动员名签，即 B 队 B1、B6，C 队 C4、C6，F 队 F3、F5，J 队 J3、J6，L 队 L1、L5。

第二步，号签员将第 1 个 1/8 区的位置签洗乱后，摆放在主抽人桌面上的右侧（需拿出种子位置号码 1 号位置签，和本 1/8 区轮空位 2 号位置签）再将第 2 个 1/8 区的位置签洗乱后，摆放在主抽人桌面左侧（需拿出种子位置 16 号位置签）。

第三步，主抽人将 B1、B6 分别随意盖在两个不同的 1/8 区的某一位置签上、保证同单位运动员分在不同 1/8 区。同样道理，对 C4、C6；F3、F5；J3、J6；L1、L5 进行抽签。

第四步，重新收起未被放置各签的全部位置签共 J 张，重新洗乱摆放在桌上，主抽人将其余 3 名运动员的名签（D1、G1、K4），洗乱后随意放在各张位置签上。随后，揭开名签和号签，逐一出示，并宣布运动员抽签的结果。

第五步，对第 2 个、第 3 个、第 4 个 1/4 区用同样方法对非种子运动员进行抽签定位，非种子运动员抽签定位结束。

抽签实施到此结束，对抽签结果进行复核、校对。

四、乒乓球竞赛秩序的编排方法

乒乓球比赛中，根据规则和规程的基本要求以及实际报名情况，用抽签确定每个队（选手）在各个项目比赛中的位置。而竞赛编排的任务，是在一定的时间内，科学合理地把全部的比赛安排在一定数量的比赛场地上，按一定的秩序进行比赛，也就是通过编排确定全部比赛的日期、时间和台号。

编排工作是一项十分重要的工作，编排方案影响运动队、场馆、安保以及电视直播等。也就是说，编排方案一经确定，赛区所有人员都围绕着这个方案工作。

（一）编排工作的基本要求

1. 保持运动队和选手合理的比赛强度

编排方应立足于任何队、任何选手在每个项目的每次比赛中可能获得胜利，并以这样的原则来确定运动队和选手的最大极限量。

编排工作要力求降低选手在场时间和实际比赛时间的比例。

使用多场地比赛时，应避免出现一名选手在一节比赛时间内要在两个场地进行比赛的现象。对男女队团体只有一名教练员的队，还应尽量避免其男、女队同时上场比赛，特别是不能在两个比赛场地同时上场比赛。

在一节比赛中，运动员在两场比赛之间应有不少于一场比赛的时间，即不得连场。

一般情况下，在单项比赛中七局四胜制的比赛每节不超过 3 场，每天不超过 7 场，团体比赛每天不超过 3 场，每节不超过 1 场。

2. 满足和适应观众的要求

一节比赛中应安排有男、女队或男、女选手的比赛，不要搞“清一色”。

每一节比赛都应安排比较“精彩”的有优秀运动员参加的比赛。

晚上和节假日的比赛应多安排一些重要和精彩的场次，以赢得上座率，提高电视收视率，满足于电视转播，防止发生全场“空场”的情况。

3. 合理使用场馆

一个场馆一般都设置若干张球台，球台的使用一般是先多后少，根据比赛进行的情况有规律地递减，要防止忽多忽少的现象。

多场馆进行比赛时，应把最优秀的队（队员）安排在中心场馆进行比赛。

4. 重视团体、单项决赛的安排

团体决赛和单项决赛应单独进行。

单项决赛的安排可参考下列两种方式。

第一种：混双提前进行。男单、女单，男双、女双四个项目一个晚上进行比赛。

第二种：混双提前进行。女单、男双一个晚上进行比赛，男单、女双最后一节进行比赛。

单项决赛只标出日期和节次，不排定具体的时间、台号，有利于电视转播和裁判长调度。

5. 符合竞赛规程的规定和节约比赛的经费开支

编排方案必须符合竞赛规程的各项规定。采取多种有效措施努力节约经费开支。

6. 注意中心球台的使用

举行重大国际比赛，一般都有电视台对部分重要、精彩场次进行转播，应考虑以下因素。

转播世界排名靠前的优秀运动之间的比赛。

转播有主办国著名运动员参加的比赛。

转播主要赞助商要求转播的比赛。

对以上比赛编排时要有预见性，如临时调动应符合规程规定。

（二）编排工作的主要内容

1. 设计编排方案

确定一个编排方案，涉及竞赛日程、比赛方法、参赛队选手的人数、场地和球台的规模等。除了十分熟悉竞赛规程和比赛办法的规定以及其他有关规定外，还要尽可能准确地估计可能参加比赛的队数和人数，设计编排方案，最重要的是搞好整体设计。在多数情况下，编排方案需在抽签前搞预案。

2. 编排竞赛秩序

（1）团体比赛的编排：一般情况下，一节比赛中每张球台安排男、女团体赛各一场。为了避免出现“连场”和“重场”情况，在比赛互相衔接的情况下，采取男女相对固定的比赛办法，一般先女后男，且每节均先女后男。编排中，也可采用每张球台安排一场男子团体比赛或两场女子团体比赛的方法。

团体赛的分组应特别注意“轮数”的变化，要尽量防止个别组的队数比其他组的队数多一个而成为奇数队的组，如一个组有 7 个队，其他组有 6 个队，则多出 2 轮，从而增加了编排的难度。团体赛的决赛应单独安排一节。一场团体比赛理论时间为一个半小时。

（2）单项比赛的编排：在单项比赛的一节比赛中，应尽可能防止“清一色”的男子或女子比赛，或只进行双打比赛无单打比赛。为了解决混合双打的连场问题，可在观众较少的节次中突击三轮。一场单打（7 局 4 胜）的理论比赛时间为 30 分钟。一场双打比赛（5 局 3 胜）的理论时间为 20 分钟。

为了防止在多项目比赛时出现的连场情况，可采用男、女交叉和同项目衔接的方法。如：

8：30 女单

9：00 男单

9：30 女双

9：50 男双

10：10 女单

10：40 男单

11：10 女双

11：30 男双

同项目同轮次比赛自我衔接也不会造成“连场”。如：

8：30 女双（第一轮）

8：50 女双（第一轮）

9：10 男单（第二轮）

9：40 男单（第二轮）

10：10 女单（第二轮）

10：40 女单（第二轮）

11：10 男双（第一轮）

11：30 男双（第一轮）

第四节　乒乓球比赛裁判员工作权限与职责

做好乒乓球裁判工作不仅应当精通规则、严格执行规则，而且应当研究如何更好地在不违背规则精神的前提下，提高执法水平和能力，做到既有原则性，又有适度的“灵活性”。在本节中，我们着重对裁判长与裁判员的临场工作进行一些探讨，以使裁判长、裁判员在临场工作中均能达到一种较为理想的状态和境界，高质量地完成任务。

一、裁判长的工作权限（职责）

裁判长是整个比赛的组织者、指挥者。总的来讲，裁判长的任务是制订竞赛工作方案，编制技术文书；调兵遣将，合理安排裁判员；亲临现场，处理临场工作中的突发事件和裁判员解决不了的问题。具体来讲，裁判长的职责如下。

1. 主持抽签，编排比赛日程。

2. 指派裁判人员。

3. 主持裁判人员的赛前短会。

4. 审查运动员的参赛资格。

5. 决定在紧急时刻是否中断比赛。

6. 决定在一场比赛中运动员是否可以离开赛区。

7. 决定是否可以延长法定练习时间。

8. 决定在一场比赛中运动员能否穿长运动服。

9. 对解释规则和规程的任何问题做出决定，包括服装、比赛器材和比赛条件的可接受性。决定在比赛紧急中断时运动员能否练习，以及练习地点。

10. 对于不良行为或其他违反规程的行为采取纪律行动。

11. 经竞赛管理委员会的同意，当裁判长的任何职责托付给其他人员时，应将这些人员中的每个人的特殊职责和工作地点告知参赛者。

12. 裁判长或在其缺席时负责代理的副裁判长，在比赛过程中自始至终应亲临比赛场地。

13. 如果裁判长认为必要，可在任何时间更换裁判人员但不得更改被更换者在其职权范围内就事实问题做出的判定。

14. 从抵达比赛场地开始至离开场地，运动员应处于裁判长的管辖之下。

二、裁判长工作的总体要求和工作程序

（一）赛前：接受任务，周密安排

1. 了解、熟悉、理解竞赛规程。

（1）竞赛规程的指导性：时间、地点、参加单位、参加办法、竞赛方法、名次录取等。

（2）竞赛规程的法律性：竞赛规程是比赛官员保证执行的行为规则。

（3）竞赛规程与乒乓球竞赛规则之间的关系：乒乓球竞赛规则是竞赛规程中的一个组成部分。

2. 及时了解担任本次比赛裁判工作的人员情况。

（1）副裁判长（助手）人选，高层领导班子相互间的配合、协调程度如何，是能否

组织好一次竞赛的关键。

（2）骨干裁判力量如何。骨干裁判是竞赛裁判工作质量的基本保证。

（3）编排记录组人员的组成情况。编排记录组的工作直接影响一次竞赛的组织水平，包括竞赛次序能否有条不紊地进行，比赛的名次是否正确。

3. 运动员的资格审查。

（1）报名表就如同运动员和组织者之间的一张契约，需要双方来服从包含在其中的任何条件。确保这些条件的付诸实施是裁判长的责任。例如，对少年比赛的运动员有特定的年龄限制，因此裁判长就必须确认运动员符合条件，而不得接受已被其协会中止或除名的运动员的报名。只有得到所属协会的允许，一名运动员才能参加国际公开赛。参加国际团体赛的运动员必须合法代表其所属协会。

（2）资格审查的事项。主要问题：冒名顶替、弄虚作假。资格审查的难度：①较难辨认；②法律有效（证明）文书是否齐全。

（3）采取的对策：依靠各方配合，妥善处理。

（4）由谁负责接受报名（竞赛组还是裁判长）。

因裁判长要负责审查运动员的参赛资格，因而其对接受报名工作或主要负责，或积极参与、配合，具体应视情况而定。

4. 抽签、编排。

（1）根据竞赛规程和比赛办法，统计好参赛队数、人数、各项目的轮次、场次数。

（2）根据组委会竞赛日程安排，考虑设计抽签、编排方案。

（3）根据竞赛规程中的比赛办法进行抽签。

（4）实施编排（兼顾各方、相对合理、多种预案、以备变更）。

5. 印制竞赛次序册。

（1）固定部分：竞赛规程、补充规定、守则、比赛名次以外的评奖办法、组委会人员、裁判员、运动员名单、大会活动日程表等。

（2）活动部分：竞赛次序分项目、分阶段临时编印。由于某些特殊原因，总会发生一些意外情况，因而有时变更抽签也是允许的。

6. 检查比赛场地、器材。

在可能的情况下，裁判长应在比赛开始前检查好比赛所用场地，以便提前纠正比赛条件的任何不足之处。

7. 运动队（运动员）的赛前练习安排。

为保证各运动队（运动员）的赛前练习机会相对均等，裁判长应积极参与或直接负责运动队（运动员）的赛前练习安排。

8. 参加和组织有关会议。

（1）参加组委会会议。

（2）参加（竞赛）新闻发布会。因为现代竞技体育只有新闻媒体的介入才具有生命力，才会体现一种价值，才能扩大影响，产生更大的商业效应。

（3）参加领队、教练员联席会议：通报有关裁判组织工作的基本情况；就竞赛技术管理工作中某些特殊问题作简要说明。

（4）组织召开裁判长工作会议：制定工作程序；安排工作任务。

（5）组织召开比赛官员（裁判员）动员、学习会，并进行赛前临场实习。竞赛开始前，裁判长应召开一次裁判员会议，就任何新规则和规程的运用，以及服装和器材规格方面的可允许尺度进行指导，以提高裁判员业务水平，调动一切积极因素。

9. 参与和了解赛前的其他准备工作。

（二）赛中：全力以赴，确保比赛

1. 佩戴明显标志，亲临比赛现场，明确所在位置。

（1）裁判长（或授权代理人）在比赛期间必须亲临现场，并明确其所在位置。

（2）裁判长不必亲自处理所有职责范围内的事务，可授权他人，但裁判长仍要负有责任。

2. 委派和监督比赛官员。

（1）委派的信任度。比赛官员的委派应是慎重的（必须能完成任务）和完全信任的（用人不疑，疑人不用）。

（2）监督的方式。监督的方式应是观察与指导，以察看为主，指导、督促为辅。在任何可能的时候，裁判长应观察已被委派的裁判员，核查他们的能力，对任何不足之处及时给予指导，而这些不足之处他们是可以能够加以纠正的。要尽可能地避免未出问题前的单一（场外）监督，因为这样的监督方式往往会给临场裁判员造成不必要的心理压力（一种不信任感）。

（3）重要比赛场次裁判员的挑选。对要担任重要比赛场次（如半决赛和决赛）裁判工作的裁判员，应根据裁判员在竞赛期间的表现来确定，而不是完全依据其身份或资历来挑选，即“有身份（资历）论，不唯身份（资历）论，重在实际表现（能力）”。

3. 解释规则、规程，并对裁判长职责范围内的有关问题做出决定。

（1）一次竞赛的管理机构通常包括：一般比赛官员；裁判长及其代理人；管理委员会。

（2）各自的职责范围：裁判员主要决定事实问题；裁判长决定规则解释问题；管理委员会决定规则所没有涉及的问题。

（3）规则包含比赛规则、国际乒联的国际比赛规程，以及组委会所决定的，在报名表上注明的任何特殊规程和条件。

（4）规则的宣读和解释。①规则的宣读：只要对规则有所了解，监督比赛官员就能轻易完成。②规则的解释：只有熟悉规则，并对规则条文有所理解的监督比赛的官员方能进行正确、规范的解释（分析、阐明或说明含义、原因、理由）。

（5）规则解释包括两个方面：①裁决规则是如何执行的，尤其是未被规则文字明确表明的情况。②执行某些规程所要求的判决（如服装、器材比赛条件、比赛能否紧急中断、对违反规程行为进行处罚等）。

（6）执法的一致性：裁判长在裁决规则解释方面的问题时，应考虑国际乒联的裁决和任何有关的先例，这将有助于执法的一致性。而这正是一名好的裁判长所必不可少的素质。对于裁判长来说，持有一本“竞赛日志”不失为一个好方法，其中记录所处理的事件及所做出的决定。这不但有助于保持必要的连贯性，而且为抗议或申述提供了依据。

4. 监控比赛进度。

绝对有序的比赛一般是不可能的，因为一场比赛的局分、比分和一分所消耗的时间不尽相同。裁判长应随时掌握比赛进度，及时调整，以保证比赛相对有序地进行。

5. 撤换裁判员。

撤换裁判员的基本原则如下。

（1）比赛无法继续进行：或由于执行规则过于僵化；或由于非临场裁判因素。

（2）可能影响比赛结果：或明显偏袒；或涉及中立问题。

（三）赛后：善始善终，认真总结

1. 宣布竞（比）赛成绩（名次）。

裁判长应过问、审核或亲自计算竞（比）赛成绩，而后宣布竞（比）赛成绩（名次）。如由大会主席或其他人宣布竞（比）赛成绩（名次），则一定要得到裁判长的认可。

2. 及时编印竞（比）赛成绩册。

竞（比）赛成绩册应在赛后及时发送或邮寄给有关部门、单位。主办协会在比赛结束后 7 天之内，应尽快将详细成绩和比分，包括国际比赛、洲和国际公开锦标赛的各轮成绩，以及全国锦标赛的最后几轮成绩，寄给国际乒联秘书长和有关洲联合会的秘书长。

3. 对比赛中的竞赛、技术管理工作进行总结。

具体包括竞（比）赛工作主要特点、经验、教训、体会、改进办法等。

“历史的经验值得注意”。每次竞赛工作都会有成功之处，通过总结可为下次竞赛提供工作经验。

4. 负责向上级有关部门汇报竞赛工作情况及裁判长工作的具体工作程序。

三、裁判长工作的特殊性

裁判长要在特殊的环境中、特定的氛围下，对突如其来的、自己看见或没有看见的全部事实（不可能每张球台都能看见）进行正确、及时的处理。因此，裁判长必须精通规则，积累经验，控制场面，熟练、巧妙地处理问题。

（一）裁判长工作的重点、难点

1. 对于临时变更难以处理。这就要求裁判长在短时间里作出快速反应，做出予以接受或不同意变更的决定。

2. 对于弃权要慎重。裁判长要以规则为根据，对弃权的时间要非常清楚；同时，要对一些特殊情况如堵车等运动员自身无法克服的意外情况灵活处理。

3. 对于撤换裁判员。在比赛中随时可能出现运动员或运动队与裁判员发生冲突，以致比赛无法顺利进行，运动员或运动队强烈要求更换裁判员的情况。因此，裁判长对此类情况必须慎重、妥善处理。只有在裁判员影响了比赛的公正性，且丧失了控制比赛局面的能力，致使比赛无法进行时，裁判长才能撤换裁判员。在通常情况下，不能轻易地撤换裁判员。

（二）裁判长工作的处理艺术

1. 坚持原则，公正公平，适度灵活，一视同仁。

2. 了解事实真相，分析矛盾焦点，以规则为准绳、以事实为依据，积极妥善处理，公开处理结果。

3. 把握好处理问题的时机和节奏，切勿“四太”：太早、太迟、太快、太慢。冷静而稳健，快而不急。

4. 正确把握规则精神，绝不能掩盖矛盾、回避事实、听信谎言、态度暧昧，既不能激化矛盾，也不能扩大矛盾，而应正视事实，认真负责地按照规则要求处理。

5. 把握好监控原则。在运动员作风问题上，应对一般运动员、著名运动员一视同仁，不能患得患失。处理时应态度鲜明，尊重他人。

6. 具有良好的协调能力与沟通能力。裁判长既要对组委会、仲裁委员会负责，又要安排和使用好副裁判长、裁判员，对上对下都应保持良好的关系，以利于工作的顺利进行。

四、裁判员工作的权限

裁判员工作的总体要求是：确认事实，对照规则，做出判定。其工作权限包括：

1. 检查比赛器材和比赛条件的可接受性，如有问题向裁判长报告。

2. 在进入赛区之前，运动员应有机会挑选一个或几个比赛用球，并由裁判员任意从中取一个球进行比赛；如果运动员未能在进入赛区前挑选比赛用球，则由裁判员从一盒大会指定的比赛用球中任意取一个进行比赛。

3. 主持抽签确定发球、接发球和方位。

4. 决定是否由于运动员身体伤病而放宽合法发球的某些规定。

5. 控制方位和发球、接发球的次序，纠正上述有关方面出现的错误。

6. 决定每一个回合得 1 分或重发球。

7. 根据规定的程序报分。

8. 在适当的时间执行轮换发球法。

9. 保持比赛的连续性。

10. 对违反场外指导或行为等规定者采取行动。

11. 副裁判员决定处于比赛状态中的球是否触及距离他最近的比赛台面的上边缘。

12. 裁判员或副裁判员均可判决：运动员发球动作不合法；合法发球在球越过或绕过球网装置并触及球网装置；运动员阻挡；比赛环境受到意外干扰，该回合的结果有可能受到影响；掌握练习时间、比赛时间及间歇时间。

13. 副裁判员或另外指派人员执行轮换发球法时，副裁判员或另外指派的一名裁判人员均可当计数员。计接发球方运动员的击球板数。

14. 裁判员不得否决副裁判员或计数员根据规则所做出的判决。

15. 从抵达比赛区域开始至离开区域、运动员应处于裁判员的管辖之下。

五、裁判员临场管理的基本内容

1. 对比赛双方得失分的管理。
2. 对比赛器材的管理（球台、球网、球、球拍）。
3. 对比赛条件的管理（场地、灯光、挡板、记分器、队名牌、人名牌等）。
4. 对运动员服装的管理（服装式样、颜色、一致性等）。
5. 对比赛时间的管理。
6. 对场外指导的管理。

复习思考题

1. 乒乓球重大赛事包括哪些？
2. 在正式的乒乓球比赛中，应将球抛至多少厘米？
3. 想要成功举办一次乒乓球竞赛，在进行组织时共包含哪些流程？

第七章　乒乓球各级组织机构及作用

本章导读：

不同乒乓球组织机构发挥着不同的作用，其职能范围和办赛权限是不同的。本章针对国际乒乓球联合会、亚洲乒乓球联盟、各国乒乓球协会、地方乒乓球协会和学校乒乓球协会分别介绍了协会的历史、组成、职能范围以及举办过的经典赛事。

第一节　国际乒乓球联合会

国际乒乓球联合会（International Table Tennis Federation），简称国际乒联，1926 年 12 月成立于柏林，是国际单项体育联合会总会成员，它由不同的国家和地区的乒乓球协会组成。国际乒联现有 227 个协会会员，分属国际乒联承认的欧洲乒联、亚洲乒联、非洲乒联和南美洲乒联。

一、国际乒联的历史

1926 年 1 月，德国的一位博士，乔治·莱赫曼倡导在德国柏林进行关于成立国际乒联的讨论。一位参加讨论的英格兰代表邀请大家参加当年的“欧洲锦标赛”，并决定在 12 月举行的“欧洲锦标赛”上召开国际乒联成立大会。本次比赛在伦敦弗灵顿街纪念堂举行，来自奥地利、捷克、丹麦、英格兰、德国等国家的运动员参与了这次比赛。1926 年 12 月 12 日在成立大会上正式通过了国际乒联章程和竞赛规则，所以认定本次“欧洲锦标赛”为第 1 届乒乓球世界锦标赛。1928 年，第 2 届世界乒乓球锦标赛在瑞典首都斯德哥尔摩举行，在此期间也召开了国际乒联代表大会。并在往后的 11 年间（1928—1939）世界乒乓球锦标赛和国际乒联代表大会每年都会举行一次。直到第二次世界大战结束后，1947 年在法国首都巴黎，举行了第 14 届世界乒乓球锦标赛和国际乒联代表大会。1947—1957 年世界乒乓球锦标赛和国际乒联代表大会每年举行一次。1957 年以后，世界乒乓球锦标赛和国际乒联代表大会隔一年举行一次。到 1997 年国际乒联已成为世界上最大的单项体育组织之一，并拥有 180 个会员协会。1988 年，乒乓球项目正式成为奥运比赛项目，第一届有乒乓球项目的奥运会在汉城（首尔）举行。世乒赛也成为世界规模最大的单项体育赛事之一，到 1997 年，国际乒联就在 15 个国家举办过 44 届世乒赛，并且国际乒联每年还会举行男子女子世界杯比赛和职业巡回赛。1937 年，国际乒联的首任主席是英格兰人蒙塔古。1926 年蒙塔古在国际乒联刚刚成立时就担任国际乒联顾问委员会主席。1967 年，来自威尔士的罗伊・埃文斯成为国际乒联的第二任主席，也是在埃文斯的不懈努力和坚持下，乒乓球项目才被正式纳入奥运项目中。1987 年，日本人荻村伊智郎当选国际乒联第三任主席，1994 年因病逝世。1995 年瑞典人哈马隆德出任第四届主席，在此之前哈马隆德为第一副主席，但仅仅 10 个月时间就因病去世。根据国际乒联章程，来自中国的第一副主席徐寅生在 1995 年年底开始担任主席职务，并于 1997 年正式当选国际乒联主席至 1999 年 8 月。2021 年 11 月 25 日，国际乒联代表大会在美国休斯敦召开，来自瑞典的佩特拉・索林当选为国际乒联第八任主席，也是有史以来首位国际乒联女主席。在此期间，乒乓球世界冠军、中国乒协主席刘国梁成功当选国际乒乓球联合会执行副主席。

二、国际乒联组织机构

每两年召开一次的国际乒联全体代表大会为国际乒联的最高权力机构。在大会召开的同时同地会举办世界乒乓球锦标赛。正式会员有资格派出两名代表出席，并有两票表决权；临时会员可派出一名代表出席，并有一票表决权。国际乒联组织领导人设置为一名主席，一名副主席，一名负责财务的执行副主席负责财务，三名事务执行副主席负责其他事务，六名各大洲副主席，分别分布于非洲、亚洲、欧洲、拉丁美洲、北美洲和大洋洲。大洲副主席的职责是完成和落实国际乒联下达的工作任务，不仅如此，他们还在各大洲代表着国际乒联。国际乒联在奥运会上会派出一支团队专门负责奥运会乒乓球赛，团队由国际乒联主席、副主席以及奥运会举办国乒协主席组成。在国际乒联代表大会的休会期，任何职务的空缺都由理事会填补，直到下一次代表大会的选举产生前。国际乒联理事会由主席、代理主席、财务执行副主席、其他三位执行副主席和六名洲乒联主席共十二人组成。其成员专门负责国际乒联代表大会闭幕期间的一切工作。理事会应按照代表大会的要求召开会议，会议地点不固定。理事会由主席主持，如果主席缺席，会从到会的理事中选出一个人作为该会议的临时主席。在理事会提议方面，必须由一半以上的票数支持，若票数相同，理事会主席有一票通过或否决权，其中会议表决方式由会议主席决定，如举手、点名或投票等。在理事会权利、义务方面，理事会有权利为其本身和小组委员会指定顾问并明确其权利、义务。国际乒联执行局大约每半年召开一次会议。执行局的职责是：提出和审阅关于乒乓球运动项目发展的提案；向代表大会或理事会对特定项目的拨款提出建议；向代表大会或理事会对奥运会收入的分配原则提出建议；对参赛资格问题的申诉作出裁决，决定对处罚的延期和比赛时间的分配；审议入会申请并向理事会提出建议；处理代表大会或理事会托付的工作。国际乒联执行委员会也是重要的组织之一。委员会由主席、第一副主席、执行副主席组成，其有权利处理突发的紧急事件，并需要在下一次理事会议上报告。执行委员会的会议在召开代表大会时开会或在主席召集会议时举行。

国际乒联奥林匹克委员会包括国际乒联领导人、下一届奥运会举办国代表人。国际乒联奥林匹克委员会的职责是：规划或监督奥运会乒乓球比赛；就奥运会乒乓球比赛期间所发生的问题用合适的方式与国家或地区的国际奥委会进行联络协商；对运动员参赛资格进行确认，确保有关参赛资格审核；向国际乒联代表大会起草并提交比赛预选方案；为奥运会乒乓球比赛委任仲裁委员会、技术以及比赛代表；尊重奥林匹克宪章，发扬奥林匹克精神，从总体上确保奥运会比赛同宪章精神是相符合的。总之，国际乒联奥林匹克委员会是为奥运会乒乓球项目比赛专门服务的部门，它承载着奥运使命，也传承着奥运精神。国际乒联的专门委员会是受国际乒联委托研究、通知和协助处理国际乒联某些方面的工作。国际乒联委员会分为七个专门委员会，分别为器材专门委员会、新闻专门委员会、排名专门委员会、规则专门委员会、体育科学专门委员会、事宜通知专门委员会、技术专门委员会。国际乒联日常工作由以下三个办公室承担。一个是设立在英国黑斯廷斯的国际乒联行政中心，一个是设立在渥太华的市场开发工作办公室，还有一个是设立在北京的日常事务办公室。以上三个办公室由国际乒联第一副主席兼总干事沙拉拉负责和监督。

三、国际乒联宗旨和任务

国际乒联宗旨是在国际比赛中维护乒乓球规则，并通过比赛发现某些规则问题去改变和补充，以确保乒乓球比赛规则的公平和公正性。国际乒联的任务也是这一宗旨的具体体现。第一，协调组织关系，在协会会员和运动员之间发展友谊，增进运动员之间相互了解；第二，消除不道德行为，坚持反对兴奋剂的使用；第三，确保比赛规则的公平性，制定符合奥运会比赛要求的规则并在国际比赛中实施；第四，鼓励多样化发展，鼓励出版多语言章程和规则，促进监督世界级比赛。

四、国际乒联主办赛事

国际乒联主办的赛事有奥运会乒乓球比赛、世界乒乓球锦标赛、国际乒联职业巡回赛、世界乒乓球俱乐部锦标赛、男子乒乓球世界杯、女子乒乓球世界杯等。

总而言之，国际乒乓球联合会是乒乓球项目的最高组织，负责乒乓球项目的事务，使得乒乓球项目在国际赛事上可持续发展。

第二节 亚洲乒乓球联盟

亚洲乒乓球联盟，简称亚乒联盟，由中国、柬埔寨、朝鲜、日本、伊拉克、伊朗等43个亚洲国家和地区的乒乓球协会组成，是目前亚洲最大的体育组织。亚乒联盟于1972年5月7日在北京成立。亚洲乒联的主要服务对象为乒乓球职业运动员。亚乒联盟最早由朝鲜、中国、日本等16个国家的乒乓球协会在北京召开筹委会，经过大约4天的商议，讨论通过了章程并推选出了领导机构。亚乒联盟首任主席是日本乒协的川上里三。第五任主席为中国国家体育总局副局长蔡振华。现任主席为世界乒联首任副主席卡里尔·阿尔·默罕纳迪。2021年10月3日，亚乒联盟在卡塔尔举行的代表大会上，亚乒联盟新任两名副主席中，一人为韩国教练员金泽洙，另一名为中国国家乒乓球队队员许昕。

亚乒联盟的宗旨：增进亚洲国家和地区人民以及运动员之间的友谊、发展亚洲与其他各洲及地区乒乓球界和运动员之间的友好关系，促进亚洲乒乓球运动的普及和发展，建立亚洲地区和国家间乒乓球交流友好的桥梁，同时在联盟会员间秉持不分大小、相互尊重、一律平等、民主协商的原则。

亚乒联盟代表大会是亚乒联盟的权力机构，每年召开一次，与亚洲锦标赛同时同地举行。代表大会休会期间由理事会代理大会指导和协调工作。理事会闭会期间，由执行委员会处理日常事务和紧急事宜，并向代表大会和理事会报告工作。

第三节 各国乒乓球协会

大部分国家的乒乓球协会都是国际乒联的成员，各国乒协受国际乒联的领导，以及经费的支持。各国乒协举办的比赛范围在本国内，同时也为本国制定乒乓球发展战略和中长期规划。各国乒协对后备人才的培养也制定相关培训方案以及训练大纲。总之，各国乒乓球协会对本国的乒乓球发展起着至关重要的作用。

一、中国乒乓球协会

中国乒乓球协会（Chinese Table Tennis Association），简称中国乒协，是全国性的社会体育组织。中国乒乓球协会是代表中国乒乓球项目参加世界比赛的团体组织，而且是唯一合法组织，也是国家乒乓球羽毛球管理中心的常设办公机构。中国乒乓球协会坐落于北京市，是中华全国体育总会的团体会员，是中国奥委会认可的全国性运动协会。该协会受国家体育总局和民政部的业务指导和监管。

中国乒乓球协会现任主席为世界冠军刘国梁，副主席为柳屹、张晓蓬、王励勤、秦志戬、高亚翔、张雷，秘书长为何潇。中国乒乓球协会宗旨为：坚持党的领导，坚持正确的政治方向；维护国家利益，通过乒乓球项目的展示树立国家话语权；团结全国乒乓球工作者以及社会各界爱好乒乓球项目的人士，推动乒乓球项目不断深化改革；推动全国乒乓球项目的普及，增强全民参与乒乓球运动的兴趣；增进与各国乒乓球协会的友谊；增进与亚乒联盟和国际乒联之间的联系，促进乒乓球项目稳步向前发展。尊重国家宪法以及法规，以社会主义核心价值观为核心，推动乒乓球项目可持续发展。中国乒乓球协会的职能：放眼未来，制订中国乒乓球运动的发展战略和中长期规划；带头引领，对单位会员和地方乒乓球协会给予指导和协调；夯实基础，研究制订乒乓球全民健身方案以及大众健身等级标准、组织大众健身系列竞赛活动、建设协会会员竞赛积分系统；实施管理，对国家乒乓球队的组织、管理和运营制订相关管理办法和方案，对国家乒乓球队思想政治工作制订方案；招贤纳士，选拔组织运动员、教练员以及工作人员参加国内外乒乓球比赛，构建优质复合型团队；管理运营，负责国际组织在中国乒乓球项目的市场开发和监督指导；实施奖励，负责运动员奖金及薪酬的制定和发放；人才培养，制订实施后备人才相关的培养计划，制定青少年训练大纲。体系制定，制定和完善全国性乒乓球竞赛体系，竞赛计划、规程、竞赛指南和运动员、教练员、裁判员等级评定标准等；活动推广，组织各类文化活动的宣传推广，利用媒体传播乒乓球文化；交流学习，推荐教练员到国外任教，推荐运动员出国比赛训练以及代表我国参加相应的国际组织活动；管理建设，受有关部门的委托，制定实施俱乐部建设标准、乒乓球器材行业管理标准、竞赛器材准入和许可以及乒乓球产业的发展规划；行业监管，规范乒乓球竞赛、健身、培训等有关活动及经营行为，利用乒乓球项目为乒乓球事业发展积累资金；固本求源，完成国家体育总局、中华全国体育总会、中国奥林匹克委员会委托的工作。

中国乒乓球协会经费来源。第一，会费，根据协会章程的三十六条按照国家规定入会的会员需要缴纳会员费，以支撑大会的工作运作；第二，捐赠，大会可接受企业或者社会乒乓球爱好者的捐赠；第三，政府资助，协会的资产管理必须执行国家相关规定，接受政府部门的审计和监督；第四，在上级部门批准或审核通过的活动中，开展运营活动和服务的收入；第五，利息，由协会账户存款金额所产出的利息；第六，国际组织拨款，由国际乒联等组织下拨的经费；第七，其他合法收入。

二、美国乒乓球协会

美国乒乓球协会（United States Table Tennis Association），简称 USTTA，1990 年更名为 USA Table Tennis，简称 USATT。美国乒乓球协会成立于 1993 年，是国际乒联的成员之一，其职责是负责制定与执行法规、政策和定期组织地区和全国性比赛。目前美国乒乓球协会也是乒乓球运动在美国的管理组织之一，现有注册运动员超过 9000 名。美国乒协把全国分为 8 个赛区举行比赛，并且为每个赛区配备一名比赛协调员、一名俱乐部主席和一名运动员代表。在赛区内，比赛协调员负责比赛的管理和协助主办者确保比赛高质量地完成。每年在美国有 100 多个固定的乒乓球赛事举行，这些赛事被划分为公开赛、限制赛和邀请赛。公开赛是指对所有美国乒协注册运动员开放的比赛，同时也接受隶属于国际乒联的其他国家的参赛队报名；限制赛只接受指定地区和组织的人报名参赛；邀请赛则只接受被邀请的运动员和运动队参加比赛。有些运动员为了参加限制赛，他们会专门居住到指定地区，或者加入指定组织 3 个月以上。在美国举办的所有乒乓球比赛都要得到美国乒协的批准。在审批每场比赛前，美国乒协竞赛委员会都要进行比赛时间的排查，以免发生比赛时间的冲突或比赛争夺运动员的情况。

三、日本乒乓球协会

日本乒乓球协会是日本的乒乓球社会团体。协会主要目的是紧密团结各平台的乒乓球工作者、爱好者和热心支持乒乓球运动的社会各界人士，广泛组织、开展乒乓球运动，提高日本的乒乓球竞技水平，提高日本国民的身体素质。日本乒乓球协会动态：2020 年 1 月 6 日，日本乒乓球协会公布了参加东京奥运会的选手名单。2020 年 4 月 1 日，日本乒乓球协会发布了 2020 年男队 28 人大名单以及候补选手名单。2020 年 6 月 30 日，日本乒乓球协会主席藤重贞庆、副主席前原正浩代表协会向中乒协发来贺电，文中称，刘国梁是 WTT 理事会主席的不二人选。中日乒协关系：近年来，日本乒乓球竞技实力不断壮大，中、日两国乒协之间的交流与合作也越发频繁、多样。我国乒乓球协会曾与日本乒协沟通交流，希望在国内疫情严重时，在日本展开乒乓球集训。而中国乒乓球协会也表明和强调了合作与交流的重要性，同时需要打造全球共同的乒乓球平台，团结一心，共同塑造世界舞台，通过 WTT 打造项目的职业化、产业化和国际化。

综上所述，各国的乒乓球协会都是各国乒乓球的“心脏”。它们承载着乒乓球在世界可持续发展的重任，同样也仔仔细细做着一些“微不足道的小事”确保乒乓球项目在世界各地的开展和前进。

四、加拿大华人乒乓球协会

十几年前的多伦多虽然已经有了一定的乒乓群众基础，但那时还没有一家球馆能够提供完善且专业的乒乓球硬件设施。在艰苦的打球环境中挣扎了许久后，4 名乒乓球爱好者一拍即合，于 2006 年成立了专属于乒乓球爱好者的家园——非营利机构加华乒乓球协会。2006 年 10 月，加华乒协在加拿大各级政府的经费资助下，得到了中国驻多伦多总领事馆、中国香港特别行政区政府香港驻多伦多经贸处的大力支持和国际乒联、加拿大乒乓球总会及安省乒乓球协会的认可，在多伦多许多团体、商户和个人的支持与赞助下正式成立。经过 15 年的漫长发展，加华乒协已成长为大多伦多地区最大的非营利专业乒乓球机构。加拿大乒乓球协会也举办了一些传统的赛事，如香港回归十周年国际乒乓球邀请赛、多族裔比赛等等。

五、英国乒乓球协会

英国乒乓球协会（English Table Tennis Association），简称 ETTA。1906 年，英国成立了世界上第一个乒乓球协会。当时，乒乓球运动刚刚发展起来，很多技术和设备还很不完善。英国乒乓球协会是英国乒乓球的社会组织机构，是国际乒联成员在之一，是举办英国乒乓球比赛的合法机构。

第四节　地方乒乓球协会

地方乒乓球协会由乒乓球工作者、运动员、教练员、裁判员、乒乓球爱好者以及社会各界热爱乒乓球的人士组成，协会宗旨主要是贯彻落实全民健身计划，目的是组织当地群众参与到乒乓球运动中，使大众借助乒乓球运动提高身体素质的同时，增强对乒乓球项目的认同感。

一、北京市乒乓球协会

北京市乒乓球协会简称北京市乒协，是隶属于北京市体育局和北京市体育总会下的一级法人社会团体。北京市乒乓球协会成立于20世纪60年代，1978年恢复乒协。2006年召开了第五届改选大会，选举出了主席、副主席、秘书长、副秘书长、监事会长等领导班子成员、聘请北京市人大主席杜德印、原国家环境保护总局局长潘岳和国家开发银行行长陈元为协会名誉主席，聘任了原国家乒乓球女队主教练张燮林先生为顾问，协会主席为全国政协常委马永伟同志，秘书长为北京市女子乒乓球队教练周树森。乒协由常务理事会和监事会组成，其办事机构下设有协会办公室、教练委员会、裁判委员会、竞赛培训部、开发部。下属有北京妇女俱乐部和首创女子乒乓球俱乐部等机构。协会主要职责是贯彻落实中央“全民健身计划纲要”精神，积极开展群众性乒乓球赛事和相关活动，主要工作是技术指导、组织培训比赛、体育交流和市场开发等活动。

二、河南省乒乓球协会

河南省乒乓球协会简称河南省乒协，成立于1992年，是具有独立法人资格的全省性体育社会团体，是由河南省内从事乒乓球运动的单位和个人自愿组成的非营利专业性社会组织。协会接受河南省体育局、河南省民政厅的业务指导和监督管理。协会设在河南省郑州市。协会的宗旨是以党的基本路线为指导，坚持中国共产党的全面领导，根据中国共产党党章规定，设立中国共产党的组织，开展党的工作，为党组织的活动提供必要条件。协会遵守宪法、法律、法规，依照《体育法》及党和国家关于体育工作的方针、政策，践行社会主义核心价值观，遵守社会道德风尚，不损害国家利益、社会公共利益及其他组织和公民的合法权益。协会团结全省乒乓球工作者、运动员、教练员、裁判员、乒乓球爱好者以及关心、支持乒乓球项目的社会各界人士，促进全国交流与合作，推动全省乒乓球运动的普及和提高，为河南省乒乓球事业的发展积累必要的资产，维护会员合法权益，倡导公平竞赛，弘扬体育精神，秉持奥林匹克精神，提高乒乓球运动技战术水平，促进乒乓球事业健康发展，提高参与者幸福指数，促进社会和谐。

三、广东省乒乓球协会

广东省乒乓球协会简称广东乒协，成立于1980年，归属广东省体育局领导，广东乒协是省级乒乓球运动的社会组织，于1999年在广东省社会组织管理局登记注册。乒协业务是组织乒乓球比赛及交流。协会的宗旨是团结广东省乒乓球工作者和运动员，为发展乒乓球事业发挥积极作用，指导广东省的乒乓球运动，增进各市乒乓球协会和运动员的友谊，加强与中国乒乓球协会的联系和合作，促进社会主义精神文明建设。

四、安徽省乒乓球协会

安徽省乒乓球运动协会是全省性群众体育组织且具有独立法人资格，简称“安徽省乒协”。安徽省乒乓球运动协会的英文名称是“Anhui Table Tennis Association”，缩写为“ATTA”。安徽省乒协是中国乒乓球协会、安徽省体育总会的团体会员，是代表安徽省参加中国乒乓球协会和国际乒乓球组织的唯一合法组织，是非营利性的社会组织，由全省乒乓球爱好者、乒乓球活动积极分子以及关心支持乒乓球运动发展的社会各界人士自愿组成。

安徽省乒乓球协会的宗旨是遵守宪法、法律、法规和国家政策，遵守社会道德风尚；团结全省广大乒乓爱好者以及关心支持安徽省乒乓球运动发展的海内外、社会各界人士，积极推进《全民健身计划纲要》和《奥运争光计划纲要》的实施；大力宣传和推广乒乓球运动，积极开展健康有序的乒乓球活动，不断提高乒乓球技术水平，增强体质、丰富文化生活、弘扬体育精神；加强与其他协会的联系和合作，增进与各兄弟省市、兄弟协会和各会员单位之间的友谊和交流；在条件成熟时开展国际交流，增进与海内外运动员之间的友谊。

五、上海市乒乓球协会

上海市乒乓球协会成立于1957年，在市体育局、市体育总会的领导下，为推进、发展上海的乒乓球活动，发挥了积极作用，曾被评为全国先进单位。上海市乒乓球协会位于上海市建国西路135号3号楼106室。协会主要承担了一些传统赛事活动：红双喜新民晚报杯迎新春市民公开赛、上海市民体育大联赛乒乓球比赛、东方体育日报杯暑期中小学生乒乓球比赛和中外友人乒乓球比赛等。

上海市浦东新区乒乓球协会成立于1995年12月，登记注册部门为浦东新区民政局，上级业务主管部门是浦东新区教育（体育）局。协会以遵守国家宪法、法律、法规和有关政策，贯彻执行体育运动方针，提高新区乒乓球技术水平，丰富群众精神文明生活，增强人民体质，推进人人健身运动纲要为宗旨。以组织、承办国内外各项竞赛，做好业余教练员、裁判员培训工作，协助体育主管部门指导业余训练，组建新区业余高水平乒乓球队伍参加国内外各类乒乓球比赛为任务。协会最高权力机构是会员大会，理事会为执行机构，监事会为监督机构，秘书处作为办事机构在理事会的领导下主持日常工作。秘书处下设办公室、宣传联络部、竞赛训练部和培训中心。目前团体会员单位计有 61 家，业余俱乐部 25 家，拥有注册裁判员 95 人，其中：国际级 7 人，国家级 2 人，一级 37 人，二、三级 49 人。协会自成立以来坚持走“经费自筹、业务自主、人员自聘”的发展道路，以纯民间组织为特色，经多年积累、精心组织，成功举办多项国际、国家级、市级大型赛事及几百余项区级乒乓球赛事。在上级主管部门的正确领导和帮助下，团结进取，务实创新，取得不断进步，先后获得中国社会组织评估 5A 级单位、上海市群众体育先进单位、上海市先进体育社团、上海市先进民间组织以及浦东新区优秀体育社团、浦东新区一级体育社团等各项荣誉。“打乒乓，找浦乒”正深入人心。

六、天津市乒乓球协会

天津市乒乓球运动协会是指导全市乒乓球运动项目发展的非营利性社会组织，成立于 20 世纪中叶，拥有三级组织网络及众多的团体及个人会员，是天津市比较成熟的体育社团之一。协会宗旨：遵守国家宪法、法律和有关政策，团结社会各界，推动普及发展天津市的乒乓球运动，为社会主义物质文明和精神文明建设服务。天津市乒乓球协会位于天津市静海区团泊大道天津健康产业园区天津体育中心。协会主要承担了一些传统赛事活动：天津市全民健身乒乓球比赛、天津市乒乓球锦标赛、天津市乒乓球冠军赛、承办各级全国乒乓球比赛、承办中国乒乓球协会会员联赛。

七、浙江省乒乓球协会

浙江省乒乓球协会是全省群众性体育组织，是乒乓球项目活动的社会团体，具有独立法人资格系非营利性社会组织。浙江省乒乓球协会位于杭州黄龙体育中心 1 号浙江省体育协会孵化基地。协会由全省各市协会、俱乐部、乒乓球运动组织及其他合法乒乓球社会团体等自愿组成。浙江省乒乓球协会的宗旨是在国家法律和有关政策下，团结全省乒乓球工作者、运动员和积极分子，指导发展全省乒乓球运动，推动乒乓球运动的普及和技术水平的提高，组织、协调全省乒乓球运动的发展，是全省乒乓球爱好者交友的平台。

浙江乒乓球协会接受浙江省体育局、体育总会和浙江民政厅的业务指导和监督管理，地址设在杭州市。协会设名誉会长、会长、副会长、秘书长、副秘书长和理事成员。协会下设六个专项委员会（办公室）：综合办公室、竞赛、教练委员会、裁判委员会、宣传委员会和学生委员会。协会活动范围：宣传和普及乒乓球运动，组织广大群众和青少年积极参加乒乓球运动，增强体质，提高运动技术水平；根据省体育行政主管部门有关规定，负责组织、协调举办赛事，向有关部门提出有关事项的申请，获批准后负责全面实施；组织、协调全省性的各类、各级乒乓球竞赛和训练工作，加强协会、俱乐部之间的联系与交流，增进乒乓球运动员、工作者之间的团结和友谊；组织、协调乒乓球教练员、裁判员培训工作；开展与项目发展有关的经营活动，促进乒乓球事业的发展。各委员会职责根据部门的不同其职责也不同。第一，综合办公室主要职责为：组织协调协会的行政管理工作；调查研究，收集信息，掌握情况；草拟综合性文件、报告、工作总结、工作安排和其他综合性文字材料；拟定综合性的规章制度，并组织检查督促；协调各委员之间的工作，传达、督促协会领导批示及交办的事项；负责综合性会议的筹办工作，对会议决议的贯彻执行情况进行督促检查；检查督促财务管理工作，考核资金使用效果；负责各类文件收发，文书处理，印章管理，做好保密工作；负责各类文书档案管理工作；负责年度会审申报材料的准备及相关办理工作；组织协调日常总务工作；负责上级单位，兄弟协会来人来访的接待工作；负责各类财产及办公用品的管理工作；拟订需要添置的办公用固定资产计划，经办领导批准后具体办理；定期拟订办公用品购置计划，经办领导批准后具体办理；负责办公区的卫生、安全保卫工作。第二，竞赛委员会的主要职责为：加强与中国乒乓球协会的联系、沟通与合作；研究乒乓球各级比赛的竞赛制度，制定比赛竞赛标准及竞赛规程，组织制订省内各级竞赛计划；制订举办比赛年度计划、竞赛指南，协调有关竞赛事宜并组织实施，确保比赛顺利完成；制定印发或收集省乒协赛事的比赛通知、竞赛规程、秩序册、总成绩册和竞赛工作总结等资料；编制或与承办单位共同编制省乒协赛事的经费预算计划，配合协调落实各项赛事的相关经费；指导各地乒乓球协会开展乒乓球竞赛活动，监督协调其做好国内、省内比赛的承办、举办工作。第三，教练委员会的职责为：组织教练员理论探讨和业务交流；组织教练员培训；组织教练员观摩、学习和考察；负责全省优秀教练员的推荐和评比。第四，裁判委员会的职责有：协助省体育行政部门加强对全省一级以上裁判员队伍的管理，制定相关工作纪律及规定；组织裁判员的业务培训和学习，不断提高业务水平；配合省体育行政部门组织一级裁判员的培训、审批工作；配合省体育行政部门做好参加全国性赛事裁判员选派工作；指导和监督省乒协主办赛事裁判员的选派工作；加强与中国乒协裁判委员会和兄弟省市乒协的业务交流；及时掌握乒乓球竞赛规则最新动态和情况；与省体育局行政部门协商申报推荐参加国家级裁判员考试名单。第五，宣传委员会的职责为：负责新闻报道书刊编辑业务培训咨询服务；起草、修改有关的新闻宣传管理规定，报批准执行；协助新闻单位组织与安排乒乓球新闻宣传；指导和监督乒乓球比赛电视、广播工作。第六，学生委员会的职责为：领导学生部各部门开展工作，制订协会学生部每年的工作计划，加强与协会其他各部门之间的联系；定期召开学生部工作联席会议；负责学生段的竞赛及训练组织工作；指导全省大、中、小学的训练工作；负责各类文件的收集及整理；完成协会交给的其他工作。

八、山东省乒乓球协会

山东省乒乓球运动协会是具有独立法人资格的全省性群众体育组织，简称“山东省乒协”。山东省乒乓球运动协会的英文名称是“Shandong Table Tennis Association”，缩写为“STTA”。山东省乒协是中国乒乓球协会团体会员，是代表山东省参加中国乒乓球协会的唯一合法组织。山东省乒乓球协会位于山东省济南市文化东路65号山东省体育训练中心文东基地。协会主要承担了一些传统赛事活动：山东省“乒协杯”乒乓球比赛和山东省省直机关乒乓球邀请赛等。

九、湖北省乒乓球协会

湖北省乒乓球协会成立于1981年6月29日，简称“湖北省乒协”。省乒协主管单位为湖北省体育局；内设三个部门：教练员委员会；裁判员委员会；市场开发部。单位会员数23个，个人会员数350人。协会工作人员由湖北省乒羽运动管理中心人员兼职，未聘专职人员，相关日常工作挂靠湖北省乒羽中心。主要工作和业务活动有：组织队伍参加中国乒协、国际乒联举办的国际、国内中老年乒乓球比赛；定期举办全省中老年乒乓球比赛；组织举办湖北省青少年乒乓球比赛，承担培养乒乓球后备人才任务。每年定期举办全省“苗子杯”乒乓球比赛；组织举办湖北省乒乓球业余教练员培训；组织举办湖北省乒乓球晋升一级裁判员培训；负责向国家总局乒羽中心推荐乒乓球优秀骨干裁判员参加国家级、国际级裁判员考试；指导湖北省市州体育局或乒乓球协会二级裁判员培养工作。湖北省乒乓球协会位于武汉市东湖新技术开发区高三路特一号湖北省奥体中心内湖北省乒羽运动管理中心。协会主要承担了一些传统赛事活动：湖北省“苗子杯”青少年乒乓球比赛和湖北省中老年乒乓球比赛等。

十、广西乒乓球协会

广西乒乓球协会于2004年10月经广西民政厅、广西体育局批准于广西南宁成立。最高权力机构是委员代表大会，执行机构是常务委员会，秘书长、副秘书长负责日常工作。下设教练委员会、裁判委员会。职能是团结和组织乒乓球工作者和爱好者，推动乒乓球运动的发展与提高。主要任务是宣传和开展群众性的活动；积极开展乒乓球训练，举办全自治区和国内、国际乒乓球竞赛活动；举办裁判员学习班，负责考试、审查、推荐等级裁判员；举办教练员培训班；举办科学研究报告会、学术交流会；加强与各省、市乒乓球协会和港、澳、台地区乒乓球协会以及国外乒乓球协会的联系与交往。广西乒乓球协会位于：广西南宁市江南区星光大道 11 号。协会主要承担了一些传统赛事活动：每年举行青少年苗子选拔赛、等级赛和每年举行全区职工乒乓球比赛等。

十一、海南省乒乓球协会

海南省乒乓球协会于 2003 年 6 月 13 日正式成立，协会内设竞赛、裁判、教练、培训、老人等八个委员会，注册会员有 600 多人。海南省乒乓球协会位于海口市龙昆南路 97 –1 号乾坤华源大厦 4 楼。协会主要承担了一些传统赛事活动：海南“乾坤杯”乒乓球邀请赛、海南“迎春杯”老人乒乓球比赛、海南“厅长杯”乒乓球邀请赛、海南乒协会员积分赛等。

十二、重庆市乒乓球协会

重庆市乒乓球协会（英文缩写：CQTTA）是中国乒乓球协会的团体会员，是依法在重庆市民政局注册登记、具有独立社团法人资格的全市性群众体育组织；由重庆市乒乓球运动爱好者、支持者及从事乒乓球运动的工作者自愿组成的地方性不以营利为目的的社会组织。协会接受重庆市体育局的业务指导和重庆市民政局的监督管理。重庆市乒乓球协会位于重庆市北部新区高新园金山大道 1 号恒大华府会所 3 楼。协会主要承担了一些传统赛事活动：全国第十四届运动会乒乓球项目群众组比赛、中国乒协国青、国少选拔赛等。

十三、贵州省乒乓球协会

贵州省乒乓球协会成立于 1980 年。贵州省乒乓球协会的宗旨是：坚持党的四项基本原则，遵守宪法、法律、法规和国家政策，遵守社会道德风尚。团结全省乒乓球工作者和爱好者，积极倡导和推广乒乓球运动，促进乒乓球运动技术水平的普及与提高，增强人民体质，加强与国内外各乒乓球协会的交流，为构建社会主义和谐社会服务。多年来，贵州省乒乓球协会组织、举办、承办了多次国际、国内、省内乒乓球活动，增加了国内、外乒乓球活动的交流。有力促进了贵州省乒乓球运动的开展。每两年举办一次裁判员培训班，培养了一大批裁判骨干。贵州省乒乓球协会将把开展群众性乒乓球活动，增强群众体质作为工作的出发点和落脚点，积极组织教练员进行基层教学活动，有力地促进了贵州省乒乓球运动的发展。贵州省乒乓球协会位于贵阳市北京路 104 号鑫都大厦 7030 室。协会主要承担了一些传统赛事活动：贵州省青少年乒乓球锦标赛、贵州省乒乓球民间球王赛、贵州省“红红火火过大年”乒乓球比赛等。

十四、西藏自治区乒乓球协会

西藏自治区乒乓球协会于 2010 年 5 月 15 日正式成立，填补了西藏自治区无乒乓球协会的历史空白，为全区的全民健身活动和乒乓球运动提供了重要的平台。西藏自治区乒乓球协会是在自治区体育局、体育总会的业务指导下，在自治区民政厅的监督管理下的群众性体育团体，其努力的方向是“充分调动协会每一位成员参与乒乓球活动的热情，广泛团结全区乒乓球爱好者，沟通联谊渠道，努力开创西藏自治区乒乓球活动的新局面”；宗旨是“发展体育运动，增强人民体质，陶冶情操，加深友谊”；口号是“我运动、我健康、我快乐”。西藏自治区乒乓球协会将在一定的时间内组建自治区内各地区（市）的乒乓球协会及各行业的协会，使西藏自治区的乒乓球运动得到了更大的普及，真正达到全民健身的效果。总之，西藏自治区乒乓球协会将在全体会员的共同努力下，为西藏自治区的全民健身活动工作添上浓重的一笔。为西藏自治区的经济跨越式发展和长治久安做出应有的贡献。西藏乒乓球协会位于西藏自治区拉萨市老年活动中心。

十五、河北省乒乓球协会

河北省乒乓球协会是由省内各市，各行业体协及其他合法乒乓球社会团体自愿组成的具有社会团体法人资格的全省性群众性体育社团，是代表河北省参加国内外各项乒乓球活动的合法组织。在国家有关政策指导下团结全省乒乓球工作者、爱好者、运动员和积极分子，指导发展河北省的乒乓球运动，促进社会主义精神文明建设；推动乒乓球运动的普及和技术水平的提高；增进与全国乒乓球界和运动员的团结友谊；加强国际交流合作。河北省乒乓球协会位于石家庄市中山东路 372 号省乒羽中心。协会主要承担了一些传统赛事活动：中国乒乓球协会会员联赛（河北站）和河北省乒乓球协会杯等。

十六、辽宁省乒乓球协会

辽宁省乒乓球协会是经省民政厅注册具有法人资格的全省性体育社会团体。于 2009 年成立，是由从事乒乓球运动和热衷支持乒乓球运动的人员及单位组成的，全省性、专业性、非营利性社会组织。负责和指导全省乒乓球运动的训练和推广普及工作，提高竞技运动水平，加强后备人才培养，管理乒乓球运动优秀队伍。研究制订并组织实施乒乓球运动的全省竞赛计划及竞赛管理，制定全省竞赛规程。积极承办国内、国际比赛。负责乒乓球运动的教练员、裁判员的管理和培训工作，提高他们的业务水平和能力。负责乒乓球运动员、裁判员的等级审核工作。加强与国内及境外民间体育组织的联系，扩大交流合作，吸取先进经验，组织参观考察。充分利用社会主义市场经济的优势，开展与乒乓球运动有关的经营和服务活动，拓宽筹集渠道，为乒乓球运动发展服务。辽宁省乒乓球协会位于辽宁省沈阳市东陵区浑南三路 18 号。协会主要承担了一些传统赛事活动：辽宁省乒乓球协会乒乓球比赛等。

十七、香港乒乓球协会

香港乒乓球协会于 1936 年成立，在 1972 年成立为有限公司，乃国际乒乓球联合会、亚洲乒乓球联盟、中国香港体育协会暨奥林匹克委员会会员；致力促进和推动香港乒乓球运动的发展。协会宗旨为：（1）统筹及制定发展香港乒乓球运动的整体规划；（2）培育本港具潜质的乒乓球运动员，为其提供不同技术级别之培训及参与国际性比赛机会；（3）鼓励社会上各阶层人士积极参与乒乓球活动；（4）积极培训教练及裁判人员，不断提升其质素及水平；（5）寻求商业赞助以筹措经费，为各项本地发展计划奠下经济基础。香港乒乓球协会与国际性机构（如国际乒乓球联合会、亚洲乒乓球联盟等）保持密切联系，不断提高香港在国际乒乓球坛上的地位。

十八、山西省乒乓球协会

山西省乒乓球协会成立于 1976 年。曾负责全省乒乓球比赛，目前主要从事全民健身乒乓球活动。协会位于山西省太原市双塔西街 130 号省体育馆。协会主要承担了一些传统赛事活动：山西省“三晋友谊杯”乒乓球赛、山西省老年乒乓球赛和中西部十四省区乒乓球邀请赛等。

十九、宁夏乒乓球协会

宁夏乒乓球协会成立于 1984 年，主要是组织民间乒乓球体育活动、宣传普及体育知识、开展人才培训，咨询服务。宁夏乒乓球协会位于宁夏体育场一楼西侧。协会主要承担了一些传统赛事活动：每年暑假举办青少年分龄赛、每年寒假举办青少年等级赛和每年举办宁夏乒协会员赛。

二十、福建省乒乓球协会

福建省乒乓球协会是经省民政厅注册具有法人资格的全省性体育社会团体。主要是组织民间乒乓球体育活动、宣传普及体育知识、开展人才培训，咨询服务。在国家有关政策指导下团结全省乒乓球工作者、爱好者、运动员和积极分子，指导发展福建省的乒乓球运动，促进社会主义精神文明建设；推动乒乓球运动的普及和技术水平的提高；增进与全国乒乓球界和运动员的团结友谊；加强国际交流合作。福建省乒乓球协会位于福建省福州市福飞路 151 号乒羽网中心。协会主要承担了一些传统赛事活动：福建省全民健身运动会、福建省业余乒乓球锦标赛和福建省省直机关乒乓球比赛等。

二十一、湖南省乒乓球协会

湖南省乒乓球协会，成立于 2003 年 2 月 17 日，协会地址为长沙市体育馆路 36 号，经营范围包括普及、比赛、训练、科研。协会主要承担了一些传统赛事活动：每年举办青少年分龄赛和每年举办湖南乒协会员赛等。

第五节　学校乒乓球协会

经过多年的建设与发展，中国学校乒乓球协会已发展成为特色鲜明、高效专业的单项运动协会。学校乒乓球协会根据兴趣，学生自愿参与。学校乒乓球协会分为中国中学生体育协会乒乓球分会、中国大学生乒协、学校乒乓球社团。各个学校开展乒乓球运动促进乒乓球运动在学生群体中的发展。

一、中国中学生体育协会——乒乓球分会

中国中学生体育协会乒乓球分会（Table Tennis Branch of China School Sports Federation，CSTTF）。中国中学生体育协会乒乓球分会是中国中学生体育协会的分支机构之一，在中国中学生体育协会的领导下、授权范围内开展工作。由全国中等学校的体育教师、学生以及其他的工作者和志愿者组成。中国中学生体育协会乒乓球分会是非营利性质的全国性中学生单项体育协会组织。宗旨是遵守宪法、法律、法规和国家政策、遵守社会道德。

团结团体会员，落实党的教育方针，促进我国中等学校乒乓球可持续发展，提高中学生的身心健康水平全面发展。乒乓球分会积极推动中学生课余乒乓球训练，培养中学生运动员具有良好的思想品质、努力学习、刻苦锻炼，为提高我国中等学校乒乓球运动水平和培养优秀乒乓球后备人才而努力。乒乓球分会还致力于加强中国与世界中学生相应的单项体育联合会、亚洲中学生单项体育联合会及各国中学生体育组织间的联系，开展国际中学生体育交流与竞赛赛事活动，以增进我国中学生与世界各国中学生之间的友谊，扩大我国中等教育改革与发展的影响。

中国中学生体育协会乒乓球分会的主要职责：贯彻党的教育方针，落实立德树人的根本任务，面向全体学生，团结社会各界人士，全面发展学生体育事业，增强青少年体质，促进学生身心健康发展。调动一切积极因素，动员社会各界力量，大力支持和开展分支机构的工作及活动，努力推进乒乓球运动在学校和社会的普及和提高。有计划地开展竞赛、培训、教学、科研、宣传、普及和推广工作。调查研究乒乓球运动领域国内外发展趋势和学术工作动态，为乒乓球运动改革发展实践提供政策咨询和信息服务。组织乒乓球运动领域发展需要的专题研究。

二、中国大学生乒协

截至目前，大学生乒协已成功举办了十四届全国大学生乒乓球锦标赛、四届全国校长杯乒乓球比赛以及众多全国和地方性的乒乓球赛事活动。以“传播乒乓文化、汇聚四海友谊”为目标和宗旨，大学生乒协团结全国各高校会员单位，在各项工作中不断开拓进取，为促进大学生乒乓球运动的发展，为进一步振兴我国乒乓球运动和体育事业而积极努力。中国大学生乒乓球协会（China University Table Tennis Association），简称大乒协，位于上海华东理工大学，是全国高等学校普及与提高乒乓球运动的群众性体育组织。现有会员单位 59 个。根据教体司印发的《关于下发组建中国大学生体育协会单项协会几点意见的通知》精神，由原大学生乒协联络组中心组单位华东理工大学（原华东化工学院）征得 23 个省、市、自治区教育行政部门的意见，分别推荐全国各地区 24 所学校及代表并草拟中国大学生体育协会乒乓球协会章程、领导机构建议名单、1990 年工作计划等组建中国大学生体育协会乒乓球协会相关文件上报国家教委后，6 月 16 日由国家教委学校体育卫生司、中国大学生体育协会下达教体司《关于下发成立中国大学生体育协会足球协会等五个单项协会审批意见的通知》批准中国大学生体育协会乒乓球协会正式成立，会址设在现在的华东理工大学。其后由上海市高教局继续征得有关省、市、自治区教育行政部门的意见，经过近2个月的准备工作，在上海市高教局的具体指导下于1990年8月3日至5日在上海市华东化工学院举行中国大学生体育协会乒乓球协会成立大会。随即在大学生乒协第一次全体委员会会议上，讨论并通过了《中国大学生体育协会乒乓球协会章程》，并民主选举产生了中国大学生体育协会乒乓球协会的领导机构及名誉主席。大会同时还通过了大学生乒协下设的三个专业委员会：教学、训练委员会，竞赛、裁判委员会、科研委员会。

三、学生社团以及学校乒乓球社团

学生社团是指学生在自愿基础上形成的各种群众性文化、艺术、学术团体。不分年级、系科界限，由兴趣爱好相近的学生组成。在保证学生完成学习任务和不影响学校正常教学秩序的前提下开展各种活动。目的是活跃学校学习氛围，提高学生自治能力，丰富课余生活；交流思想，增进友谊等。社团种类很多，如各种学术、社会问题研究会，文艺社、棋艺社、影视评论社、摄影社、美工社、篆刻社、歌咏队、剧团、篮球队、足球队、信息社、乒乓球社等。

学校乒乓球社团，是学生在学校一起交流、学习乒乓球的团体组织。学生乒乓球社团的活动以保证完成学生的学习任务和不影响学校正常教学秩序为前提；以有益于学生的健康成长和有利于学校各项工作的进行为原则。学生乒乓球社团组织和活动的目的是活跃学校的学习氛围，提高国球文化在校园的传播以及学生对国球文化的认可，丰富学生的课余生活。学生社团可以根据学校的不同情况利用学生的课余时间开展各种形式的乒乓球活动，以交流思想，切磋技艺，增进友谊。学生乒乓球社团是指学生为了实现会员的共同意愿和满足学生的乒乓球兴趣爱好的需求、自愿组成的、按照其章程开展活动的群众性学生组织。学生乒乓球社团必须自觉接受学校团委、各院系团委的领导，必须遵守宪法、法律以及学校各项规章制度。社团活动不得妨碍学校各类正常工作和教学、生活秩序。学生社团的会员应当是具有正式学籍的在校学生。学生社团不得从事以营利为目的的经营性活动。学生社团的基本任务：适应社会发展需要，适应教育改革及学生成长成才的需要，积极开展健康有益、丰富多彩的课外科技文化艺术体育活动，促进学生体智全面发展。

在大学的校园中，在校一半以上的学生参加了大学生自己的团队组织：大学生社团。大学生社团不再只是象牙塔深处的一个亮点，它要担当的将是象牙塔内外各行各业各组织机构沟通交流的使者，每个大学生社团都会进行纳新，需要大量的宣传和自我展示，吸引新生加入，评选活动对社团来说是一个很好的推广机会。高校社团不仅要给大学生一个锻炼的机会，而且要走向社会，让社会了解它们，建立沟通联络的渠道，为高校学习、生活和工作服务，还要让学校与学校建立联系，学生团体与学生团体建立联系，学生与学生建立联系，社会团体与社会团体建立联系，互补长短。

复习思考题

1. 广大乒乓球爱好者能参与的组织机构有哪些？
2. 学生群体能参与的乒乓球组织机构有哪些？
3. 举办国际乒乓球赛事的乒乓球组织机构是哪个乒乓球组织？

第八章　国球文化在学校体育中的传播

本章导读：

乒乓球作为中国的国球，经过几十年的发展，在中国形成了独特的乒乓球文化。以敢打敢拼，永不言弃的爱国主义精神为核心的“乒乓精神”也伴随着中国乒乓球队的夺冠而发生、形成、发展，成为中华健儿勇攀体育高峰的象征，而作为“国球”的乒乓球运动也逐渐成为一种强势文化符号。本章以实例说明体育文化对国家和社会的影响以及“国球文化”的形成和发展。其中列举了中小学及高校中“国球文化”传播的优秀案例，为学校中“国球文化”的传播提供借鉴，结合“国球文化”让乒乓球运动更好地在学校中发展，进而促进学生全面发展。

第一节　体育文化及国球文化

体育文化作为一种从世界共同体文化中剥离和突出的文化形式，是人类社会文化的重要组成部分。它充分吸收了民族学、文化学、体育学、社会学等学科的精华。与世界上所有的文化形式一样，体育文化作为一种广泛的、系统的、开放的文化形式，在满足人们物质和精神追求的过程中不断演变和发展。

乒乓球被国人视为“国球 ”由来已久，早在 20 世纪 60 年代就已经开始。据考证，最早的官方文字依据是 1981 年 4 月 27 日的体育报社论：“提到乒乓球，人们就扬眉吐气，把它誉为‘国球’”。此后“国球 ”就在正式场合频繁地使用起来。

一、体育文化

从文化结构来看，体育文化不仅包括体育文化的物质形态，还包括行为形态和精神形态的文化形态。在文化全球化和世界多元体育文化共存的大环境下，在坚持多元体育文化认同与差异辩证统一、平等对话、确立世界认同的前提下，体育文化具有重要的内涵和作用。由此，我们从体育文化的特殊内涵出发，在分析体育文化与中国国家软实力的内在关系和外在表现的基础上，得出体育文化是我国国家软实力的重要组成部分，它是一种国家软实力的结论。综合国力的重要衡量标准之一，是作为国家无形的精神支柱，它可以通过非暴力、非强制的方式使他人接受并按照自己的意愿行事。可以说，体育文化软实力以其强大的影响力在当今世界各国的竞争中发挥了重要作用，其影响的深度和广度涉及多个方面。

二、乒乓球被称为“国球”的原因

乒乓球为何被誉为中国的“国球 ”，大概与下面几点有很大的关系。

（一）历史丰碑

1959 年 4 月 5 日在第 26 届世乒赛上容国团为中国赢得了第一个世界冠军，成为中国体育运动史上的里程碑。他的“人生能有几回搏 ”的豪言壮语，已在中国大地广为流传，成为人们奋斗的精神动力。

（二）世界奇迹

到目前为止，乒乓健儿在世界三大乒乓赛事中共夺得了不计其数的金牌，多次包揽乒乓球世锦赛、世界杯的冠亚军以及奥运会金牌，近半个世纪以来，中国的乒乓球运动长盛不衰，堪称世界体育运动史上的奇迹。

（三）政治影响

1965 年 1 月 17 日《人民日报 》发表了乒乓球运动员徐寅生《关于如何打乒乓球》的文章，该文充满了马克思主义的唯物辩证法，得到了毛主席的高度赞扬并号召全国各条战线学习，在全国掀起了一场“学哲学，用哲学”的热潮。1972 年的“乒乓外交”享誉全球，乒乓球开启了中美外交关系密封的大门，架起了一座中国人民与美国人民和其他各国人民之间的友谊桥梁。

（四）群众基础

20 世纪 60 年代初一场“热爱乒乓球，学习乒乓精神 ”的活动在全国各地展开，“挥拍上阵的人有九千多万”。广大的人民群众是乒乓球健儿生长的沃土和坚强的后盾，深厚的群众基础是乒乓球健儿“为国争光”的力量源泉。反过来，乒乓健儿又总是以“永攀高峰”的精神和完美成绩回报国人，成为国人的骄傲。

（五）不断创新

世界乒乓球有46项创新成果，我国原创的有27项，占创新总数的58.7%。这也是我国乒乓球运动竞技水平与世界各国相比更优秀的重要原因。在队伍管理和体制上，不断改革、勇于创新，成果累累，是我国体育战线的一面先进旗帜和学习的榜样。

（六）政府重视

我国党和政府历来都很重视和关心乒乓球运动，几代党和政府领导人曾多次接见中国乒乓球队并讲话，亲自带头打乒乓球，这不仅对运动员是极大的鼓舞和鞭策，也促进了群众性乒乓球运动的开展。

（七）传统价值

乒乓球的运动形式和锻炼价值与我国国情及传统文化观念有十分相似之处。乒乓球运动的场地小、花费少、不分性别年龄等特点非常符合中国的国情；乒乓球强调的身心全面发展与我国传统的“身心合一”的健身观是一脉相承的。

因此，乒乓球被誉为“国球”，不仅是因为乒乓球运动获得了辉煌的成绩，而且还为人民幸福生活和社会进步发挥了重要作用。

三、“国球文化”概念定义及诠释

从广义上讲是反映以中国乒乓球队为代表及广大民众共同参与的并具中国特色的乒乓球运动实践活动和社会活动所有物质、精神过程及其结果；从狭义上讲是反映中国人乒乓精神的所有过程以及结果。

在广义上，“以中国乒乓球队为代表，与广大群众共同参与”有两层含义：其一，涵盖竞技体育、公共体育和学校体育的乒乓球运动全门类，全面、完整地定义了国家和全球文化的分类范围。其二，它表明“国球文化”既是精英能力和智慧的结晶，也是群众积极参与的共同结果，体现了文化发生和发展的一般规律。

四、国球文化发展

中国乒乓球队作为中国体坛一支长盛不衰的威武之师，为国人带来了无数的荣耀，同时也形成了以“乒乓精神”为核心的文化价值观。“乒乓精神”也伴随着中国乒乓球队的夺冠而发生、形成、发展，成为中华健儿勇攀体育高峰的象征，而作为“国球”的乒乓球运动也逐渐成为一种强势文化符号。

“国球”作为强势文化的内涵及价值观。1981 年 5 月，时任副总理的万里代表党中央、国务院在总结中国乒乓球队成功经验讲话中将其归因为“胸怀祖国、放眼世界、为国争光的精神；发愤图强、自力更生、艰苦奋斗的实干精神；胜不骄、败不馁的革命英雄主义精神；不屈不挠、勤学苦练、不断钻研、不断创新的精神；同心同德、团结战斗的集体主义精神”。“国球精神”从此进入人们的视野，以“国球精神”为核心的文化逐渐形成。“国球精神”的核心价值观主要体现在以下几个方面。

首先，爱国主义和集体主义是“国球”最重要的价值观。中华民族自古就有“爱国主义”和“自强不息”的精神。这种精神一直贯穿于乒乓球运动之中，也伴随着中国乒乓球运动的发展。新中国孕育出了中国乒乓球队这支优秀的团队，并且在国际体育运动中确立了强势地位。1961 年在北京举行的第 26 届世界乒乓球锦标赛上，中国获得了 3 个世界冠军，从而坚定了中华民族屹立于世界民族之林的坚定信念，充分体现了同心同德、团结一致的集体主义精神。

其次，技术创新是中国乒乓球队保持强势并且不断延续的精神动力，“创新是一个民族进步的灵魂，是一个民族不断前进的动力”。

再次，打法上百花齐放是国球精神突出的特点。20 世纪 50 年代，容国团开创了直板快攻的先河，后有庄则栋、徐寅生、李富荣、郗恩庭、江嘉良、刘国梁、马琳、王皓等直拍快攻运动员的继承及创新。20 世纪 70 年代，梁戈亮成为横拍削攻结合的代表人物，葛新爱则是直拍攻拉、推、倒板打法的代表人物，并更新了削球打法的观念。目前，弧圈结合快攻打法成为世界的主流打法，但打法上百花齐放依然是中国乒乓球运动的不变法宝。

最后，国家制度与市场化相结合的制度环境。在坚持国家体制的前提下，中国乒乓球进行了大胆的探索和创新，逐步尝试了球员管理的双轨制，从而推动了乒乓球的市场化。“国球精神”打造了中国独特的乒乓球文化，实现了一脉相承的象征意义和鲜明的符号印记。

五、国球的荣耀与文化传承

中国乒乓球队所获得的优秀运动成绩和“国球精神”，已成为中国体育腾飞的标志和强大文化的内涵。中央领导多次亲切接见中国乒乓球队。这些辉煌的历史，已经成为乒乓球作为“国球”的基石，“国球精神”也成为中国乒乓球运动员的精神动力。中国乒乓球高超的竞技水平和百花齐放的技术打法对世界乒乓球运动的发展起到了巨大的推动和支撑作用。中国运动员一次又一次站在世界乒乓球最高领奖台上，随着国旗的升起，这是我们在奥运会和世界大赛中得到的最高礼遇，激励着中国人奋进、超越。一代代中国乒乓球运动员用自己的实际行动践行了以“国球精神”为核心的价值观，并不断继承和发扬，乒乓球在中国人民群众的心里占据着独一无二的地位。

中国的乒坛健儿用自己的行动书写了众多的乒乓球强势符号，传播着“国球”作为强势文化的内涵，这里笔者采撷几个最具代表性的乒乓球强势文化符号。容国团带着“人生能有几回搏”的豪迈，获得新中国第一个世界冠军，并且创建性地采用直板近台快攻的打法，使中国人拥有了自己的技术风格。徐寅生作为中国乒坛的智多星，在第 26 届世乒赛男团决赛中，以十二大板战星野的精彩表现，打出了中国人的志气，最终中国乒乓球队以 5：2 首次获得世乒赛冠军。徐寅生“十二大板斗星野”的历史成为乒坛一段脍炙人口的佳话而被广泛传播。1964 年 9 月 28 日，中国男子乒乓球运动员徐寅生在中国女子乒乓球队作了一次讲话，谈如何打乒乓球。毛泽东看到徐寅生的讲话稿后，非常欣赏，十分高兴，立即进行了批示：文章全文充满了辩证唯物论，处处反对唯心主义和任何一种形而上学。多年来没有看到过这样好文章；他讲的虽然是打球，但我们要学习的是理论、政治、经济、文化、军事……毛泽东的这个批示精神一经公布，全国立即兴起了一个学习、应用马克思主义哲学的热潮。

在中国乒乓球处于低谷的 20 世纪 90 年代初，刘国梁横空出世，他用创新的直板横打技术点燃了中国乒乓球运动的复兴之火，六胜瓦尔德内尔成为经典之作，撼动了瓦尔德内尔在乒乓球界“乒坛常青树”的位置。刘国梁更是凭借其独特的打法和精湛的技术，成为中国乒乓球史上首位“大满贯”得主。刘国梁的出现，为中国乒乓球运动的技术传承和“乒乓精神”的传播发出了最强符号。刘国正上演的“大阪惊雷”为世界乒坛贡献了最为经典的一次对决，在中国引起了强烈的轰动。蔡振华回国挂帅，把处于低谷的中国乒乓球队重新带入巅峰，以 1995 年天津第 43 届世乒赛为标志，重新夺回了阔别三届的男子团体冠军奖杯——斯韦思林杯。从此，中国乒乓球队进入了“大满贯”的包揽时代：截至 2020 年东京奥运会，中国一共培养了 9 位“大满贯”得主。这在我国竞技体育运动史上是绝无仅有的。

中国乒乓球队作为一个具有光荣传统的团体和组织，承载着中国人民的光荣和梦想。作为强大的文化符号，“国球精神”也得到了广泛的推广和传播，成为中国体育腾飞的象征；“国球精神”中爱国主义和努力拼搏的精神也成为社会主义核心价值观的组成部分和中国梦的标志。乒乓球作为我国的“国球”，取得了优异的成绩，是中国人民一直引以为豪的一项运动。每当举办大型赛事，中国人都会对运动员和教练员的表现和取得的成果赞叹不已。乒乓球运动曾“打开国门”“小球推动大球”，乒乓球运动项目为我国树立体育体系内的国际地位、改善国际形象立下了汗马功劳。所以，国人对于乒乓球运动项目所特有的“乒乓球运动项目文化自信”应该说是厚重坚实，并且会一直传承下去的。

第二节　校园体育文化及校园国球文化

校园文化是指“以学生为主体，以课外文化活动为主要内容，以校园为主要空间，以校园精神为主要特色的群体文化”。它是特指的一种文化环境。校园文化环境和氛围对实现学校办学目标，改变校园生存群体的生活方式、学习方式和习惯起着非常重要的作用；校园体育文化是指校园文化中与体育文化直接或间接相关的部分。校园体育文化是一种影响校园群体参与、重视体育的导向型文化。其形成的动因主要来自校园内学校体育发展的情况、学校体育发展的硬件建设、体育比赛的水平、参加比赛的人数、参加者的积极性等。

一、校园文化与校园体育文化

（一）校园文化

校园文化作为一种直接影响校园内外群体的社会文化，是在学校长期的教学、科研和行政管理过程中形成的。它是由所有校园成员的行为、习惯、爱好和兴趣决定的，体现在学校的有形和无形的物质文化和精神文化的积淀，即文化物质环境和文化精神积淀，这两个方面构成了高校的校园文化。

（二）校园体育文化

校园体育文化是学校自身群体的向心力和凝聚力的体现，是校园群体对体育价值认同和价值取向的态度，是学生参与体育活动和体育事业发展的心理特征，是学生的运动行为多方面因素影响的结果。

对于校园体育文化来讲，校园体育文化形态表层的是校园内的体育物质形态。例如，场馆的有无、场馆的建设质量、器材设备的多少等。中间层面的是校园内的体制状况、管理的表现形式、制度的建设情况等。深层地存在于校园内所有群体的体育意识。其中，在校园体育文化形成与发展中，物质文化（场馆设施等）、制度文化起到一定作用的同时，起主要作用的是深层的观念、形态和意识，即管理者自身体育意识、教育教学过程中的引导、学生群体本身对体育喜好程度等。

二、校园体育文化特征

（一）传承性

校园体育文化汲取了天人合一的思想，有效整合了人在生物、心理和社会方面的发展，构建出一个人与自然共同生存发展的体育文化环境。

（二）时代性

由于文化是时代的产物，在某种程度上直观地反映着时代特征，然而在时代的发展过程中也在不断演化自身的形态。学校与时空环境紧密相连，校园文化的产生、发展和成熟依赖于学校和社会一同构建的背景。

（三）人文性

小学生的个性化特征是校园文化的切入点，满足了学生的发展需求。全面分析校园文化的发展过程可知，体育文化一直都代表着一种人文精神，蕴藏着一种文化目标和彰显着人文价值理念。

（四）发展性

校园体育文化的发展主要体现在体育的生态哲学，旨在通过对生态哲学内容的研究，使全校师生树立人与自然共同生存发展的观念和与之相符的生活方式，满足道德标准的生产方式以及改造自然的方式。

三、中小学校园体育文化的作用

（一）身体作用

体育锻炼可以增强学生的体质，促进他们身体的健康发展。中小学体育文化是一种特殊的体育文化形式，存在于校园之中。教师根据学生的不同情况，因材施教，采取灵活的教学方式方法，更好地满足学生的不同需求，激发体育兴趣，使学生在学校的学习过程中更加全面、健康地发展。

（二）娱乐作用

体育游戏和比赛具有一定的趣味性和娱乐性，可以满足中小学生的活泼好动特点和强烈的表现欲望，帮助学生展示自己的身体能力和专项技能，营造和谐、融洽的学习氛围。良好的学校环境和轻松的氛围可以增进学生之间的交流与合作，提高学生的人际交往能力。

（三）教育作用

21 世纪更加注重综合素质综合能力。人的综合素质主要包括思想素质教育、文化素质教育和身体素质教育。体育教育不仅可以增强学生的体质，还可以拓展学生的逻辑思维，培养学生的爱国主义和集体主义精神，培养敢于创造、不怕吃苦的优良品质，为学生今后学习和工作奠定良好的身心基础。

四、高校体育文化的作用

随着我国高等学校教育“由人才培养模式开始由专才教育向通才教育的转变”，在追求“既重视对学生进行文理等多方面的基础知识和基本技能的训练，使学生实现人文精神和科学素养的同时，又重视对学生健全人格的培养，使学生在具有一定的专长的同时，充分发展学生的个性”的总体目标实现的过程中，校园文化与校园体育文化对实现这一目标起到非常重要且具有决定性的作用。

（一）教育功能

高校体育文化有很强的教育功能，这种功能不同于我们的体育教学过程。它首先不是以强制性的手段来使学生接受体育教育，而是通过非强制性的手段，使学生在一个充满体育文化环境的氛围中，领略体育的魅力，宣传体育知识和技能，感染、激发校园内群体参与体育活动的意识。在各种体育活动中提升自身的境界，为今后的工作和生活打下良好的身心基础。

（二）育人功能

高校体育文化作为一种环境文化，它的主要教育作用在于创造一种体育文化氛围，并通过这样一种氛围，使学校内部成员在不知不觉的校园环境中接受体育文化教育，并内化为对体育深刻理解，达到学校内成员对体育认识上的提高，从而牵引行动上形成体育锻炼的习惯。对于学生终身体育意识的养成，以及身心健康的全面发展，起到绝佳的促进作用。不仅让学生在体育方面有所建树，也在其他各个方面全面发展，达到高校教育树人的目标。

五、校园国球文化的概念

关于校园国球文化，也就是校园乒乓球文化的概念有广义和狭义之分。从广义的角度讲，泛指大学校园内一切与乒乓球有关的活动，包括以乒乓球为教学内容的体育课程、各种形式的校园乒乓球比赛、与乒乓球有关的沙龙讲座，国内、国际的乒乓球赛事转播以及相关信息的传播等。从狭义的角度讲，特指高校之间的大学生乒乓球比赛。前者是后者赖以生存和发展的基础，而后者是前者的组成部分，也是前者发展的最高层次，是校园乒乓球文化的核心。两者之间是普及和提高的关系，它们相互依存、相互作用，密不可分。

综上所述，在学校传播“国球”文化有利于培养德、智、体等方面全面发展的合格人才，为我国社会主义的建设和发展贡献更多的力量。先进的“国球”文化既可以帮助学校对学生进行德育教育，“促进正确的人生观、价值观、世界观的形成，培育爱国主义精神以及顽强拼搏、团结协作等良好品质”，又可以促进学生的智力提高，更可以使他们的身心得到全面发展。因此，学校进行“国球”文化传播是利国利民、一举多得的大好事。

六、通过学校体育弘扬国球文化的目的

“乒乓球”作为我国的国球，在我国体育事业中占据着重要的地位。而学生作为祖国的后备军，是学习国球精神、发扬国球精神的重要时期。

（一）鼓励学生锻炼，发展国球精神

体育课程是学生学习的重要组成部分，大部分学生对体育锻炼缺乏兴趣，而教师一直强调学习成绩而忽视体育锻炼的重要性。体育课作为学校的校本课程，国球的传播有助于

学校重视体育，鼓励学生进行体育锻炼，唤起学校师生对学生身体素质的重视。在乒乓球学习过程中，要弘扬国球精神，让“乒乓”文化成为学校的教育品牌。

（二）提高教师的专业素质

把传播国球作为学校体育课程的校本课程一部分，而校本课程的开发对体育教师的教学素质和课程内容提出了更多的要求。体育教师需要更加重视自身理论知识的学习，帮助学生了解国球文化的产生和发展，这就要求体育教师必须具备更高的体育素养，不仅局限于技能的传授，还包括帮助学生的学习国球的精神内核。因此，在学校传播国球文化，不仅可以提升学生的体育素养，还能促进相关教师不断提升自身的专业水平。

（三）促进学生的个性发展

学生在学习新事物并发展自己的兴趣时加以思考，对学生个性的养成极其重要。学生通过对乒乓的学习，宣传“团结协作，勇敢拼搏，永不言败，为国争光”的积极精神，探索乒乓的启智、育德、健体的功能，为学生终身发展奠定良好的基础。

课程实施实现以球养德，塑造健全人格；以球育智，促进智力发展；以球健身，增强健康体质；以球增能，满足个性化成长需求；以球强技，促进教师的专业发展目标，在丰富学校课程内容和学校文化内涵、凸显学校特色中呈现出个性化样态，提供了最终以人的发展实现学校现代化发展的实证样本。

七、在弘扬国球文化过程中可能出现的问题

一是课时问题。每周一节教学课时难以保证学生所学技能和战术的巩固和衔接，40 分钟课堂教学包含教学组织、体能训练等准备，以及技能要点的讲解和示范，学生实际的技能训练时间不多，尤其是在班级授课人数较多的情况下，每一个学生的实际训练时间更为短暂，对于学习品质尚待提升的学生来说，难免出现“旁听生”，课堂效率受到一定程度影响。

二是功利性问题。活动教学训练受家长和学生急功近利思想的影响，盲目希望教师增加技术，加深难度，忽略学生理论课程的学习，有违教育规律，影响学生训练成效，适得其反。

第三节　我国中小学弘扬国球文化的案例研究

校园体育文化在强健学生体质、提升综合素质和磨炼意志方面发挥着重要的作用，然而现阶段中小学校园体育文化建设现状不是很理想。目前，青少年耐力素质的下降和竞技体育在奥运会上屡创佳绩形成了鲜明的对比。通过多年来对大量学校学生的身体体质的调查可知，学生的身体体质呈现逐渐下降的趋势，而缺少锻炼是产生这种现象的主要原因。校园体育文化是全面贯彻教育方针的主要内容之一，学校领导均认为其在强健体质、促进个性发展和教育管理工作中发挥着积极的作用，他们一致主张应大力倡导和发展校园体育文化，而实际的落实效果不是很好，这主要是因为部分家长和教育主管部门将升学率作为评判学校实力的主要标准，导致学校不得不偏重智育，学校中普遍存在体育教学投入不足，体育课程被占用，体育活动无法正常开展的问题。虽然近年来教育部对体育活动进行了相应的调整，但是由于国家调拨的教育经费短缺和沉重的课业负担，仍然制约着体育活动的开展。

一、甘肃省兰州市城关区白银路小学

（一）白银路小学国球文化

白银路小学于2018前开始着手进行乒乓特色教育，经过不断地努力，学校建有齐全的乒乓球训练基础设施，如乒乓球训练场馆——“国球馆”，乒乓球馆占地近300平方米，放置12张高规格、高档次乒乓球台；室外建有训练场地——“启蒙苑”，置有6张室外乒乓球台，作为开放式的乒乓球训练场地，现已成为学生课间锻炼的天地。在中国乒乓球协会的关注和省、市乒协的帮助下成立了白银路小学“搏力乒乓球俱乐部”。该俱乐部已成为学校校外乒乓球训练基地。学校有高、中、低三个阶段的学生乒乓球训练梯队，配有1名乒乓球专职优秀教练员，2名兼职教练员，并有一支满足日常训练的教师陪练队伍。在全校学生中开设乒乓球课程，全校学生每周至少上两节乒乓球课。随着硬件设施的不断完善、乒乓校园文化的日益积淀、球队规模的日渐扩大、成绩的日益提高，学校抓住这一宝贵的资源，对全体师生，家长要求进行充分调查的基础上因地制宜适时开发了乒乓球校本课程，利用乒乓球技能课，综合性学习课，在全校分层推广这项运动，让每位学生都爱上乒乓

球，会打乒乓球，懂得更多的乒乓球知识，使之成为学校校园文化建设的引领。

近两年，学校不断进行乒乓环境文化建设，在“国球馆”的装饰中，涵盖了乒乓球运动的起源、国球发展史、乒乓外交、乒乓球技术、乒乓球规则、乒乓球健将等多方面的内容，并在全校师生、家长中征集各种乒乓标语，从中提炼出“以乒乓特色兴校，用国球精神育人”的发展口号。此外，学校还在乒乓内涵文化上不断经营，通过征集乒乓歌、快乐乒乓童谣，广泛地开展各种渠道的宣传，走出去、请进来和兄弟学校广泛交流、切磋，开展社区、家长的开放日等活动营造浓厚的乒乓文化氛围，逐渐形成了一个乒乓与人文相结合、与社会相结合的校园文化新格局。

（二）白银路小学国球文化建设路径

1. 国球物化文化的建设

乒乓物化文化建设的重点是营造校园乒乓物质环境，营造班级乒乓物质环境，让整个校园洋溢着浓郁的乒乓文化氛围。

2. 以国球为内容的校本课程建设

乒乓球课程文化的建设围绕“以乒乓特色兴校，用国球精神育人”这一办学宗旨，以乒乓球训练资源和乒乓校园文化资源作为学校优势资源，以学生需求，家长意愿为出发点，与国家课程、地方课程紧密结合，具有多样性、可选择性及显著地域特点等，主要包含个性化学习和个性化发展评价两个方面。

个性化学习是一个有计划安排学生学习体会的过程，是构建在学生本位的基础之上，既然以学生为本位，那么学生的自主性、个体性、差异性就决定了课程必须关注学生兴趣、关注学生的需求，让学生充满个性的、自主的、全面地发展。学生个性化选择学习研究重点在于不同层次的学生选择不同层次的技能训练课（兴趣班乒乓课与专业队的管理）及乒乓特色班小班化教与学的课堂教学。

乒乓球校本课程从形式上看是“以校为本”，而隐藏在背后的真正哲学理念是“以人为本”，是以人的充分发展潜能为最高目标。关注学生知识与技能、过程与方法和情感、态度与价值观三维目标的达成。

3. 国球活动文化建设

学习借鉴优秀运动队思想政治工作的成功经验，加强班集体的建设，加强小学生的思想道德教育。寻求知、情、意、行协调发展的育人新路。重点利用四个阵地，即主题活动阵地、思想品德教育课、综合实践活动及心理教育课，促进学生健全的身心发展，促使学生在潜移默化中内化，体现国球精神。

4. 国球制度文化建设

制度文化建设旨在全面提升管理与教育水平，重构“以人为本”的民主、开放的现代学校制度，从中挖掘学校特色文化内涵，优化教育教学秩序，提高学校效能，促进教师专业成长，注重学生良好习惯的养成。充分发挥“文化的力量”，让师生在活动中去体验，感受文化的滋养、净化心灵。乒乓制度文化建设主要涵盖如何贯彻乒乓球运动游戏的规则，乒乓球技能训练队的管理规范，保证校本课程实施的支撑制度体系，还有学校各部门的规章制度，重建适合学校发展的师生行为规范条例，全面质量监控系统，以及有效的岗位考核和激励机制。

（三）国球文化建设的途径

1. 国球物化文化的建设途径

一是设计乒乓文化长廊，介绍宣传长廊文化内涵，进一步美化环境，促使乒乓设施逐步升级；二是宣传介绍原有乒乓环境的文化内涵；三是通过班级文化园地、文化展板、文化角等的建设加强班级乒乓环境建设，使大、小环境相得益彰；四是学校的计算机室的配备、广播系统的更新、校园网络的改造实现质的飞跃，有效提升学校现代化的教育品位。建立、完善校园网络，鼓励教师建立个人网站或者开通相关社交平台，构建学校宣传与交流的网络平台系统。

2. 国球校本课程的建设途径

实施“五步走”校本课程开发策略，即“建设团队—制订方案—开发课程—活动展示—资料积累”。首先成立乒乓校本课程编订小组，结合各个年级学生的学龄特征制定课程大纲，并细化落实各个年级各个学期，由乒乓校本课程编订小组分年级承担课程教材的采编并进行教学实践，整理优秀教学设计，编订为可操作的教案集，并不断完善。学校除了各年级每周开设 2 节乒乓球课程外，学校在各年级每周另开设 1 节乒乓球校本课，建立并丰富完善乒乓球校本课程的文化课程和技能课程两种课型的选择性学习的整体框架。此外，从一年级开始，创设乒乓特色班，进行乒乓特色班训练和课本课程展示活动，作为低年级的课程设置。

从一年级学生开始，建立乒乓特色“未来之星”电子档案，并逐年不断完善。采用自我评价、教师评价、同学评价、家长评价相结合的方式。重点以电子成长包的形式记录学生个性发展的轨迹，为学生终身发展打基础，乒乓特色班形成“学科+特长”的星级少年评价体系。

3. 国球活动文化建设的途径

以学校少先队为核心，各中队为分支，围绕学校乒乓校园文化，开展多形式、多内涵的主题活动。学校每年 11 月举行一届乒乓体育节，开展学生间、教师间、师生间的乒乓对抗赛、晋级赛、达标赛、挑战赛，并在家长和学生间举行亲子乒乓趣味赛。每学期举行一次大型室外乒乓文化课程课型的校本课教学展示。

建立科学的班级活动体系。班级间每月开展乒乓月赛，切磋乒乓技能，每班每月举行乒乓主题活动，围绕国球精神、国球文化开展演讲、沙龙等活动。

以国球精神为核心，开展乒乓主题的综合实践活动。让学生通过看比赛、写征文、演讲、制作小报、亲身参加乒乓月赛等活动将乒乓精神整合到各个学科活动中，促进学生健全的身心发展，使学生在潜移默化中内化，体现国球精神。

进一步强化和规范学校乒乓球体育课间大活动建设。主要分为三步进行：第一，重点关注乒乓特色班的活动指导，两位班主任、一位教练到场指导；第二，继续关注全校学生的基础性训练，让“一人一拍一球”的乒乓氛围在大课间活动时跃动起来；第三，关注乒乓球趣味性、创造性训练，创编适合学生特点，集趣味、健身于一体的乒乓自编操，大课间自主活动融入各班级创编的乒乓球游戏，在提升技能，发展特长的基础上，激发学生对乒乓球的学习兴趣，促进学生想象力、创造力的发展。

4. 国球制度文化建设途径

摒弃传统的阻碍学校发展的制度，建立民主、科学、公正、公平的特色教育系列制度和运行机制，形成良好的校风、师风和学风，使全体师生形成正确的道德观念、积极的人生价值观、乐观向上的精神风貌。规范乒乓训练队、乒乓特色班一系列制度及章程，保证校本课程实施的一些支撑制度体系，重建适合学校发展的师生行为规范条例、全面的质量监控系统和有效的岗位考核和激励机制。修改制定《学校乒乓球训练章程》，并以此为指针，实现学生德、智、体全面发展。制订训练计划，合理安排竞赛，做到有章可循。加强对学生特别是乒乓球选手的教育，要求学生正确处理好学习与活动的关系，积极开展竞赛交流，培养良好的运动兴趣。组织好教职工乒乓球赛、班级乒乓球联谊赛等多种活动，学校体育教师自行编排校乒乓操、乒乓舞，在全校推广，让小小的乒乓球成为每个师生的最爱。

二、广东省中山市高家基小学

（一）广东省中山市高家基小学国球文化

广东省中山市高家基小学构建的乒乓球文化育人模式就是以学生的直接感性经验为依托，使学生在与乒乓球亲密接触的同时，传播国球文化，通过实践课程和理论课程的相辅相成，促进学生知识技能与情感价值观的和谐共进，利用国球文化培养学生的爱国主义精神和奋力拼搏、永不言弃的竞技体育精神，达成以文化人、以文化德的目标。

（二）广东省中山市高家基国球文化建设路径

1. 以球辅德，体验升华

在开展乒乓球文化育人模式的研究过程中，乒乓球搭建了一个平台。在这个平台上，对乒乓球运动的认识已经不仅停留在“体”的层面，其育“德”的作用也被充分挖掘出来。在练习乒乓球技的过程中，学生们在一次次汗流浃背地面对失败中，学会了沉着冷静、勤奋刻苦；在机械的反复训练中，感悟了坚忍不拔、执着追求；在比赛场上面对强敌时，领悟了勇于拼搏、坚持到底；在双打训练、乒乓游园活动中，感受到了团结互助、合作共赢；在颁奖台上展露胜利笑脸的同时，立志成才、为国争光的爱国精神也在心中扎根。学校文化就是写在师生脸上的表情，“小校大教育”“小我大志气”“小球大世界”，学校对乒乓球文化育人模式的研究，通过反复实践、多次体验、逐步内化，将乒乓精神深深融入每一个人的血液中。

2. 以球促智，感悟明理

教育的根本目的在于培养人，培养和谐发展的人。在乒乓球文化育人模式的课题研究过程中，我们发现，乒乓球蕴含着丰富的教育资源，乒乓球运动可以在潜移默化中启迪人的心智，挖掘人的潜能。

通过了解乒乓运动发展史、乒乓名将成长史，参加我心中的乒乓明星征集活动，学生们收集、处理信息的能力得到进一步提升。在“中山市乒乓球运动发展现状调查”综合实践主题活动中，学生们学会了拟计划、做方案、沟通协调、有效合作等生活的智慧，为他们适应社会、立足社会迈出了可喜的第一步。在乒乓球手工制作活动中，一件件构思精妙、手工精良的作品融入学生与家长的携手合作，促进了亲子间的和谐关系。乒乓球时装秀中，孩子们大胆的构思，丰富的想象，精彩大方的表演，不仅是创造美、欣赏美的过程，还是提升智力、锻炼勇气的过程。通过乒乓球科学小报告、小发明、乒乓球创新玩法、“我为世乒赛设计赛程”、球台的测量与计算、与乒乓球有关的数学题征集活动，引导孩子们探秘知识的海洋，培养了他们独立思考、创造性学习的能力。在班歌班徽的创作、乒乓球小品、舞蹈创作与表演中，学生的创造灵感得到升华，一个个故事情节，对学生就是一种规范、一种教化、一种熏陶，一首首激昂向上的班歌就是师生精神的升华。在中山市第四届体育节上，给观众们留下深刻印象的乒乓球操舞，就是高家基小学师生智慧的结晶，是学校精神的凝练。

3. 以球怡情，超越自我

学校通过开展乒乓文化拓展与德育有效融合的研究，充分挖掘体育校本课程的内涵，着力突出乒乓球特色明显优于同类学校的课程项目，通过个性化的显性环境，校本课程体系，独特的教育教学管理体系，让全校师生在与乒乓球的亲密接触中感知和滋养乒乓文化，并从实际的文化拓展中得到滋养。有趣的教育教学活动，让师生在春风化雨中拓宽文化视野，师生的情操得到了陶冶，心灵得到了启迪，也实现了师生的自我超越，让参与活动的师生切实感受到了自身的提高。

首先，学校良好的乒乓球氛围。在学校操场最显眼的位置，悬挂校友江嘉良载誉归来的宣传照片，上书“世界冠军是我们学习的榜样”“拼搏才有希望”；在学校的窗户、每层楼的走廊、文化走廊、教室的门上，都悬挂着乒乓球运动员的雄伟身影，介绍他们成长和成功的艰辛。其次，学校的教学要求。学校要求师生深刻领会乒乓球运动蕴含的丰富精神内涵，形成团结进取、合作共赢的价值追求，以乒乓球精神引领教育教学行为。最后，是学校的精神内涵。学校要求师生以国球精神为感召，自强不息，顽强拼搏，不断创新，不断超越。

经过几年的实践与研究，高家基小学学生的身心得到锻炼与提升，个性得到张扬，在以往举办的全校文艺、学科竞赛、社会公益等活动中，孩子们积极性高、独立自主，能够自行组织安排节目。他们的表现超出了老师们的预期。同时，学校的校风和学风得到了改善，教学质量也得到了进一步的提高。从他们朝气蓬勃的笑脸上可以感受得到，高家基小学学生的健康、喜悦和幸福。孩子们的健康成长和学校的发展进步，正是乒乓球文化育人模式的构建与推广在高家基小学开出的绚烂花朵。

三、江苏省锡山高级中学

（一）江苏省锡山高级中学国球文化建设路径

江苏省锡山高级中学是较早实行新课标要求的国家示范性学校，也是国内体育课比较早实施选项教学的学校。乒乓球运动作为中国的“国球”，深受学生的喜爱，因此在开设选项课的初期乒乓球就被列为体育选项之一。由于当时场地和设施的限制，只能满足少数学生的需要，而且学校没有专门的乒乓球教师，所以对课堂的技术要求不是很高。随着学校对体育场馆的投入和特聘教师的引进，学校乒乓球选修课向正规化、专业化发展，技术考核要求更加严格。但由于诸多因素的影响，开始学习时的教学效果并没有达到预期。最重要的因素是国家对体育课的要求不能满足乒乓球课程的时间和密度要求，大大降低了乒乓球基础技术教学的效果，造成连锁反应，使得后续技术和战术教学深受影响。体育课的学生通常以自主竞赛活动为主，学生在比赛过程中容易产生错误的动作和刻板的战术印象，这也对乒乓球选修课的教学效果产生了负面影响。乒乓球教师一直在通过各种途径寻找解决方案，不断完善课程大纲，但收效甚微。

因此，江苏省锡山高级中学结合自身学校情况开展了“巅峰体育”课程，目的是通过乒乓球校本课程，改进和完善学校乒乓球的教学现状。“巅峰体育”课程是在对于本校学生特点、场馆设施、师资条件、校园文化传统等进行深入调研的基础上构建与实施的，它运用系统、综合的方法将课程各要素有机整合，促进了国家体育课程整体化，促进了学生课程目标的达成。

（二）通过国球“个性化”校本课程开发弘扬国球文化

这里说的课程“个性化”包括两个层面：一是设计出符合学校“巅峰体育”特色的乒乓球校本课程；二是充分体现出差异性融合的特色，即因材施教、因时施教等。学生个体身体素质差异、接受新知识能力的差异以及乒乓球基本功的差异等都要求课程有个性化，同时第一层面个性化的乒乓球课程对第二层面的差异性融合会起到巨大的促进和帮助作用。

“巅峰体育”课程整合了体育课和课外活动课，使教师能够根据学生的学习情况，提出合理的建议，对于学校乒乓球俱乐部活动的计划，开展有趣的教学活动可以达到预期的效果；可结合课堂教学内容，帮助乒乓球社组织除教学比赛外的其他活动。根据学生的课堂学习情况，为乒乓球俱乐部举办的校级乒乓球比赛制定专门规则，减少各队的水平差异，使比赛更具悬念性和刺激性，让学生在课堂和俱乐部活动中学习，产生有效的互动。

在学校“校园吉尼斯”活动中，协助乒乓球社团组织“谁是反手王”“谁是正手王”的挑战活动，学生自由分组进行反手斜线对攻、正手斜线对攻，看谁在规定的时间内的回合数最高。“校园吉尼斯”活动的内容与学生在课堂的学习内容互动，可以激发学生在课堂上的学习热情，提高练习效率，促进学生的运动水平快速成长。

这样的教学模式，不仅可以将课堂教学内容与竞赛形式相结合，提高学生运用课堂所学技术的能力，还可以缩小学生个人运动水平的差距，提高比赛的可观赏性，增加悬念。通过对不同学年和学期比赛规则的调整，观看比赛以及理论知识的学习，实践与理论相结合，通过多种方式使学生可以逐步掌握和提高不同技巧的实战能力，并融合各种技巧，形成具有个人特色的战术风格体系，从而学以致用。

四、案例启示

弘扬国球文化是中小学体育乒乓球课程发展的必经之路，也是丰富校本课程的重要途径，是推动学校发展的主要抓手。因此，在大力加强学校规范建设的现在，如何闯出一条新时期学校特色化发展之路，显得尤其重要。在探究乒乓球课程建设的道路中，必然会遇到很多的难题。例如，在乒乓球文化建设中，研究各级活动的参与度和有效性；课程团队建设后制定综合培训指导；教师、班主任、家长之间的沟通和互补工作等诸多问题，都会在具体实施过程中一一出现。正是在克服这些困难的过程中，学校的乒乓球课程才能进一步改进和完善，才能进一步传播国球文化，促进国球文化的继承和发扬。

第四节　我国高校弘扬国球文化的案例研究

长期以来我国高校没有重视对“国球”文化的传播与宣传，只是停留在单一的“国球”技术和技能的传授上，而不是全面完整地传播“国球”文化，这是高校文化传播的一大缺失。“体育众多的功能与属性，决定了技术层面的体育传播不可能满足广大受众的需要。”为了弥补高校在“国球”文化传播中的缺失，笔者拟在以下几个方面进行有益的尝试：探索一条高校“国球”文化传播的新途径；寻找让大学生更易接受“国球”文化的方式；建立“国球”文化可持续传播的长效运行机制；目的是促进“国球”文化与校园文化的有机结合，发挥“国球”文化在大学生的思想教育、校园的文化建设和构建和谐文明校园活动中的积极作用。

一、三峡大学国球文化建设路径

（一）加强乒乓球物质基础的投入与管理

三峡大学高度重视乒乓球场地建设，成立了以副校长为首的场地建设队伍。2004 年后，三峡大学的乒乓球场和设施迅速发展。乒乓球场和台面比以往分别增长了 188%和 183%。大学体育馆和综合训练馆有两个乒乓球馆，新教学楼内有学生和学生的乒乓球网点，学生足不出户就可以在楼内打乒乓球。近 3 年，学校新增大量乒乓球运动器材，投资 15.9 万元，增长 368%。根据调查研究结果发现，乒乓球场地和经费大幅增加的原因主要是学校“以人为本、特色为先”的办学理念。乒乓球是学校的一项传统体育项目。拥有良好的群众基础，具有“场地小、投资少、健身时间长、效果好”的特点。因此，学校将乒乓球列为专项体育项目开展，增加场地设备的投资。该投资为“国球”文化在校园内的传播奠定了坚实的物质基础。

无论是场馆的质量还是场馆的数量，都得到了大部分同学的认可。95.8%的学生对乒乓球场地和设施非常满意或比较满意，82%的学生对场馆的管理表示认可。场馆的软硬件建设有效保障了“国球”文化的顺利传播，让更多的学生对乒乓球产生了兴趣，也让越来越多的学生把打乒乓球作为体育锻炼的首选，校园乒乓球运动人口增长迅速。但还有 42%的学生对场馆的收费服务不满意，说明场馆收费标准还存在一些问题。

（二）加大课程教学改革与实践力度

从广义上讲，乒乓球课也是校园体育文化的组成部分。乒乓球课是传播“国球”文化的主要阵地，直接关系传播和接收的效果。三峡大学体育学院乒乓球教师认识到课堂教学的重要性和必要性，组织团队申报了“乒乓球课程改革与实践研究”项目，并获得立项。学校从考试等方面做了一系列的改革。自编的《乒乓球实操课程》增加了“国球”的文化内容，说明该课程的编写符合大部分学员的实际和需求。教学内容、方法和形式得到了多数以上学生的认可，表明课程改革采取“三重一轻”，即“重应用、重学科能力培养”，“重人文素质、少应试”的人才培养要求，符合当代大学生的特点。82%的学生对课堂管理表示满意或比较满意，说明课堂采取“开放、自由、民主、平等”的方针，营造了

“以人为本”的和谐氛围。考试方式获得83%的学生认可，无人不满意，说明技术类考试采用的“选择题”形式最受学生欢迎，可以展示学生的最佳技能，培养学生的个性；“以文化为主要内容的理论开卷考试，以感悟、体验、杂谈、点评等多种考试形式，提高了学生对‘国球’文化的认知水平”。“国球”渗透到科技教学中，体现了文化与科技相结合的教学新特点。理解和交流“国球”文化。60%参加乒乓球课程的学生在同学的宣传和介绍下选择了该课程，这表明课程改革是成功的。上课的学生不仅自己喜欢，还介绍和推荐了其他同学选择乒乓球班。人口越多，体育文化的创造力和传承性就越好。调查显示，乒乓球课程改革促进了国球文化的传播，让越来越多的学生热爱乒乓球，选修乒乓球课程的学生从2004年之前的每学期700人增加到现在1200人。三峡大学实现了“使他们不仅成为乒乓球爱好者，而且成为乒乓球文化的合格传播者”的目标。

（三）建立课外活动三级联动机制

课外乒乓球活动是课堂教学成果巩固的有效途径，是保证大学生养成运动习惯、树立终身体育意识、传播国球文化的大课堂。为更广泛地开展国球运动、传播文化，三峡大学建立健全了乒乓球运动的组织和支持体系。校体委下设乒乓球运动协会，协会下设群体部、赛训部、宣传部、财务部，负责管理各二级学院乒乓球协会，比赛策划等重大政策的制定，落实校体委交办的各项乒乓球活动。群体部、赛训部、宣传部、财务部。群体部负责课外活动，赛训部负责俱乐部管理、训练和比赛，宣传部负责校内外赛事推广，校园乒乓球网站运营、媒体会费、培训费、赛事赞助费由财务部负责，并负责其他资金管理。为保证机制的联动性和有效性，采用“分会干部聘任制”“乒协干部会员选举制”“财务公示制”“会员监督制”等制度。全体师生都是校内兼职，没有专职，没有工资，每年一次选举。

学校一些大型活动，采用形式多样，特点突出的活动模式，无论是校内还是校外的比赛都采取市场运作方式，学校只提供建议，不提供资金。竞赛以“外拉赞助，内结联姻”为主要形式，组织和开展了一系列的大型比赛活动，各乒乓球协会做到了“月月有安排、周周有活动、天天有比赛”。调查显示，有44%的学生一周课外乒乓球锻炼达到了1小时以上，98%的被调查者参加课外乒乓球运动，表明“三级”联动管理机制在学生课外乒乓球锻炼中发挥了重要的组织和领导作用。学校体委→校乒协→各学院乒协三级联动管理机制，目标一致，职责分明，制度健全，它就像一个无形的纽带，有计划、有步骤、有规律、有目标地传播着“国球”文化。

（四）丰富多彩的国球文化宣传

文化宣传需要持之以恒、坚持不懈。校乒协宣传部做了大量的国球文化宣传工作。从形式到内容，开展了丰富多彩的活动，力求让学生从思想的角度真正了解国球文化的作用与价值，用国球文化精神影响学生的意识和行为。从内容、形式、数量和参与人数等方面来看，呈现出广泛性和多样性的特点。坚持聘请校内外专家每学期为乒协会员举办一次以上专题讲座；用电子教学的多感官形象、文字、绘画、声音，宣讲国球的发展奋斗史；使用学校里的大型场馆举办乒乓球比赛；在体育文化中，以展板、墙报等形式展示中国乒乓球队球星风采；利用学校广播电台和校报，为国球文化开辟专门的窗口和栏目；利用校园网开通校园国球网站，开展博客论坛、知识竞赛、演讲比赛等活动。通过这些活动，学生对国球文化的认识不断提高，在提高学生乒乓球专项运动能力的同时，对国球文化中的爱国主义和永不放弃的精神有了更深的认识。

二、华南理工大学国球文化

（一）华南理工大学国球文化中的精神文化

作为一种创造性活动，文化的创作方向取决于其精神层面。高校校园体育文化是学校体育的重要组成部分，而学校传播国球文化需要成为高校校园文化的重要的一部分。高校体育文化直接影响着学生的体育意识、体育态度和体育价值观，对大学生体育情感、兴趣、爱好和需求的形成也有很大的影响。在高校乒乓球文化中，精神文化处于主导地位，运动健康的价值是校园体育文化的精髓和核心，决定了校园体育文化的目标。

对华南理工大学 180 名参加过乒乓球运动的学生的调查中发现，60%的学生因为乒乓球强烈的趣味性和其适宜的运动量选择了这项运动，并在这 180 名参与者的参与目的的调查中，有 70%的学生将乒乓球作为休闲娱乐之用，甚至有 21%的学生将乒乓球作为终身锻炼运动，这就是乒乓球精神文化方面，可以使学生建立自己适宜的体育健康价值观。德国医学博士范·阿肯说：“健康的得来需要付出一定的代价——顽强的意志，克服贪图安逸的惰性，艰苦地锻炼和流汗。”随着我国经济的发展，以及终身体育思想的传播，人们的体育健康观也得到了提升。国球文化中所包含的终身锻炼思想也体现了现代高校体育发展的目标。

（二）华南理工大学国球文化中的制度文化

制度与方法，是联系精神与物质的桥梁。乒乓制度文化既是校园体育的组织形式，也是体育意识的体现，它涵盖了日常的乒乓球教学、科研、课外乒乓球相关活动、高水平运动队的管理、日常各级别的乒乓球竞赛、乒乓球协会、乒乓球文化知识的普及和交流等全方位制度、方法的确立。

通过开展体育科技专题讲座、体育沙龙、体育点评等活动，让新鲜血液不断注入到校园体育文化中。通过对华南理工大学举办乒乓球活动的调查发现，华南理工大学举办乒乓球比赛从大到学校小到班级都有经验，覆盖面广，惠及学生数量多。但很少有学生重视理论指导，这就很难从内心深处唤醒学生对体育知识的渴望，激发学生的内在动力和潜能。因此，校园体育文化的建设其意义深远。此外，乒乓球协会尽管举办了诸多体育赛事，很少有乒乓球文化知识的普及和交流。这是我们在构建乒乓球文化体系时必须改进的地方。作为高校体育文化的主体，师生们并不满足于现状，期待通过创造性的体育活动，创造新的精神产品和文化财富，满足时代发展需求。

（三）华南理工大学国球文化中的物质文化

物质决定意识，是精神的发源地。校园体育文化结构内涵可分为三个层面：表层文化、中层 文化和深层文化，其中表层文化主要是显性物质文化，表现为体育运动的形式、体育设施等可感觉到的形态，形成了特有的校园文化景观。体育场馆及其中的器材设施，是体育文化的基础，也是客观的物质保障，主要包括体育设施、器材、教材和师资队伍的建设等。

在对华南理工大学现阶段乒乓球活动存在不足的调研中发现，华南理工大学的乒乓球运动场地是相对不错的，但球台间距过小，部分配套设施过于陈旧，以及相对滞后发展的体育师资力量成为制约华南理工大学学生乒乓球运动进展的一个方面。校园的体育建筑、雕塑、体育场馆设施等是一种体育文化现象，是人的本质力量的外化。优秀文化的建立，一定要全方位考虑、全方面构思，先解决便于改造的硬件问题，进而推至改造学生身体锻炼的软思想。

（四）华南理工大学国球文化中的行为文化

人们在生活、工作之中所贡献的、有价值的，促进文明、文化以及人类社会发展的经验及创造性活动就是行为文化。华南理工大学通过广大师生或者体育社团的行为文化，加大传播力度，完善相关的规章制度以提高国球文化影响力。

文化的传播离不开文化行为。国球文化在华南理工大学的传播途径的调查中发现，大部分学生认为我们的乒乓球赛事宣传力度不够导致比赛氛围不是太高涨，教师的乒乓球教学像大部分体育课程一样重技术轻理论，乒乓球社团也没有做到很好的宣传乒乓球运动与普及乒乓球知识，且在各个级别体育乒乓球赛事的举办过程中未能很好地引入赞助来加大我们对活动的资金投入。因此，华南理工大学需要进一步加强国球文化的宣传工作，积极举办相关的乒乓球赛事。

三、案例启示

（一）我国高校乒乓文化的发展状况

1. 乒乓文化的相对弱势

高校本身对于国球文化的传播手段和宣传方法存在缺陷。众所周知，文化如果离开传播就失去了它的意义。传播是文化建设的基础，高校中国球文化的传承和发展是需要新陈代谢的。文化的本质是人类精神财富和物质财富在长期积累过程中的实践，文化一旦离开了传播，那就失去了它的本质意义，高校中的国球文化也是如此。而传播需要传播者，学校中的领导和教师正是乒乓文化主要的传播者，对师资力量的投入就是对高校乒乓文化建设的直接性投入，因此高校需要重视师资队伍建设，提升教师的体育文化素养。

2. 乒乓教学形式和内容单一

大部分高校主要在乒乓球活动中安排乒乓球公共体育课程、学生和教职工比赛，其余很少见。文化的营造不只是基于几次常规的比赛或课程，而是主要通过比赛、课堂或其他平台上的一系列方法和手段，营造乒乓球文化氛围。例如，有学生提出，一系列与乒乓球有关的名人讲座，不仅可以让他们了解国球文化的精神内涵，也是激发文化接受者兴趣的一种方式。文化接受者会在乒乓球中感受到与公众人物交流的新鲜感，从而增加他们对乒乓球的兴趣。

（二）高校国球文化主要内容及构建建议

1. 精神文化建设

高校体育的宗旨是终身体育，营造高校国球文化是高校实现终身体育目标的最佳途径。因为文化的精神实质是人的价值观，通过文化的影响来加强和改变人们对客观事物的认识，树立正确的、良好的健康观念，将对学生终身产生深远的影响。在高校的领导下，通过体育教师的言传身教，直接影响学生的体育意识、体育态度和体育价值观，培养学生的体育情感、兴趣和爱好，国球文化中强烈的爱国主义思想和奋勇拼搏的精神，也可以帮助学生建立锻炼的习惯和正确的价值观。

2. 制度文化建设

在制度文化建设中。一是要双手抓紧，双手要用力。要狠抓乒乓球的教学和训练，在乒乓球课上传播最先进的技术和理论思想，在带领高水平运动队时运用科学的方式方法进行训练。二是适时开展系统、有效的乒乓球理论文化知识传播，建立一系列规章制度，加强对高校高水平运动队和乒乓球协会的管理和监督，以便更好地为教师和学生服务。三是最好在高校范围内形成多层次的乒乓球赛事传统，举办影响范围更广、人数更多的乒乓球赛事，举办乒乓球文化节，宣传国球的发展历史，更好地传播国球文化。

3. 物质文化构建

制约高校校园文化建设的因素既有观念上的，也有制度上的，但最突出的矛盾来自物质层面。因此，建议高校投入更多资金，配置先进的乒乓球娱乐训练设备设施，使乒乓球资源既能服务于日常教学训练，又能承办一些更高标准的乒乓球赛事，鼓励学生加入参加乒乓球运动的行列。另外，通过较为广泛的人才吸纳体系，加强师资队伍建设，在条件允许的情况下，甚至可以聘请知名教练员或运动员走进校园，通过他们自身的运动员经历不仅可以教给学生相关的运动技巧，还能培养学生努力拼搏的精神。

4. 行为文化构建

学校行为文化建设以提高师生文化素养为出发点，以观念改变行为为操作方法，以改善师生行为方式为最终呈现方式。精神状态和行为习惯都渗透着先进的教育理念。他们不仅积极参与乒乓球运动，还广泛参与国球文化的宣传和推广。

第五节 学校弘扬传播国球文化的方法

学校乒乓球课程实施的目的是以球养德，塑造健全人格；以球育智，促进智力发展；以球健身，增强健康体质；以球增能，满足个性化成长需求；以球强技，促进教师的专业发展目标，在丰富学校课程内容和学校文化内涵，凸显学校特色中呈现出个性化样态，提供了最终以人的发展实现学校现代化发展的实证样本。

一、宣传课程意义，提高学习兴趣

开发一门课程，需要激发学生的兴趣和注意力。学校在开发课程之前，首先要让学生明白学习课程的意义。学校可以把黑板报变成“国球”的主题，给学生讲解乒乓球的历史和优秀运动员的经历，以及中国乒乓球运动从传入到走向兴盛，播放一些关于乒乓球的视频，让学生正确理解学习乒乓球的意义。

二、编写课程教材，提高课程效率

学校参照《体育与健康》等教学书籍，以学生“健康锻炼”为指导思想，结合学生的特点和学校的教学情况来编写教程。针对不同年级的学生制定不同的教学方法，重视学生理论知识的学习，不仅包括与技术相关的运动生理学知识，还包括国球文化的精神内涵，引导学生学习“乒乓”。

三、完善“乒乓”设施，鼓励学生发展

设施是影响学生是否对一门课程产生兴趣的重要因素。学生在学习这门课程之后，会利用课余时间去练习。如果学校里的乒乓球桌只有三四台，学生很可能想要练习时却因为人多没有乒乓球桌而放弃，只好回到教室学习理论课程，无异于对学生的学习造成负面作用。所以，学校既然开展了这门课程，对这门课程所需要的设施就必须加以完善，保证学生的运动时间和运动场地，良好的场地环境可以激发学生学习乒乓球的兴趣。

四、渗透“乒乓”文化，提高学习效率

乒乓课程的开展必须渗透到学生的日常学习中去。学生在学习的时候通过创建乒乓学习小组、乒乓学习社团、乒乓优秀班级等方式，完成学生对日常乒乓学习的渗透，培养学生的团队精神，从而使学生形成正确的人生观和价值观，让他们在积极和谐的环境中学习。

五、重视学生想法，改进教学方案

学校需要关注课程实施的有效性。学生是学习的主体。学校实施此课程后，如果学生

学习兴趣不高，课程无法实践，教师教学不专心，课程学习就会效率低下。表明学校的实施计划尚未完美，这时，学校需要积极听取学生的意见，提高教学质量。听取学生的合理意见，使学生感到受到学校的尊重。在乒乓球课程的实施过程中，学校需要广泛采纳师生意见。尊重学生的意见是激发学生兴趣的重要措施，学校必须认真对待，从而摸索出一个适合本校乒乓球课程建设，有利于传播国球文化的教学方案。

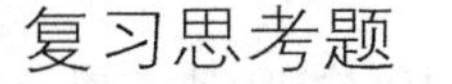

复习思考题

1. 在乒乓球课程中，如何将国球文化的精神内涵融入乒乓球教学中？

2. 学生如何利用课余时间做好乒乓球课程的预习工作？

3. 高校如何利用校内乒乓球俱乐部和乒乓球社团举办活动激发学生自觉练习乒乓球的兴趣？

第九章　乒乓球产业的现状及发展趋势

本章导读：

当今，随着经济的飞速发展，竞技体育与经济的关系越来越密切，更多的体育项目走向了产业化、市场化道路。2014 年 10 月 20 日，国务院印发了《关于加快发展乒乓球产业促进体育消费的若干意见》，将全民健身上升为国家战略，把增强人民体质、提高健康水平作为根本目标，文件强调："积极扩大体育产品和服务供给，推动乒乓球产业成为经济转型升级的重要力量，促进群众体育与竞技体育全面发展，加快体育强国建设，不断满足人民群众日益增长的体育需求。"此文件的出台与实施对我国乒乓球产业发展指明了前进方向，提供了政策支持，创造了发展条件，丰富了改革发展措施，更加明确了乒乓球市场化发展的重要意义。

第一节　中国乒乓球产业的形成与发展

纵观新时期我国乒乓球事业，经过国家的大力发展和数代人的不懈努力，我国的乒乓球技战术达到了世界领先的水平。然而与乒乓球竞技事业形成鲜明对比的是，我国乒乓球产业发展却停滞不前，存在诸多的问题。因此，实现乒乓球事业与乒乓球产业之间的协调发展，探索乒乓球产业发展的对策显得意义重大。

一、中国乒乓球产业起源

乒乓球的产业发展始于 20 世纪 50 年代西方发达国家。我国当时实行苏联的计划经济模式，体育的发展完全受国家职能的支配，乒乓球产业几乎未形成。20 世纪 80 年代初期，我国乒乓球产业才刚刚起步。随着改革开放带来的经济复苏和发展，以及发达国家乒乓球产业第二次浪潮的冲击，我国乒乓球产业也加快了自身的发展。作为"国球"的乒乓球，开始尝试走产业化道路，其实质性突破始于乒乓球俱乐部的职业化。20 世纪 90 年代中期，为了使乒乓球运动适应市场的需要，中国乒协推出了俱乐部赛制，从此乒乓球俱乐部在中国应运而生。1998 年，"红双喜"中国乒乓球俱乐部联赛打响，这是中国乒乓球史上的一件大事，标志着中国乒乓球俱乐部联赛走上了职业化道路。随着乒乓球竞赛的不断发展，职业乒乓球俱乐部拥有的电视转播权、广告冠名权、俱乐部标志的特许纪念品等无形资产得到了有效的开发。同时，还带动了健身娱乐业、体育中介业、体育传媒业、体育博彩业，甚至一般服务业，如餐饮、饭店、旅游等相关产业的快速发展。2004 年，中国乒乓球以美国篮球 NBA 为蓝本，推出了乒乓球超级联赛。乒超联赛现有男、女俱乐部各 10 支，已成为国际乒坛承认的顶级联赛。它吸引了包括波尔、柳承敏、佩尔森等世界著名球员的到来。这些知名运动员的加盟给联赛带来了很好的经济效益和社会效益，引起了众多新闻媒体，甚至是国外媒体的关注，提高了联赛的知名度，促进了乒乓球产业的发展。

自 2001 年我国加入 WTO 以来，乒乓球产业的发展空间进一步扩大，尤其是乒乓球相关产业的发展势头更好。例如，在向产业化发展的道路上，乒协不断创新，推出了世界首套乒乓球球星卡，打造性感乒乓球运动服装款式。这些不仅满足了球迷的需要，还取得了一定的经济效益。但还应看到，中国由于受当时计划经济体制的影响，在乒乓球事业到乒乓球产业的发展中必然带有计划经济的痕迹，存在着许多亟待解决的现实问题，如不及时解决必然会影响今后乒乓球产业的健康发展。

二、中国乒乓球运动特征

“结构，特点决定其功能”是自然辩证法中的一个重要原理。乒乓球运动之所以具有极大的教育价值，与它本身的特点是密切相关的。

（一）乒乓球运动参与主体的广泛性

乒乓球运动的参与主体，指的是参加乒乓球运动的个体、群体或社会。广义的参与主体指的是全人类，狭义的参与主体指的是个人。按其参与主体的年龄层次来分，可以简单分为少儿、青年、成年、中年、老年；按其参与主体的身体状况来分，可以分为正常人、伤残人；按其参与主体掌握技术的能力来分，可以分为专业运动员、业余人士。总之，乒乓球运动的参与主体极其广泛，男女老少都能打，只要愿意参加，任何人都能参与其中。

（二）乒乓球运动场所的开阔性

乒乓球运动更加符合我国经济发展不平衡，因地制宜开展体育运动的要求。乒乓球球拍的价钱有高有低，重量有轻有重；运动的场所占地面积有大有小，只要有一个面积大于 $2.74\times1.525m^2$ 的地方就可以进行运动；乒乓球运动对其客观设备的要求也各有不同，桌面可以是水泥和玻璃纤维做的，也可以是木材做的。条件好的可用高级球台打，条件差的用几张桌子拼起来也能打；桌上只要有一个 15.25 厘米高的球网、15.25 厘米高的网柱就可以打球。当然，经济落后的地方，水泥台上如果没有此类网柱装置的话，也可以用砖头在半台处排成一排当球网装置。

乒乓球运动对其天气条件要求也可以因时而异：天气好在室外可以打，遇上雨雪天气，在一间不大的房间里也可以打。从而可以看出，乒乓球运动的场所非常广阔，可以是学校，可以是家里，可以在室外，也可以在室内。

（三）乒乓球运动行为的文明性

乒乓球运动，相对于足球、篮球等运动而言，它没有直接的身体对抗；相对于武术、跆拳道、柔道等项目，它的运动损伤几乎不存在。此外，乒乓球运动的运动量可大、可小，参与者可以充分发挥主观能动性。单打时，运动强度可以自行调节：体力不支的时候可以采用防守或控制对待来球，精力充沛的时候可以采用主动进攻的击球技术回击来球。双打过程中，运动量虽然没有单打那样可以自由调节，但比赛当中，两人的技术一般是互补互利的，再者，有两个人共同对待 21 分球缩短为 11 分球，减少了两个人总的消耗能量，其运动强度也不会很大。

乒乓球运动的参与者个性张扬而收敛。在乒乓球运动中，当你选择进攻时，就必须力挽狂澜，充分发挥自己的特色技术，张扬自己的个性；而当你选择防守时，你就要控制好来球，时刻盯紧来球，此时表现出来的个性就显得非常收敛。再者，由于场地和本身的属性所限，它也不会像羽毛球、网球等球类项目和健美操、街舞那样张扬。但相对于射击等静力性项目而言，它又没有那么保守，所以非常有利于教育价值的实现。

乒乓球比赛不仅是技术、体力和意志的体现，而且包含智慧的因素。更重要的是在竞争激烈的乒乓球比赛中，没有服用兴奋剂的现象，因此，人们把乒乓球运动看作是体育运动中为数不多的“高科技”和“文明体育”。从而也为其教育价值的实现提供了一片净土。

（四）乒乓球运动技术的多样性

乒乓球运动的握拍和球拍多种多样，有直握、横握、多维拍；胶皮有正胶、反胶、长胶、生胶等；从而造就了乒乓球运动有多种多样的技术，其主要技术大约有 8 大类，而且旋转变化的种类也比较多，典型的旋转就有 26 种（基本旋转 6 种，混合旋转 20 种）；技术风格有快、狠、稳、变、转之分；乒乓球运动的打法可远可近，有近台快攻、中台攻防结合、远台削反攻等。在进行乒乓球运动时，每个运动者可以根据自己的身体素质和领悟技术的能力去选择自己喜欢的技术与打法。

（五）乒乓球运动目的的选择性

乒乓球运动目的大致可以分为竞技的和大众的。竞技乒乓球是为了战胜对手，取得优异运动成绩，最大限度地发挥和提高个人、集体在体格、体能、心理及运动能力等方面的潜力所进行的科学、系统的训练和竞赛。目的是战胜对手，为国争光。大众进行乒乓球运动的目的大致可以分为健身、娱乐、交往三种。健身是大多数参与乒乓球运动主体的初级目的；娱乐是以愉悦身心为目的进行乒乓球运动，具有业余性、消遣性、文娱性等特点，它与个人或社会经济、文化教育层次等有关。按娱乐的组织方式可分为个人的、家庭的和集体的；按娱乐活动的方式可分为观赏性活动和运动性活动。开展娱乐性乒乓球运动，有益于身心健康，陶冶情操，培养高尚品格。交往可以直接增进参加乒乓球运动的教育主体之间情感交流，间接地促进主体之间相互信任、相互尊重，提高主体的道德素质。

（六）乒乓球运动功能的两元性

乒乓球运动的功能是指乒乓球运动的功效和职能，包括个体发展功能与社会发展功能。乒乓球运动的最首要功能是促进个体发展，最直接功能是促进身体健康，最深远功能是影响社会政治、经济、文化的发展。概括来说，乒乓球运动主要包括对人的发展和社会发展两个功能。

乒乓球运动的特点，它可以成为不同年龄、不同性别、不同身体条件的人均可参加，并且都乐于接受的集竞赛和趣味于一身、融智慧与激情于一体的“文明体育”项目。

三、中国乒乓球产业特征

乒乓球产业的性质决定了其与众不同的产业功能，当前的社会，体育已经成为人们日常生活的重要组成部分，体育的价值已经远远不仅限于身体健康方面，越来越多的体育人口感受到了体育运动的魅力，而这种魅力不仅源自体育运动自身具有极强的内涵，更源自乒乓球产业链条所具备的自身特征，从体育运动到社会生活，再至国民经济，体育显露的功能性特征越发明显。

（一）乒乓球产业向社会化、多元化发展

随着科学发展观的落实，我国宏观经济的快速发展，整体产业结构不断优化。产业结构变化和资源配置趋向合理，第三产业在国民经济中所占的比重不断增大，乒乓球产业借助国家对第三产业的政策支持，迎来发展的有利契机。我国经济已经纳入全球经济共同体，国际经济交流合作深入，乒乓球产业拥有了良好的市场环境，随着我国体育事业改革的不断深化，在市场经济杠杆的撬动下，涌向乒乓球产业的社会资金呈现来源主体多元化趋势。乒乓球产业行业壁垒逐步淡化，乒乓球产业社会化趋势明显。

（二）体育健身、休闲、娱乐业蓬勃发展，呈现专业化细分化的趋势

经济的发展提高了人们的生活水平与消费水平，大众健身体育和休闲娱乐体育日渐兴起，为乒乓球产业的发展注入新的动力。相比于竞技体育，大众体育涉及更多的人群和领域。“花钱买健康”理念被越来越多的人所接受，我国的体育健身与休闲娱乐正形成一个前所未有的新格局，大众化、普及化成为我国城镇居民的体育健身消费的趋势，这使乒乓球产业的发展得到强有力的推动，而且势必会带动和促进其他产业和部门的发展。与此同时，我国的体育健身娱乐市场出现了专业化、细分化的趋势，体育健身娱乐业、体育竞赛表演业、体育彩票业、体育中介业、体育培训业等多门类，使得乒乓球产业市场开始发展壮大。

（三）竞技体育的职业化、社会化带动乒乓球产业发展

在全国竞技体育职业化的影响下，我国竞技体育的职业化、社会化也有了较大的发展，尤其是以足球、篮球等项目为代表。竞技体育项目的职业化意味着社会和市场成为决定体育项目发展的关键，也意味着社会资金会大量地注入职业比赛中，打破了以往举国体制下专业队集中培养的模式，不但节约了国家经费开支，而且体育项目的水平提升更快，普及率更高。在社会生产力发展的推动下，以及职业体育明星的带动下，体育已经成为广大民众社会生活的重要组成部分，进一步促进了乒乓球产业的发展。

（四）新媒体传播对乒乓球产业的发展推动作用巨大

以电子媒体为代表的现代高科技传播手段，对乒乓球产业的影响广泛而深远。电子媒体包括电视、广播、计算机、互联网等大众传媒，彻底改变了竞技体育与广大观众的关

系。正因为如此，越来越多的企业花费巨额资金采取冠名、赞助的方式将体育作为向全球消费者宣传和推销自己企业或产品的载体。可以说，电子媒体使竞技运动戏剧性、观赏性和吸引力得到大幅度提升，不仅改变了人们观看体育比赛的方式，而且极大地改变了竞技乒乓球产业的面貌，推动了乒乓球产业的发展。

四、乒乓球产业现状

当前我国正处于深化改革开放成果、努力转变经济发展方式的攻坚时期，也是推动体育强国建设、促进体育产业快速成长的重要阶段。社会主义市场经济模式日渐深化，市场经济日渐繁荣。凭借市场经济大繁荣之势，体育规模不断扩大，竞技体育、群众体育、社会体育更是全面发展，乒乓球产业整体之势随体育产业不断扩大，呈现快速的发展态势。北京奥运会和冬奥会的成功举办让体育运动在我国的地位与日俱增，尤其是在社会领域，体育产业和体育人口的相关数量出现了很大程度的增加，体育产业值也出现了极大的增长，体育产业在奥运会周期内真正地实现了快速增长，其增长速度超越了经济发展的速度。体育产业的市场体系虽然不健全，但也隐形地说明了我国体育产业的上升空间，产业结构的优化趋势、体育产业运作主体的明确化、体育内涵的多元化都预示着我国乒乓球产业未来发展的良好势头。在国家的高度重视下，乒乓球产业的相关领域合作可以有效调动乒乓球产业的行业积极性，实现区域间经济的有效互动，而随着我国国际地位的逐渐提升，乒乓球产业的大型赛事在我国举办逐渐普遍，群众体育运动的开展也日益盛行，乒乓球产业的行业圈辐射面积日渐扩大，各项指标的不断进步要求我国的乒乓球产业配套制度方面需要不断地建立、更新，以保证乒乓球产业行业的规范性、合规性。

从宏观出发，我国乒乓球产业发展规模与国际相比仍然存在一定差距，这与我国体育行业的发展历史有关，需要我们自身不断地进行总结思考。行业发展取得的经济效益在国内生产总值上所占比重太小，乒乓球产业行业内部的相关矛盾仍然较为明显，体育市场仍然不健全，居民体育意识仍然不成熟，乒乓球产业相关资源的配置没有得到合理应用，体育市场的相关管理机制、审查制度方面仍然有待完善，同时，我国专业从事乒乓球产业的人员仍然欠缺，体育产业仍然需要不断地扩大市场宣传。近年来，我国正处在经济发展方式实现重大转变、经济结构战略性调整、消费结构不断升级、现代服务业快速发展的重大机遇期，体育日益成为人民群众的重要生活方式，为体育产业发展提供了广阔的空间。有发展必然有问题的存在，问题的及时解决便促进了乒乓球产业态势的优化发展，反复的循环势必会促成乒乓球产业的快速发展，乒乓球行业发展将会日渐成熟。总体来看，我国体育产业现状是问题与机遇并存，措施与风险共同促进发展，作为我国体育经济发展的重要基石，乒乓球产业正在快速成长，良好的运行机制和导向将引导促进我国乒乓球产业更大的发展。

（一）我国产业结构调整将使体育产业成为我国产业发展重点

调结构促转型是我国当前产业结构调整的重要举措，更是大势所趋。以服务经济为主体，扎实推进经济结构战略性调整，构建现代产业体系，通过新举措，高新技术产业和服务产业的发展得到了国家的高度重视，体育事业的发展也恰逢千载难逢的机遇，尤其是后奥运时代，乒乓球产业的热情已经在社会大众中日渐盛行，产业结构调整，关键是要遵循经济规律，体育产业的发展在我国产业结构调整时期，产业地位也是得到提升。普遍意义上的体育产业都是以服务类型为主，如随处可见的体育健身场馆，以健美操、搏击操为主的体育表演，在消费行业则是以体育用品消费，如体育服装、体育器材为主。另外，体育产业也包括产业运营，如体育场馆、体育场地的运营，相关的体育运动饮料、体育彩票等产业也在日渐发展。由此可以看出，当前我国体育产业发展势头较为突出，产业自身与其他领域结合紧密，多项产业领域的结合不仅给体育事业发展带来新的出路，更凸显了我国体育产业在未来经济增长所显现的极大的经济潜力。无论从主观的意识还是从客观的体育产业经济，体育产业所带来的福利是有目共睹的，所以“十二五”规划期间体育产业的发展被国家列为发展重点。另外，国家产业结构的调整本质上在向服务业倾斜，体育产业自身性质更是决定了在产业结构调整背景下的宏观发展地位。

（二）我国城市化进程与体育产业之间形成的良性循环加快了体育产业发展

经济的发展使中国的体育产业也面临着一个巨大的发展，在中国人的传统文化中，“身体是革命的本钱”，将体质健康当作人生的头等大事。人口的繁衍生息和当代人“人往高处走”的生存意识让城市人口日益增多，助力了城市经济的腾飞，一定程度上带动了乡村的发展，丰富了城市活力，乒乓球产业在进程中充实了城市经济结构，乒乓球产业的相关开发，如乒乓球场馆、道路交通、旅游设施、宾馆、饭店、城市绿化等方面都体现了城市化进程对体育生活的丰富，同时通过体育项目，城市进行扩容，这不仅能大大提升城市的品位，还能改善城市的软环境，吸引更多的投资，推动城市经济的发展。城市化进程的高速发展不仅可以加快城市居民对体育运动的爱好与归属，更能加快“体育兴城”的节奏。大型乒乓球赛事具备极高的关注度和影响力，对城市的品牌形象树立是有百利的，城市完全可以借助这个契机大力发展自己的相关经济产业，二者相互促进的关系可以使得城市发展和体育产业链条相互依托。乒乓球赛事的举办可以促使当地的体育事业获得长足的发展，可以调动现有乒乓球产业乃至整个体育行业的产业活力，城市化进程让高水平的科学技术的引进应用范围日渐宽泛，有助于乒乓球产业行业层次的整体提高；城市化进程的飞速前进让体育产业相关人员的相关待遇和保障方面都会有很大的提高，乒乓球产业相关人才引进力度势必也会加大，无论是技术群体还是运动群体，都在城市化的进程当中逐渐得到拓展。城市化水平越高的城市必然会吸引更多的体育人才回流，当地也可以借机实现从体育大省到体育强省的蜕变。城市化进程不仅对于当地体育事业有极大的促进作用，也可以促进经济的发展，大型体育赛事的举办将为当地的全民健身事业的发展提供坚实的物质基础，一批高标准的体育场馆的建成，不仅可以为赛事服务，赛后得到合理的利用更能成为经济增长的亮点，同时极大地满足全民健身所需。

第二节　国球文化催化良性乒乓球产业发展趋势

自古文体不分家。从广义上来讲，体育产业是文化产业的重要组成部分。近年来，国家相关的政策强调了产业间相互合作的重要性，分析了行业间深化合作的优势，重申了体育产业与相关领域，如体育旅游、体育科技等领域合作经营的重要性。同时，在国家相关会议中更是强调了文化大繁荣、行业内外部之间大发展在未来的发展方向，不难看出，体育产业需要在这样的大背景下提升文化的含金量，优化产业内核。这意味着体育产业与文化的融合发展已经上升到国家战略层面。乒乓球作为我国的国球，其长久的文化传统影响着乒乓球产业甚至是整个体育产业，国球文化的健康与否决定了我国乒乓球产业的发展。从乒乓球产业来讲，国球文化引导着乒乓球产业的发展轨迹；从国球文化来讲，乒乓球产业的发展态势也决定着国球文化发展的现状。

一、国球文化丰富了体育产业的价值内涵

在改革开放之前，我们对体育文化的认识不是十分深刻和全面，虽然确立了发展体育运动，增强了人民体质的体育主题思想，树立了解放思想、实事求是的体育文化路线，但是改革开放前主要是将体育文化作为社会主义建设、为国争光的一种手段。通过近年来社会的进步发展，社会对体育运动的认同程度逐渐提高，体育的认知水平也正在上升。经济

的不断发展让体育产业的内涵更加圆润，更加丰富，这一切都源于体育文化在体育产业中所发挥的精神作用，正是由于体育产业的正常发展，体育文化的逐渐繁荣，体育行业才会涌现出更多的正面能量，在体育文化丰富的基础之上，体育运动也渐渐日常化、全面化、科学化。这说明体育文化正在使得体育产业渐渐注重到人的生存、发展和享受的基点上。

二、国球文化使得乒乓球产业制度渐渐多元化

20 世纪 70 年代，乒乓球的主要功能是政治功能，乒乓球的各个部门都把为国争光放在首要位置，尤其是女排取得了“五连冠”的傲人成绩之后，包括青少年在内举国上下开始学习女排精神，当时的体育文化俨然已经成为现代化建设的动力之一。而后我国经济体制由计划经济转为市场经济，体育体制虽然实行以行政为主的举国体制，但是为适应经济体制的调整，减少体制的弊端，行政体育模式做出了更改，体育产业开始出现，商业化的模式也涉足于体育产业，如今越来越多的体育明星出现在大众视野之中，商业体育模式让更多的人了解了体育运动的魅力，体育比赛场地和运动用品也冠上了商业品牌，这一切体育新发展路径的出现主要源于当前体育文化的多元化发展，行业的交融让各个领域寻找自身的发展路径，多元化的意识形态不仅仅开放了人们的价值观，更开放了行业发展的新视野，树立了新的经济增长点。当前，体育产业在体育体制的大方针没有改变的前提下已经走入市场化的时代，政府已经不再完全是体育管理者，一些协会和社会团体随之出现并逐步成为体育管理者，使体育渐渐融入社会中，体育产业也受到市场的主宰和文化意识流的控制，而不再是单纯的宏观控制。

三、体育产业地域化局面打破，逐步与国际体育产业接轨

纵观我国体育产业发展的历史，既是体育文化浓缩史，又是体育社会的进化史。改革开放初期，我国青少年叫得出口的体育偶像屈指可数，而且以我国体育明星居多，如李宁、郎平等，国外的体育明星更是凤毛麟角，而如今科比、麦迪等一大批外国体育明星不断频繁出现在我国各种场合，这些人在我国青少年心中的地位甚至比我国本地的体育运动员还要高，由此可见我国青少年的体育意识和体育情感也发生了很大的变化。这预示着我国传统的体育文化正在与国际体育文化接轨，追究其原因是我国体育产业发展日渐国际化，中国巨大的体育市场已经成为走出去和引进来的必然，改革开放、全球经济一体化，以及席卷全球的奥林匹克文化使中国体育产业必然发生改变，但在国际化的同时，我国体育产业并非一味地迎合，更要有自身的特色，同时继承固有的传统先进文化。

四、体育产业物质层面逐日大众化

体育产业的物质层面主要包括人们日常体育用品、体育设施等方面。改革开放前，体育器材和用品只有在我国专门的运动训练队伍里才能找得到，为数不多的人家庭里有几副球拍、篮球、足球这样初级的体育器材。体育产业发展也只是刚刚萌芽，体育物质的人均占有量也较低。在改革开放后期，我国经济实力和人们生活水平不断提高，人们对体育的认识也越来越清晰。21 世纪初，北京申奥成功之后，体育运动随着奥运精神、体育意识和国家荣誉一起深化到大众之中，体育产业渐渐有了发展的市场。接受先进教育的青少年是相对具有较高认识水平的群体，也是接受新鲜事物能力较强的群体，在意识和行为上首先投入到体育运动中，使得体育产业发展变成可能，加之我国整体经济实力和生活水平的提高，体育物质需求缺口日渐扩大，促使产业化进程加快。如今人们有能力去购买体育器材和用品，体育场地数量不断增多又刺激人们不断进行体育运动，随着外来文化的涌入，越来越多的大众运动项目和器材设施走入人们的生活，如跑步机、拉力机等，这也促使我国出现越来越多的从事体育用品器材生产的企业。体育在实现了产业化的同时，促进了体育的大众化，日趋实现了体育产业与国民体育生活紧密连接。

五、体育产业科技日趋先进，网络体育产业突起

截至 2022 年 12 月，中国网民规模达到了 10.67 亿人，其中青少年所占比例最大。而青少年阶段也是接受新事物最快的年龄阶段。国民在网上观看体育比赛、浏览体育新闻、收集运动常识等都已经成为家常便饭，不得不提的是体育产业的网络销售能力也已经成为网络体育产业的主力军，这说明了网络普及对体育产业的影响。随着网络普及，越来越多的体育科技游戏进入人们的生活中，人们通过网络也进行着体育知识方面的学习，这种方式带来了以往没有的便捷，网络体育产业的营销途径更为节约，体育产业也可以做到足不出户的销售，体育产业知识的学习、体育管理的网络化、体育信息收集网络化、体育比赛网络观赏、体育彩票的网络化销售让体育产业更进一步地走进了网络时代，同时网络体育也为体育行业的其他方面兴起提供了契机。

六、新时期我国乒乓球产业发展的制约因素

（一）管理体制和运行机制不完善

在管理体制和运行机制上，由于长期实行计划经济，国家使用行政手段来管理体育事

业，社会参与体育缺乏积极性与创造性，体育工作效率低，发展后劲差。国家一直把体育当作一种事业来管理，束缚了人们的主观能动性，导致人们误认为发展体育是国家的事。体育是在“国家统一管理”的大背景下发展，依赖于国家拨款，以及依靠赞助商的资助才得以维持。在西方发达国家是靠自己谋求出路，乒乓球产业的发展不是完全依赖政府行政手段，而是通过政府制定一系列的法律法规来保证乒乓球产业顺利发展。政府把经营权交给社会或俱乐部，集社会、俱乐部及私人的物力和财力于一体来发展乒乓球产业，把体育真正作为产业经营。例如，美国 NBA 可以通过把电视转播权出售给国际性、全国性以及区域性的电视转播商，从中赚得大量的授权费用和广告费，为自身健康快速发展提供财力支持。据 NBA 官方网站报道，1998 年 NBA 的电视转播合同金额高达 50 亿美元。可见，美国在市场经济背景下，真正把体育当作一种产业来经营。我国体育行政权力均掌握在国家手中，其发展完全取决于国家。一些重大乒乓球赛事的转播权以及企业广告宣传等无形资产的出售没有得到足够的重视，使得该赛事的收益大大流失。政府过分干涉限制了乒乓球经营者的有效管理，降低了他们的经营欲望，导致商家无心去经营，从而严重束缚了乒乓球产业发展。

（二）法律法规体系不健全

目前，我国出台的体育产业法规大多数是综合性的管理办法，缺乏针对单个项目的管理法规，对于管理的各个环节和运动项目的规定不细致，缺乏可操作性，在具体的实施过程中容易出现不一致性的现象。我国目前尚处于计划经济向市场经济的转型期。体育产业法律法规的制定比国外不仅要少，而且较为粗糙，使乒乓球产业发展的法律法规不健全。法律法规的缺失，一方面使体育产业市场不能正常运作，一些投机者乘机从中牟取暴利，大肆提高市场价格，假冒伪劣产品层出不穷；另一方面使人们对乒乓球产品的信任度下降，减少了消费人群，不利于乒乓球产业的长久发展。此外，法律法规不健全的体育产业运行机制还容易形成行业间的不良竞争，导致体育产业市场混乱，使一些从事体育产业的企业不能有效发展和健康成长，从而阻碍了乒乓球产业的进程。

（三）“乒超”联赛对乒乓球产业的推动作用弱

职业联赛是竞技项目发展最为成熟、影响最为广泛的一种组织形式，例如世界上最为成功的职业联赛 NBA、F1、欧洲五大职业联赛、网球四大满贯等，不但带动了相关运动项目的普及和发展，而且具有极大的商业价值。作为中国乃至世界上最高水平的乒超联赛，尽管有了十几年的发展，但是在2014赛季却面临没有主赞助商冠名，总决赛在一个县城举办的尴尬境地。在我国体育环境的大背景下，足球的中超、篮球的CBA、乒乓球的乒超是公认的三个最好的联赛，虽然前两者没有世界上该项目最优秀的运动员，但是在商业价值上已经获得可喜的成绩，例如仅仅在赛事冠名上，中超联赛四年独家冠名权合同总价值达到6亿元左右，CBA也获得了李宁公司五年20亿元的冠名赞助。相比之下，乒超联赛已经集聚了世界上最优秀的乒乓球选手，但即便在掌握了这种核心资源的情况下，乒超却依旧没有找到一个适合乒乓球自身特点的赛事呈现方式和商业模式，对整个乒乓球产业的推动力作用也较弱。

（四）市场化运作水平低

我国乒乓球产业并没有真正市场化。乒乓球市场开放观念落后，使乒乓球产业没有随着经济体制改革实现从“生产观念”到“经营观念”的转变。在乒乓球市场管理上，主体市场所经营的乒乓球劳务、乒乓球竞赛、乒乓球技术和培训的有偿转让，离真正意义上的市场开发、利用、转让还相去甚远。例如，近年来，我国乒乓球健身俱乐部不断兴起，特别是在城市里，越来越多的人选择走进室内开展乒乓球运动。但是存在的问题同样突出，一是乒乓球俱乐部各自为战，没有形成规模化经营，连锁性、专业性的俱乐部很少；二是专业的乒乓球教练少，大多是乒乓球专业的在校学生兼职，不稳定性高；三是参与到乒乓球训练中的人群年龄结构不合理，其中以青少年居多，往往呈现出孩子在里边练，家长在旁观望的场景。这些都反映出我国乒乓球相关体育消费产业的惨淡，也说明还具有很大的发展空间。

从体育制造业上看，存在一定的限制性。限制我国体育用品制造业发展的原因主要有两点：一方面是国际知名品牌（如Nike、Adidas、Puma）对国内体育用品消费市场的占有率高；另一方面是我国国内体育运动品牌的市场认可度较低，主营产品科技含量低，品类单一，难以满足消费者的多元化需求，只靠价格战赢得市场，因此发展受到阻碍。

从乒乓球中介服务上看，中介服务市场不健全。改革开放以来，我国一些企业开始借鉴国外企业在宣传自身形象方面的成功经验，纷纷利用运动明星、著名运动队来扩大在消费群体中的知名度。例如，当年健力宝集团借助“体操王子”李宁加盟，使其产品迅速打开了销路，占领了市场。现在的问题是市场开发不够，往往是运动明星、著名运动队等待企业上门，而自身缺乏市场意识，浪费了大量资源。乒乓球经纪人属于乒乓球中介业的范畴。目前，我国体育经纪人才很少，供不应求。据调查，我国体育人口中乒乓球经纪人的比例仅为4%，这个数目对正处于全民健身热潮的众多人群是远远不够的。乒乓球中介业的不健全，不利于乒乓球竞技表演业的发展，也不利于体育明星与社会企业的合作与联姻，从而降低了乒乓球产业市场化运作水平。

七、乒乓球产业发展的对策及趋势

（一）转变政府部门行政职能，完善法律法规

在市场经济体制下，产业发展的根基是“责、权、利”的统一。在《关于运动项目管理实施协会制的若干意见》中指出，随着协会制的实施，体育行政部门主要负责对运动项目的综合管理和宏观调控；行业主管部门负责行业政策的制定和管理，以及市场的监管；竞技专业人士负责搞好队伍的训练和比赛，把市场的经营和开发交给专业的公司和专业人士，从而形成参与各方多赢“公开、公平、公正”的运行机制。因此，乒协作为乒乓球项目的主管部门，理顺关系、明确权责，运用法律和市场两只杠杆来管理和发展乒乓球产业才是首要任务，而不应在产业化过程中出现产权不分。此外，国家也要转变体育行政部门职能，政企分开，努力把事业型、公益型乒乓球事业转化成经营性乒乓球产业。把体育这种大众的活动归还给社会，鼓励国内外各种所有制的组织和个人兴办和投资乒乓球产业。例如，扩大乒乓球的俱乐部化，加大乒乓球传媒业、旅游业等的发展，给我国乒乓球产业充分的自由发展空间，使乒乓球产业的各个方面都有特定的经营商来经营。鼓励民营企业的发展，防止在乒乓球产业中出现壁垒现象和行业垄断现象，违背市场公平竞争的原则。

目前，我国有关乒乓球产业领域的法律法规寥寥无几。国家要注重对乒乓球产业进行宏观调控，调查研究，制定严格的市场规则，加大依法监管乒乓球市场的力度。国家要把乒乓球产业的发展纳入法治轨道，完善乒乓球产业法规体系，制定相关的制度与实施细则，从而引导和规范乒乓球市场主体的行为。例如，针对乒乓球用品业中出现假冒伪劣产品的情况，制定相应的保护品牌知识产权等方面的法规，制定乒乓球产品和乒乓球服务的质量标准，使所有的产品和服务均有一个尺度作为标准，规范乒乓球用品业的市场秩序。

（二）加快乒乓球产业市场化运作

1. 完善乒乓球中介市场，培育中介组织，营造市场环境

完善乒乓球中介市场，坚持“人才强体战略”。培养各类体育经营人才，选拔一批具

有良好的经营和管理理念的工作人员，用专业的头脑来经营乒乓球产业。鼓励和支持社会乒乓球中介企业，规范乒乓球中介行为，降低投资风险，保护乒乓球中介的正当权益。吸引国际一流的体育经纪公司在我国设立分公司，加快调整乒乓球人才培养结构和途径，多渠道、多形式培养乒乓球中介经营管理人才，提高乒乓球中介服务管理质量与竞争力。加快乒乓球管理体制改革，理顺乒乓球产业发展中的各种关系，促进各类乒乓球资源进入市场，建立以市场为主导的社会参与机制，为乒乓球中介组织提供宽松的市场环境，使乒乓球中介业在推动乒乓球资源有序流动和有效配置方面发挥更大的作用。

2. 扩大乒乓球用品市场，加强交流，实现乒乓球资源高效配置

扩大乒乓球用品市场，将中国制造改为中国创造。首先，我们应注重与西方体育品牌的交流，借鉴国外知名体育品牌成熟的文化理念和运作经验，提高我国乒乓球用品的文化内涵，使其具有较强的市场竞争力。其次，学习国外知名企业的成功经验，借鉴先进运营方式来改进我国乒乓球用品市场营销方式，使我国的乒乓球用品市场能够健康有序地发展。体育产品的性质，可以根据其是否具有竞争性和排他性来区分，确定产品的公与私。然后将私人产品引入市场机制，使这部分资源可以进入市场流通中，扩大乒乓球产业的市场化程度，从而提高资源的有效配置。

（三）开发多元化的乒乓球产业

发行乒乓球彩票。体育博彩业作为大众体育消费和国家体育收入的重要组成部分，近几年在全国的销售额不断攀升，其收益的公积金已成为我国体育事业发展的主要经济支持。乒乓球运动在我国具有良好的群众基础，众多的国际赛事在中国举行，使我国乒乓球爱好者有了更多的观战机会，也使乒乓球运动更加深入人心，人们参与乒乓球运动的积极性更加高涨。此外，乒乓球管理机构应转变经营观念，转化经营模式，下放手中的权力。让乒乓球真正走向市场，从而吸引更多彩民的关注，不断发展乒乓球产业。

开发乒乓球特许纪念品。乒乓球特许纪念品是指印有乒乓球明星、俱乐部标识等的运动服、队旗、贴画等。特许纪念品的生产需要经过球员和俱乐部的批准并支付一定的特许经营费，生产商也能从中获得一定的利益。作为国球，乒乓球拥有雄厚的群众基础，更拥有无数的世界冠军。如果将知名运动员、教练员、俱乐部等有意义的信息生产成类似于上述的特许纪念品，这无疑会成为乒乓球产业中的新贵，促进乒乓球产业的发展，并起到一定的宣传作用。

发展乒乓球用品业。在我国，乒乓球用品大多数被国外品牌和国内少数几家大品牌所

垄断，如 DONIC、YaSaka、TSP 等品牌以及国内的红双喜和双鱼，造成乒乓球用品价格偏高，人民群众难以接受。资料显示，我国虽然是世界乒乓球用品生产大国，但世界顶尖乒乓球品牌甚少。我国乒乓球用品业应积极研发科技含量高、拥有自主知识产权的国际品牌，努力在世界乒乓球用品市场上占有重要地位。除此之外，我们还可以利用乒乓球的衍生用品拓展乒乓球市场，如推出房地产、服装、饮料等产品，去创造一定的经济收入。

开发培育多元化的乒乓球竞赛表演市场。竞赛表演业作为乒乓球产业的一个重要组成部分，在乒乓球产业化中越来越重要。我们可以通过组织一定规模的乒乓球表演赛，也可以在社区或大众乒乓球健身场馆举行趣味比赛，从中通过电视转播权、广告费、门票收入等方式增加收益。通过这些方式，可以大力宣传乒乓球竞赛表演业，使乒乓球竞赛表演市场多元化，更好地促进乒乓球产业快速发展。

完善乒乓球培训教育业。乒乓球培训教育业是乒乓球服务业的重要组成部分，它是一种向社会进行乒乓球知识传授、技能指导的行业。这个行业的主体是少年儿童，它接收具有乒乓球天赋和爱好的少年儿童，进行有计划的训练。目前，我国乒乓球培训教育机构主要是体育部门建立管理的“少体校”模式，其形式单一，且管理不完善。对此，应拓展类似“少体校”的乒乓球培训机构，鼓励企业、社会投资兴办多种形式的乒乓球教育机构。这样一方面可以培养少年儿童的运动兴趣，进而从事乒乓球运动，为国家输送更多的后备人才；另一方面可以拉动乒乓球用品业的发展，进而加快乒乓球产业的发展。

（四）乒乓球产业发展趋势

1. 乒乓球产业的品牌化

随着消费水平的提高，人们在购买产品的过程中会选择品牌化的产品，而国际品牌也成为人们的首要选择。根据阿迪达斯公司的财务报表数据显示，2016 年，中华地区的消费数据增长了 18%，远远超过了国内的品牌。同时，数据统计显示，全球有价值的乒乓球品牌前一百名当中几乎没有中国品牌，因此，我国体育品牌处于产业链的末尾，在国际市场当中处于劣势的地位。而在国内市场当中，我国的产品品牌的竞争力也仍然非常低。为了改变这一发展状况，国家出台了相关政策，支持我国体育产品的品牌化发展，从而增加我国乒乓球产业的附加值，不断地提升乒乓球产业在国际市场当中的竞争力，不断地带动我国乒乓球产业的消费群体。

2. 乒乓球产业的集团化发展

在整个市场当中，企业之间会形成合作、竞争的关系，从而让企业充分地利用市场当中的多种资源达到发展的目的，同时降低企业在生产经营当中消耗的产品。我国在逐渐地打造具有国际影响力的企业。根据当前世界优秀企业可以看出，企业在发展过程中都是向着集团化的方向发展的，乒乓球产业开始不断地壮大自己的实力，同时也提升了自身应对市场当中多种风险的能力，从而对市场当中的资源进行整合优化，并且应对整个市场的竞争与变化。当前，我国乒乓球产业相关的企业整体的发展规模都相对较小，更不要说乒乓球产业，企业在抵抗市场风险时仍然处于劣势的地位，在整个市场当中的竞争力仍然相对较小。根据相关数据调查显示，在我国乒乓球运动服市场当中，蝴蝶、美津浓等占据领先的地位，而我国的相关品牌，如李宁、安踏，与国际品牌还存在一定的差距。因此，如果想要在整个国际市场当中占据一定的比例，我国的企业需要向着集团化的方向发展。

3. 体育设备的智能化

随着我国科学技术的发展进步，各个行业都开始向着智能化的方向发展，在整个体育产业当中，智能化的设备应用也成为发展潮流和趋势。在设备当中融入了科技的因素，从而使得众多体育设备都开始突出智能化的特点。智能化的设备可以满足社会大众的消费需求，同时也能得到政府的政策支持。这种科技与体育设备的结合可以提高我国乒乓球水平。随着整个社会经济的发展，人们对体育设备的要求也逐渐提高，传统的设备已经无法满足大众的锻炼需求，因此智能化的产品必将成为人们消费的首要选择。尤其是在互联网时代，多种穿戴式的运动产品将成为市场的新宠。这是乒乓球产业发展的重要组成部分，在整个乒乓球产业链当中也占据着主导地位。

4. 体育产品的国际化方向发展

在整个全球化经济当中，各个产业都要进行产品输出，尤其是对于体育产品来讲，走国际化的发展道路，是整个民族品牌的必要和发展趋势。根据我国的乒乓球产业发展经验，乒乓球产业的发展壮大都需要通过国际化的道路来进行，实现这种国际化的道路可以提升我国整个乒乓球产业在国际市场当中的竞争力，同时也使乒乓球产业资源都能得到共享。例如，美国著名的经纪公司 IMG 在全球多个国家都有办事处，其业务范围遍布世界各地，企业在各个国家的资源都可以实现共享。随着全球经济的发展，乒乓球产业的国际化成为一种必然趋势，可以推动整个国家乒乓球产业的发展。

5. 乒乓球产业商业化发展助力职业化发展

经济基础决定上层建筑，我国体育发展得如此迅猛，主要的缘由就是我国经济的迅速发展。随着经济全球化的发展，举国体制弊端不断显现，单靠国家的财政发展竞技体育已经不符合国际形势，体育发展需要投入大量的资金，商业化与职业化的同步是我国体育产业发展的必然需求。体育运动的商业化使体育经济反作用于市场经济，促使我国竞技体育向商业化转变，从某种意义上讲，这符合当今时代的发展潮流，以经济发展促进竞技体育发展的同时，体育经济反作用于市场经济，使体育运动更加追求高质量的发展，从而使中国体育市场和国际体育市场更好衔接。在体育项目职业化和商业化的发展过程中，我国乒乓球运动的职业化发展却未能跟上时代的步伐，在市场化、产业化、商业化方面存在着诸多问题。成功的例子也有，像“地表最强十二人赛”运用商业化的措施配合了职业化发展，使竞技体育反作用于市场经济，提高了资本投资回报。“地表最强十二人赛”正是合理地运用了这一点，避免了各自为政的单一局面，与市场经济紧密结合，助力了乒乓球职业化的发展，成功地探索出了中国竞技体育未来的发展方向。

6. 提高激励制度

在新中国成立初期我国实行了举国体制来促进竞技体育发展，顾名思义，举国体制即以全国之人力、物力、财力，大力发展体育运动，举国体制是新中国成立以来党和国家集体智慧的结晶，为国家赢得了巨大荣誉。不过，随着我国经济体制由计划经济向市场经济转轨，经济水平逐年上升，市场在社会生活中发挥的作用越来越大，原有的举国体制越来越难以适应当今竞技体育的发展。实行举国体制政策过程中，中国竞技体育高速发展，运动员创造了许多显著的成绩，但是在这种条件下，运动员所得奖金大都归于国家所有，只有少部分归于运动员自己所有，在当时的计划经济体制下这属于举国体制的重要组成部分。不过随着时代的发展，体育运动的发展也越来越多地受到市场经济规律的影响与调节。比如“地表最强十二人赛”基于这点设立的奖金体系大部分归于参赛运动员所有，少部分归于国家，这是我国职业体育发展过程中在奖金分配以及激励制度方面从未有过的举措。

7. 结合新媒体平台技术支持深度融合

21 世纪是互联网时代，互联网的飞速发展无形中创造出很多的商业价值。2014 年 8 月中央全面深化改革领导小组第四次会议审议通过了《关于推动传统媒体和新兴媒体融合发展的指导意见》，习近平总书记强调要推动传统媒体和新兴媒体在内容、渠道、平台、经营、管理等方面的深度融合。以网络高速发展为依托的新媒体被形象地称为“第五媒体”。“地表最强十二人赛”便是利用了腾讯体育新媒体平台技术，进行赛事转播和扩大赛事的影响力。“地表最强十二人赛”正是在国家政策支持的大背景下，与腾讯体育进行强强联合，利用腾讯体育专业的团队进行赛事的商业运营、赛事项目相关行业的营销来扩大赛事的影响力，运用新媒体平台的传播方式扩大赛事的影响力，并在互联网新媒体领域突破创新，更深入地与新媒体平台融合探索，进一步整合电视资源，积极利用新媒体，强强联合，扩大了赛事的影响力。

8. 提高产业运营水平，关注回头经济效益

体育赛事是一种有形价值与无形价值并存的特殊产品，其运营主要包括赛事的开发、赛事的推广、赛事的管理等，在赛事运营过程中值得关注回头经济。回头经济是体育经济中的重要手段，回头经济的本质就是专业商业运营的应用，回头经济会经历由注意力经济到影响力经济的转变，再由影响力经济升华到回头经济的形成过程，找准市场的营销策略是赛事回头经济形成的必备条件。“地表最强十二人赛”通过专业运营打造赛事品牌，以无形资产为主要经营对象，以比赛为载体，通过冠名、合作、赞助广告、特许经营等形式，提升了无形资产，达到了具有较高的知名度、美誉度、经济效益的良好目的。它针对市场实际信息，找准定位，实现原有消费者对其产品的二次消费，并转化到市场，使赛事强大的市场竞争优势满足了不同人群的消费需求，增强回头经济，促进产业的可持续发展。

复习思考题

1. 中国乒乓球产业特征主要有哪几种趋势？
2. 我国乒乓球产业发展的制约因素有哪些？
3. 乒乓球产业发展趋势是什么？

参考文献

[1] 戴俊. 体育社会学 [M]. 南京：南京大学出版社，2017：11.

[2] MayumiItoh. The Origin of Ping-Pong Diplomacy [M]. Palgrave Macmillan, New York.

[3] 施诗. “乒乓外交” 50 周年 [N]. 21 世纪经济报道，2021-11-23 (001). DOI：10. 28723/n. cnki. nsjbd. 2021. 004888.

[4] CorneliusSchaad. A Manual of Ping Pong [M]. Walker Press, Boston, 1929.

[5] CorneliusSchaad. Ping Pong [M]. USA：HoughtonMiffl, 1930.

[6] Cornelius Schaad. Ping-Pong：The Game, Its Tactics and Laws [M]. USA：Houghton-Mifflin, 1930.

[7] 李荣芝，钟飞. 乒乓球运动名称的历史钩沉 [J]. 体育文化导刊，2016 (12)：170-174.

[8] 张利，杨三军. 乒乓球运动起源与技战术发展研究进展 [J]. 体育文化导刊，2016 (06)：98-99+108.

[9] 庄家富. 国家乒乓球队世界冠军教练忆往事 [M]. 北京：人民体育出版社，2011：177.

[10] 涂可国. 论中华民族精神的基本结构与主要特征 [J]. 山东社会科学，2006 (3)：14-15.

[11] 唐名燕. 论中华民族精神的特点 [J]. 赤峰学院学报，2009 (10)：39-41.

[12] 张宇飞. 我国城市大众乒乓球健身消费研究 [J]. 体育文化导刊，2012 (2)：97-99.

[13] 侯文达. 高等学校乒乓球教材——教学与训练 [M]. 北京：北京大学出版社，1994.

[14] 苏丕仁. 乒乓球教学与训练 [M]. 北京：人民体育出版社，1995.

[15] 温国昌. 乒乓球教学与训练 [M]. 河南：河南科学技术出版社，1986.

[16] 凌群立等. 教你打乒乓球 [M]. 南京：江苏科学技术出版社，1999.

[17] 岑淮光等. 怎样打好乒乓球 [M]. 北京：人民体育出版社，2001.

[18] 刘大庆. 运动训练学研究进展与理论探析 [M]. 北京：北京体育大学出版社，2013.

[19] 李欣，邱芬，吴敏，等. 体育心理学 [M]. 重庆：重庆大学出版社，2018 (6)：

196.

[20] 王瑞元. 运动生理学 [M]. 北京：人民体育出版社，2011.

[21] 邓树勋. 运动生理学 [M]. 北京：高等教育出版社，2009.

[22] 张瑛秋. 现代乒乓球训练方法 [M]. 北京：北京体育大学出版社，2008.

[23] 李光华，杨华南，王会娟，肖秀显. 大学体育与健康 [M]. 北京：人民邮电出版社，2017.

[24] 吴陈勇. 对普通高校乒乓球教学现状及对策研究 [D]. 广西师范大学，2010.

[25] 王诗越. 领会教学法在中学乒乓球教学中的应用研究 [D]. 河南大学，2013.

[26] 郭海莲. 探究型教学法在大学体育乒乓球教学中的实验研究 [J]. 中国多媒体与网络教学学报（中旬刊），2021（4）：91-93.

[27] 周钟琳，张利，徐丞谊，张振颖. 阶梯式教学法在高校乒乓球教学中的应用研究 [J]. 青少年体育，2020（3）：129-130+23.

[28] 赖天德，梁焯辉. 关于乒乓球教学训练原则的研究 [J]. 中国体育科技，1983（3）：32-43.

[29] 连茜. 论多球训练在高校乒乓球教学中的应用分析 [J]. 当代体育科技，2020，10（23）：63-65.

[30] 李辉雄. 谈乒乓球基本技术学习的顺序和训练方法 [J]. 哈尔滨职业技术学院学报，2009（4）：64-65.

[31] 刘岩. 浅析高校乒乓球选项课步法教学 [J]. 体育世界（学术版），2017（1）：84+81.

[32] 湖葵. 二十一世纪乒乓球新技术 [M]. 武汉：武汉理工大学出版社，2017.

[33] 李小兰，王伟. 最新球类运动规则与裁判法 [M]. 北京：新华出版社，2015.

[34] 赵修琴. 中国乒乓球图解技战术全书 [M]. 北京：中国物资出版社，1999.

[35] 林晓彦. 乒乓球入门 [M]. 合肥：安徽科学技术出版社，1998.

[36] 孙倩，李成梁，朱天明，等. 全民健身国家战略背景下中国乒乓球协会实体化改革路径探索 [J]. 沈阳体育学院学报，2018.

[37] 鲁思达. 国际乒乓球联合会职能研究 [D]. 北京：中国人民大学出版社，2012.

[38] 科兵. 第一届亚洲乒乓球联盟教练员会议日本乒乓球协会的发言（书面稿）[J]. 体育科技资料，1976.

[39] 陈启湖. “国球文化”概念辩议 [J]. 三峡大学学报（人文社会科学版），2009，31

（4）：110-113.

［40］黎爱珠. 小球大世界——广东省中山市高家基小学乒乓球文化育人探索［J］. 中国德育，2015（11）：67-68.

［41］董文莉. 多角度创建乒乓文化 全方位打造特色品牌——甘肃省兰州市城关区白银路小学乒乓文化建设［C］.《西部体育研究》，2011（1）：109-112.

［42］苏永佳. 乒乓球校本课程纲要的构建与实践研究［D］. 苏州大学，2016.

［43］陈志坚，王伟，郭秋荣. 试论高等院校校园乒乓球文化的构建——兼论陇东学院乒乓球文化的构建［J］. 新西部（下半月），2009（3）：102-103.

［44］马明，匡泉. 构建高校乒乓文化的探索——以华南理工大学为例［C］. 第三届国际体育科学与学校体育学术会议暨第二十四届全国高校田径科研论文报告会论文专辑，2014：145-149.

［45］张立群. 乒乓球产业经济发展影响因素研究［J］. 中国管理信息化，2020，23（10）：156-157.

［46］丁连泊. 体育产业大发展背景下乒乓球产业的突围之路［C］. 天津市社会科学界第十四届学术年会优秀论文集：加快构建中国特色哲学社会科学 推进“五个现代化天津”建设（中），2018：204-208.

［47］曹犇，雷正方. 中国乒乓球赛事产业化发展前景规划［J］. 西安体育学院学报，2017，34（3）：295-299.

［48］李荣芝，张娣，余锦程，孔伟冠，永逸. 中国乒乓球的使命追溯与新时代责任［J］. 体育科学，2021，41（11）：69-79.

［49］丁颖，洪晨璐，吴飞. 中国乒乓球近 30 年知识图谱与热点趋势分析［J］. 山东体育学院学报，2021，37（3）：111-118.